车

故障检测与维修实践技巧

多国华◎编著

中国铁道出版社
CHINA RAILWAY PUBLISHING HOUSE

内 容 简 介

本书由经验丰富的汽车维修工程师编写，以汽车维修现场检测实操及图解的方式，非常系统地讲解了维修工具的使用方法、汽车电路元器件基本知识、汽车电路图读图技能以及汽车各系统的故障检测维修实战。

全书内容结合实操和图解来讲，方便初学者快速掌握汽车故障的检测维修方法。

本书内容全面、图文并茂、强调动手能力和实用技能的培养，结合图解有助于增加实践经验。本书适合作为从事专业汽车维修工作人员的参考用书，也可作为汽车维修培训的参考教材，以及高等专业学校相关专业师生的参考资料和相关从业人员的检测维修手册。

图书在版编目（CIP）数据

汽车故障检测与维修实践技巧全图解/多国华编著.
—北京：中国铁道出版社，2018.6
ISBN 978-7-113-24431-6

Ⅰ.①汽… Ⅱ.①多… Ⅲ.①汽车-故障检测-图解
②汽车-车辆修理-图解 Ⅳ.①U472-64

中国版本图书馆CIP数据核字（2018）第084602号

书　　名： 汽车故障检测与维修实践技巧全图解
作　　者： 多国华　编著

责任编辑： 荆　波　　**读者热线电话：** 010-63560056
责任印制： 赵星辰　　**封面设计：** MXK DESIGN STUDIO
加工编辑： 张秀文

出版发行： 中国铁道出版社（100054，北京市西城区右安门西街8号）
印　　刷： 中国铁道出版社印刷厂
版　　次： 2018年6月第1版　　2018年6月第1次印刷
开　　本： 880 mm×1 230 mm　1/32　印张：8.375　字数：296千
书　　号： ISBN 978-7-113-24431-6
定　　价： 49.80元

前　言

一、为什么写这本书

“大众创业、万众创新”已经成为当今时代的潮流，很多人梦想着自己去创业，闯出一片天地，但又苦于没有机会。其实机会就在身边，目前私人汽车越来越多，而由于使用几年后的汽车出现故障的情况经常发生，汽车维修服务已经成为很多有车一族的必需服务。如今掌握汽车维修技能就可以让你拥有这样一个创业的机会，去开一家自己的汽车维修店。

那么怎样才能修炼成为汽车维修工程师呢？其实很简单，只要“多看、多学、多问、多练”。通过学习来掌握汽车的基本维修技巧，正确的维修方法与经验，正确的维修程序，只有这样才能一步步掌握维修汽车的基本技能。而学习就需要一本好的维修学习资料，不但有丰富的维修方法、还有大量的维修实操用于增加读者的实践经验。这也是作者写作本书的目的。

本书以现场检测实操和图解的方式讲解，方便初学者快速掌握汽车的检测维修方法。本书是专为普通维修用户而编写的，为维修学习人员提供师傅带徒弟式的教程，使其快速成长为专业的汽车维修工程师。

二、全书学习地图

本书开篇首先介绍维修工具的使用方法，然后讲解汽车电路元器件基本知识、汽车电路图读图识图方法、接着讲解了汽车供电系统、起动系统、点火系统、照明系统、空调系统、仪表系统、刮水器和洗涤器系统、电动车窗系统、中控门锁系统等常见故障维修实战。

全书内容结合实操和图解来讲，方便初学者快速掌握汽车故障的检测维修方法。

三、本书特色

- 技术实用，内容丰富

本书讲解了汽车电路的各种基本维修技能，同时总结了汽车供电系统、起动系统、点火系统、照明系统、空调系统、仪表系统、刮水器和洗涤器系统、电动车窗系统、中控门锁系统等重要电路故障的维修实操，内容非常丰富实用。

- 大量实训，增长经验

本书结合大量的检测实操对汽车的各种电路故障进行了实际检测判断，

配备了大量的实践操作图，总结了丰富的维修实践经验，读者学过这些实训内容，可以轻松掌握汽车电路的检测与维修方法。

- 实操图解，轻松掌握

本书讲解过程使用了直观图解的同步教学方式，上手更容易，学习更轻松。读者可以一目了然地看清汽车电路故障的检测判断过程，可以快速掌握所学知识。

四、读者定位

本书适合作为从事专业汽车维修工作人员的参考用书，也可作为汽车维修培训的参考教材，以及高等专业学校相关专业师生的参考资料和相关从业人员的检测维修手册。

五、即扫即看二维码视频

专门为本书制作的11段现场维修讲解视频，以二维码的形式嵌入书中相应章节，读者可实现即扫即看。

六、附赠整体扫码下载包

为方便不同网络环境的读者学习，我们把11段现场维修视频整体打包，以二维码的形式放到本书封底左上方，读者扫码后可下载全部视频，以便随时观看学习。

七、本书作者团队

本书由多国华编著，参加本书编写的人员还有王红明、韩海英、付新起、韩佶洋、贺鹏、多国明、李传波、杨辉、连俊英、孙丽萍、张军、刘继任、齐叶红、刘冲等。

由于作者水平有限，书中难免有疏漏和不足之处，恳请业界同人及读者朋友提出宝贵意见。

八、感谢

一本书的出版，从选题到出版，要经历很多环节，在此感谢中国铁道出版社以及负责本书的荆波编辑和其他没有见面的编辑，不辞辛苦，为本书出版所做的大量工作。

编 者

2018年4月

目　录

第 1 章

汽车维修工具使用方法

工欲善其事，必先利其器；要掌握汽车的检测与维修，首先要学会汽车常用检测工具的使用方法。本章会重点讲解各种万用表、汽车示波器、汽车故障诊断仪等一些常用工具的使用方法。

1.1 学会使用指针万用表

1.1.1 指针万用表的结构

指针万用表主要由表盘和表体组成，下面看图讲解。

1. 指针万用表的表盘

图1-1所示为指针万用表表盘，表盘由表头指针和刻度等组成。

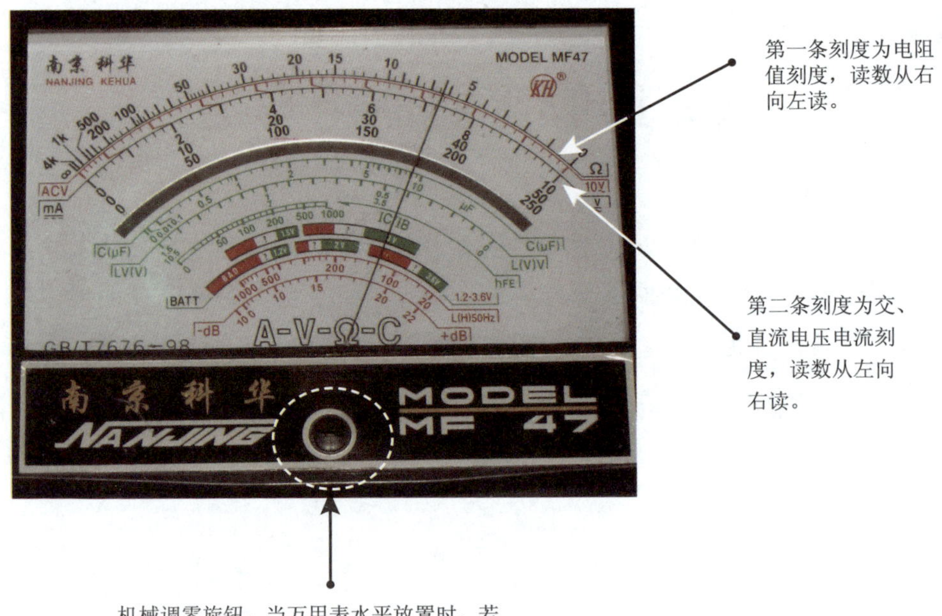

图1-1 指针万用表表盘

2. 指针万用表的表体

图1-2所示为指针万用表表体，其主要由功能旋钮、欧姆调零旋钮、表笔插孔及三极管插孔等组成。其中，功能旋钮可以将万用表的挡位在电阻（Ω）、交流电压（V̰）、直流电压（V̲）、直流电流挡和三极管挡之间进行转换；表笔插孔分别用来插红、黑表笔；欧姆调零旋钮用来给欧姆挡置零。三极管插孔用来检测三极管的极性和放大系数。

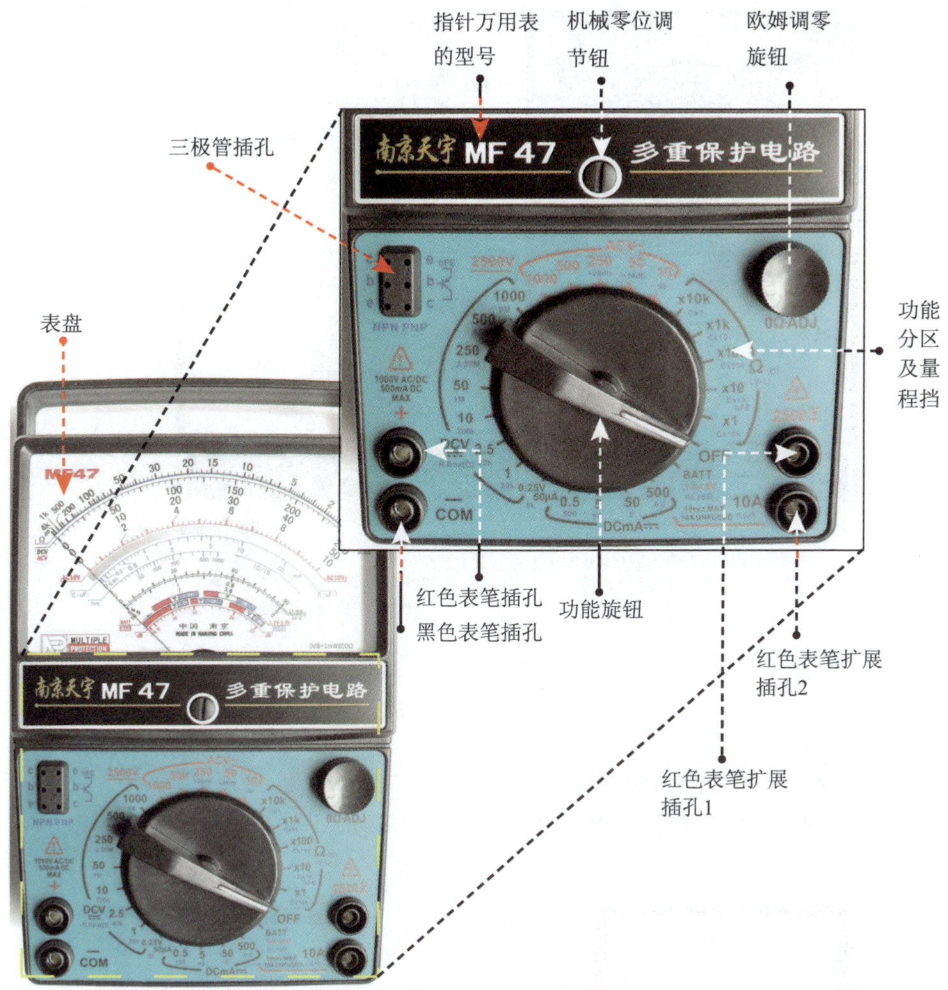

图1-2　指针万用表的表体

1.1.2　指针万用表使用方法

1．学会选择指针万用表的量程

使用指针万用表测量时，第一步要选择合适的量程，这样才能测量准确。指针万用表量程的选择方法如图1-3所示。

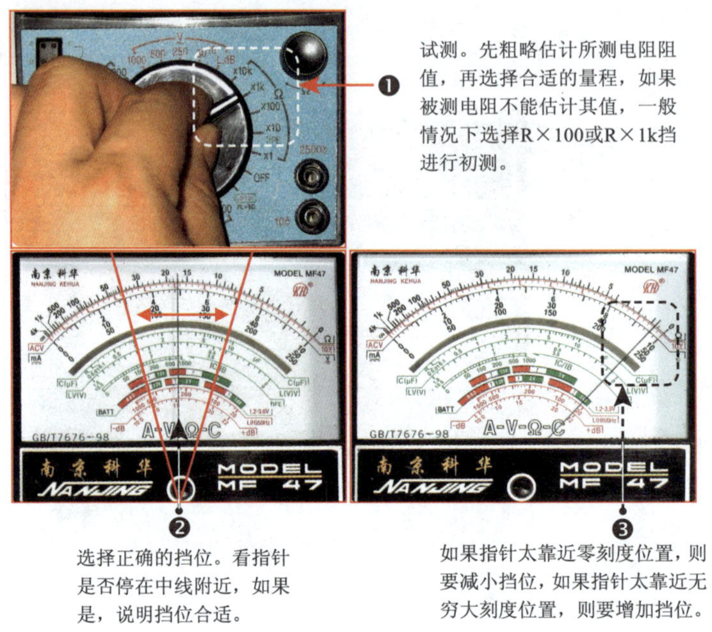

图1-3 指针万用表量程的选择方法

2. 指针万用表的欧姆调零实操

在量程选准以后在正式测量之前必须调零，如图1-4所示。

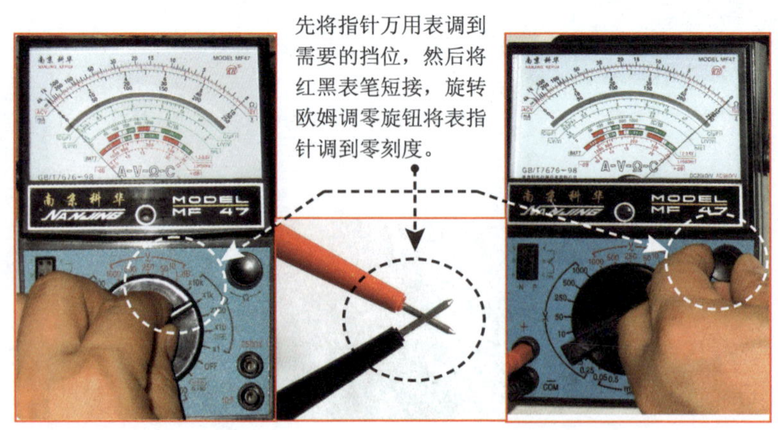

图1-4 指针万用表的欧姆调零

3. 用指针万用表测电阻实操

用指针万用表测电阻的方法如图1-5所示。

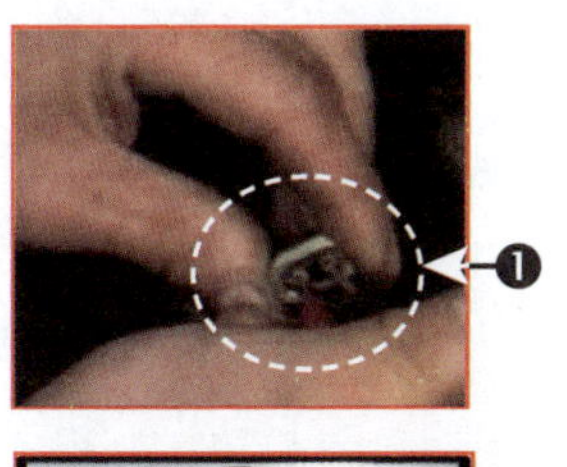

❶ 先将指针万用表调零；测量时应将两表笔分别接触待测元件的两极（要求接触稳定踏实，观察指针偏转情况。如果指针太靠左，那么需要换一个稍大的量程。如果指针太靠右，那么需要换一个较小的量程。直到指针落在表盘的中部（因表盘中部区域测量更精准）。

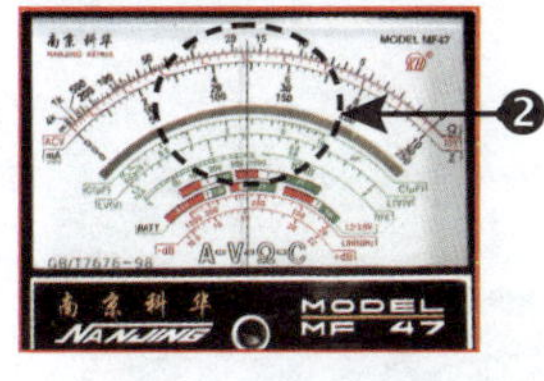

❷ 读取表针读数，然后将表针读数乘以所选量程倍数，如选用“R×1k”挡测量，指针指示17，则被测电阻值为17×1k=17kΩ。

图1-5　用指针万用表测量电阻的方法

4. 用指针万用表测量直流电压实操

测量电路的直流电压时，选择万用表的直流电压挡，并选择合适的量程。当被测电压数值范围不清楚时，可先选用较高的量程挡，不合适时再逐步选用低量程挡，使指针停在满刻度的2/3处附近为宜。

指针万用表测量直流电压方法如图1-6所示。

❸ 读数，根据选择的量程及指针指向的刻度读数。由图可知，该次所选用的量程为0~50 V，共50个刻度，因此这次的读数为19V。

❶ 先把功能旋钮调到直流电压挡50量程。

❷ 将万用表并接到待测电路上，将黑表笔与被测电压的负极相接，红表笔与被测电压的正极相接。

图1-6　指针万用表测量直流电压

1.2 学会使用数字万用表

1.2.1 数字万用表的结构

数字万用表具有显示清晰、读取方便、敏度高、准确度高、过载能力强、便于携带、使用方便等优点。数字万用表主要由液晶显示屏、挡位功能选择钮、各种插孔等组成。挡位功能旋钮可以将万用表的挡位在电阻（Ω）、交流电压（V~）、直流电压、交流电流挡（A~）、直流电流和三极管挡之间进行转换，如图1-7所示。

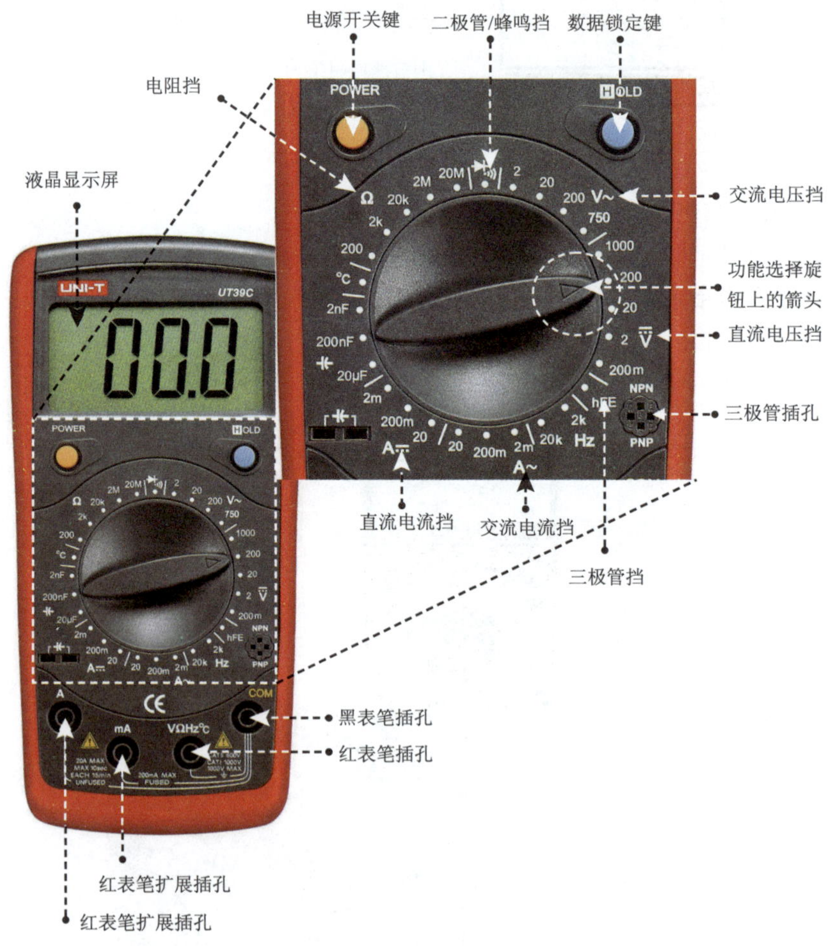

图1-7 数字万用表的结构

1.2.2　数字万用表使用方法

数字万用表使用方法
精彩视频　即扫即看

1.用数字万用表测量直流电压实操

用数字万用表测量直流电压的方法如图1-8所示。

将挡位旋钮调到直流电压挡“V-”，选择一个比估测值大的量程。

因为本次是对电压进行测量，所以将黑表笔插入万用表的“COM”孔，将红表笔插入万用表的“VΩ”孔。

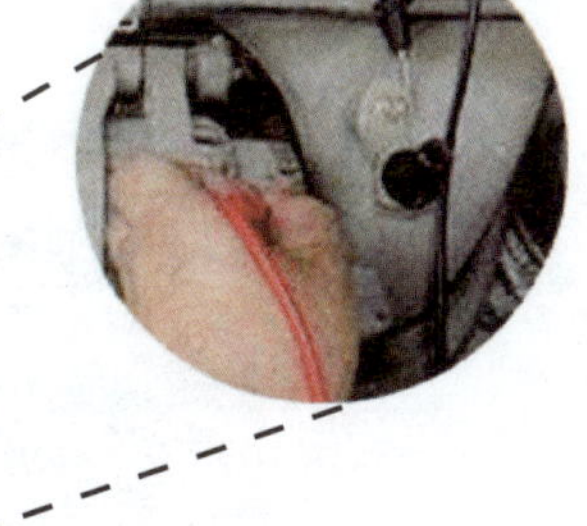

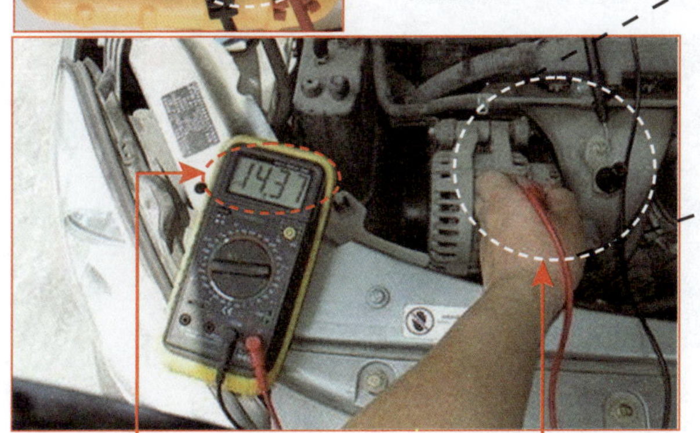

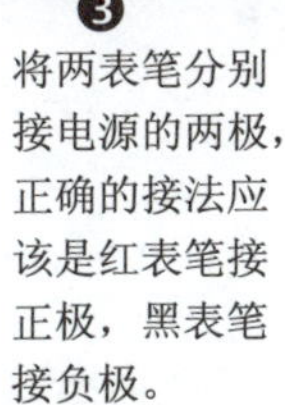

❹ 读数，若测量数值为“1.”，说明所选量程太小，需改用大量程。如果数值显示为负代表极性接反（调换表笔）。图中显示的14.37即为测量的电压。

❸ 将两表笔分别接电源的两极，正确的接法应该是红表笔接正极，黑表笔接负极。

图1-8　数字万用表测量直流电压的方法

2.用数字万用表测量直流电流实操

使用数字万用表测量直流电流的方法如图1-9所示。

❶ 若待测电流估测大于200mA，则将红表笔插入“10A”插孔，并将功能旋钮调到直流“20A”挡；若待测电流估测小于200mA，则将红表笔插入“200mA”插孔，并将功能旋钮调到直流200mA以内适当量程。

❷ 测量电流时，先将黑表笔插入“COM”孔。将万用表串联接入电路中使电流从红表笔流入，黑表笔流出，保持稳定。

❹ 读数，若显示为“1.”，则表明量程太小需要加大量程；若测量的值太小，则说明量程太大需要调小量程。本次测量的电流的大小约为5A左右，表显示读数为0.04，因此需要重新将红表笔插到mA插孔。

❸ 将万用表红表笔接搭铁，黑表笔接蓄电池负极，测量漏电电流。

图1-9　数字万用表测量直流电流的方法

提示

交流电流的测量方法与直流电流的测量方法基本相同，不过需将旋钮放到交流挡位。

1.3 学会使用汽车万用表

1.3.1 汽车万用表的结构

汽车万用表也是数字式万用表的一种，在汽车检测中广泛使用，它除了具有数字式万用表的功能外，还具有一些汽车专用测试功能。比如发电机转速、闭合角、频宽比、频率、压力等。汽车万用表主要由液晶显示屏、挡位选择钮、各种插孔等组成。如图1-10所示。

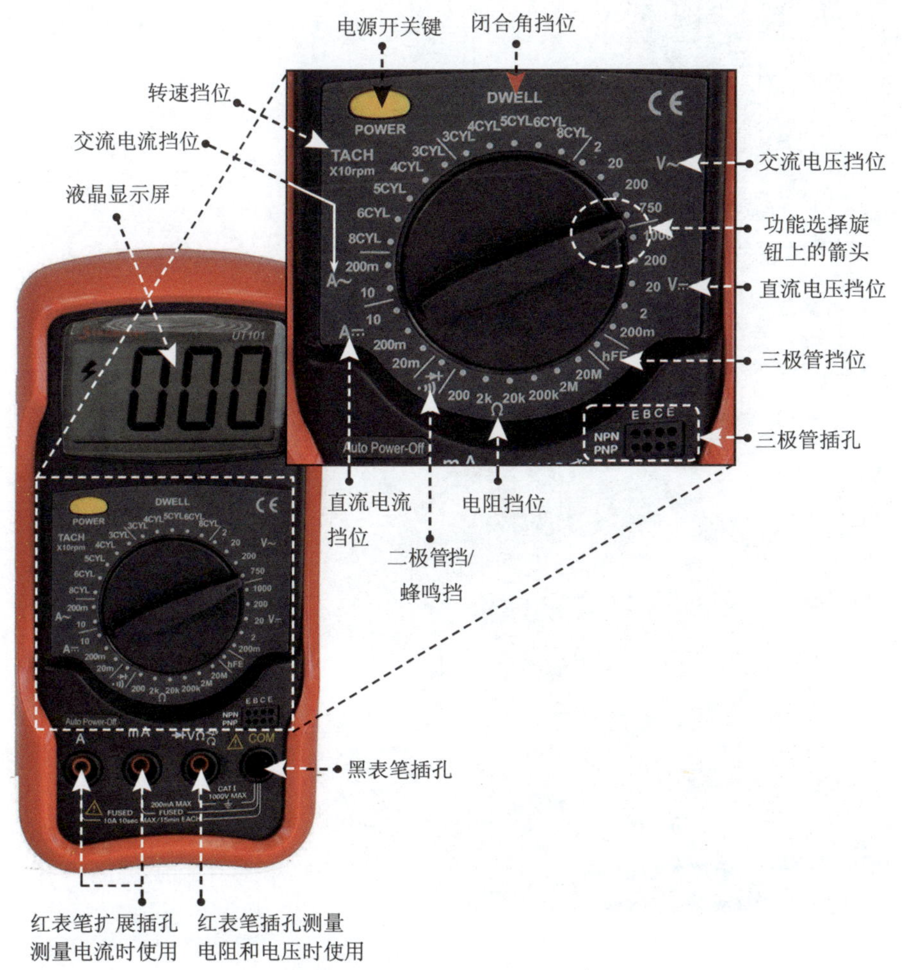

图1-10　汽车万用表的结构

1.3.2 汽车万用表使用方法

1. 用汽车万用表测量直流电流实操

用汽车万用表测量直流电流的方法如图1-11所示。

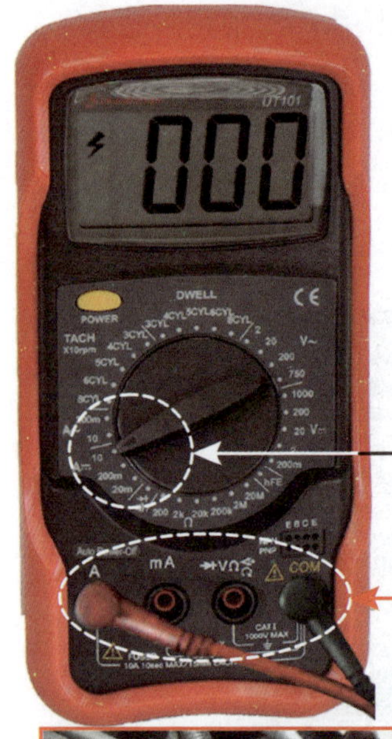

将挡位旋钮调到直流电流挡“A-”，选择一个比估测值大的量程。

因为本次是对电流进行测量，所以将黑表笔插入万用表的“COM”孔，将红表笔插入万用表的“A”孔。

关闭车上所有用电设备，取下钥匙，然后拆下蓄电池的负极接头。将万用表的黑表笔接蓄电池的负极桩头，红表笔接拆下的负极线测量。

读数为0.335A，等待30秒，读取万用表上的数值来判断汽车是否存在漏电故障，现在汽车上的用电设备比较多，暗电流在0.05A以下都是正常的，如果大于0.05A，就要对漏电设备进行检查。

图1-11 汽车万用表测量直流电流

2. 用汽车万用表测量直流电压实操

用汽车万用表测量直流电压的方法如图1-12所示。

将挡位旋钮调到直流电压挡“V–”，选择一个比估测值大的量程，这里选择直流20V挡。

❶ 因为本次是对电压进行测量，所以将黑表笔插入万用表的“COM”孔，将红表笔插入万用表的“VΩ”孔。

❸ 熄灭汽车发动机，将两表笔分别接在蓄电池的正负电源柱上进行测量。

❹ 测量的读数为14.57V。如果电压高于12V则表明蓄电池状况良好，如果电压低于12V说明蓄电池的电量不足或其使用寿命已经接近极限，应该考虑进行检查或更换。

图1–12　汽车万用表测量直流电压

3. 用汽车万用表测量发动机转速实操

用汽车万用表测量发动机转速方法如图1-13所示。

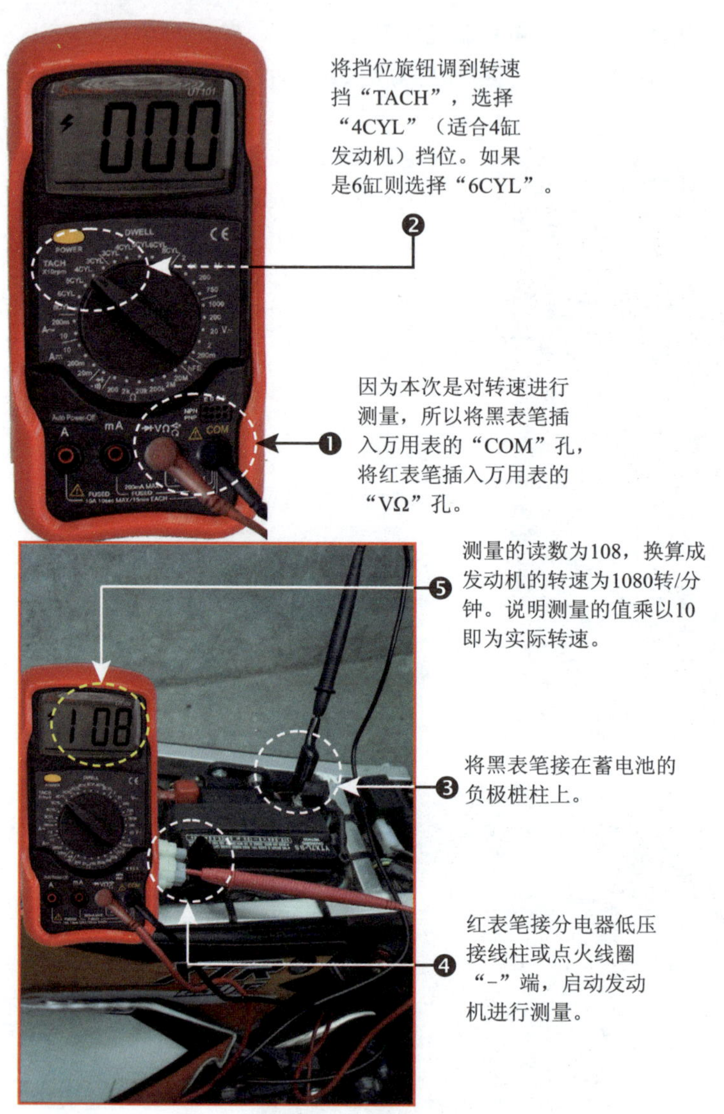

图1-13　汽车万用表测量发动机转速

1.4 学会使用汽车示波器

汽车示波器，顾名思义是用来检测汽车电子电路故障的示波器。汽车电路信号传输速率最大的是CAN总线，汽车示波器的采样率一般为20MS/s。

汽车示波器在汽车电子控制故障诊断中，有两种应用方式：一是整个系统运行状态的分析，确定整个系统运行的情况；二是某个电器或电路的故障分析，确定在整个系统运行正常的情况下，某个电器或某段电路的故障。

1.4.1 汽车示波器的结构

汽车示波器的种类较多，不过基本功能相同。汽车示波器主要由液晶显示屏、功能按键、各种插孔等组成。如图1-14所示（以hds2062示波器为例）。

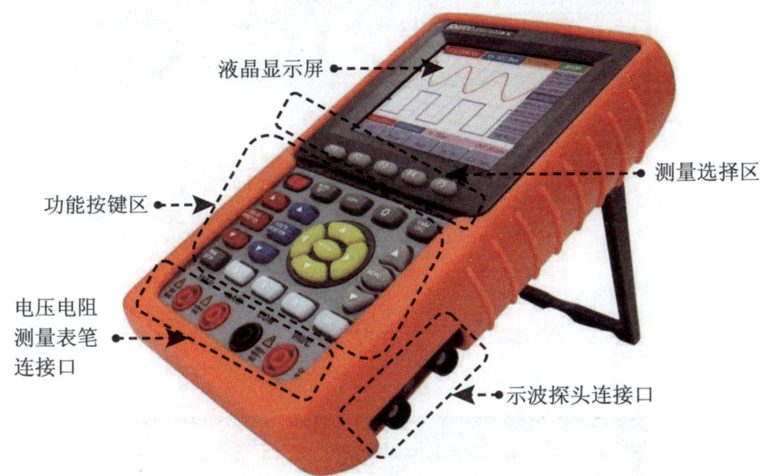

（a）汽车示波器面板组成结构

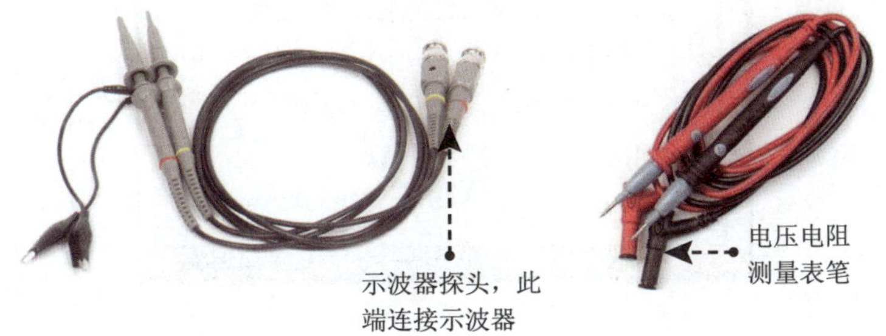

（b）汽车示波器连接线

图1-14 汽车示波器的结构

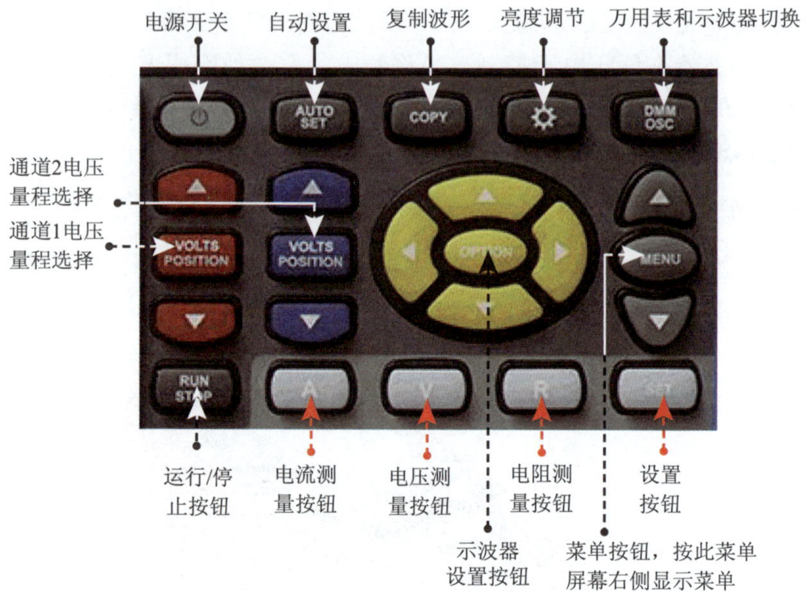

（c）示波器各个按键的功能

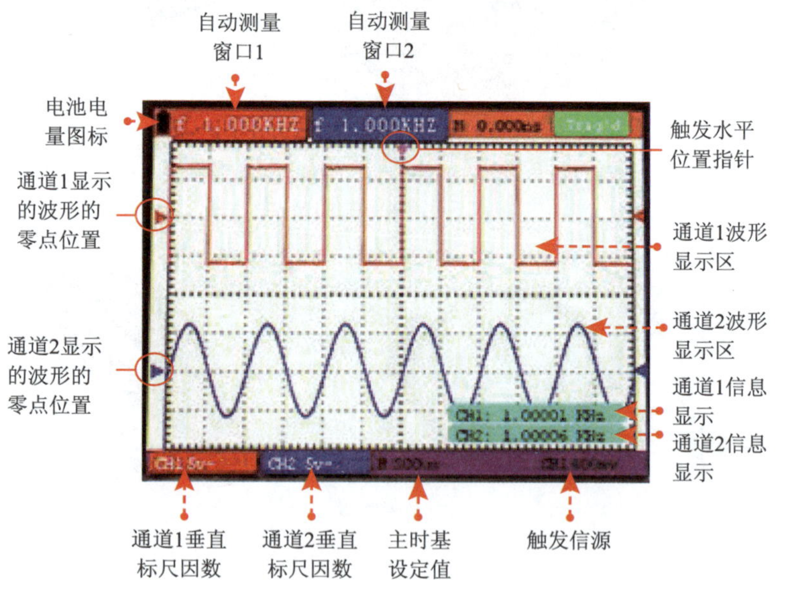

（d）汽车示波器显示信息含义

图1-14　汽车示波器的结构（续）

1.4.2　汽车示波器使用方法

汽车示波器的使用方法如图1-15所示（以hds2062示波器为例）。

> 提示
>
> 一般在使用示波器前最好看一下它的使用说明书再进行操作，使用说明书中会介绍示波器的基本使用方法。

如果使用无使用说明书的手动设置示波器时，首先应预置面板各开关、旋钮（包括亮度、聚焦等设置在中间位置，垂直输入耦合置“AC”，垂直工作方式选择“CH1”，垂直灵敏度微调校正选择“CAL”等），然后按下电源开关，用探头进行测量。

接着调节亮度聚焦等旋钮，可出现纤细明亮的扫描基线，调节基线使其位于屏幕中间与水平坐标刻度基本重合。调节轨迹旋转控制使基线与水平坐标平行。就可以看到测量的波形了。

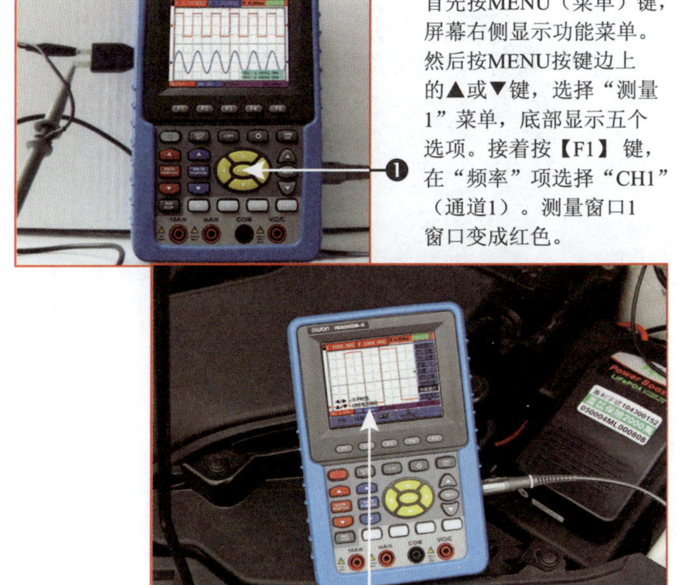

图1-15　汽车示波器的使用方法

注意

测试点火高压线时，必须使用专用的电容探头，不能将示波器探头直接接入点火次级电路。

1.5 学会使用汽车故障诊断仪

汽车故障诊断仪又称汽车故障自检终端、汽车解码器，是用于检测汽车故障的便携式智能汽车故障自检仪。用户可以利用它迅速地读取汽车电控系统中的故障，并通过液晶显示屏显示故障信息，查明发生故障的部位及原因。

1.5.1 故障诊断仪的结构

汽车故障诊断仪的种类较多，不过基本功能相同。可以读取故障码、清除故障码、读取发动机动态数据流等。汽车故障示波器主要由液晶显示屏、功能按键、各种插孔等组成。如图1-16所示（以KT600故障诊断仪为例）。

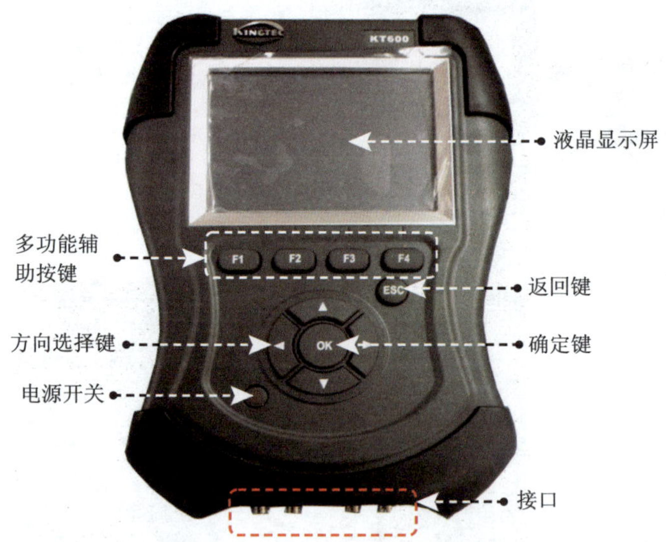

图1-16 故障诊断仪的结构

1.5.2 故障诊断仪使用方法

汽车故障诊断仪的使用方法如图1-17所示（以KT600诊断仪为例）。

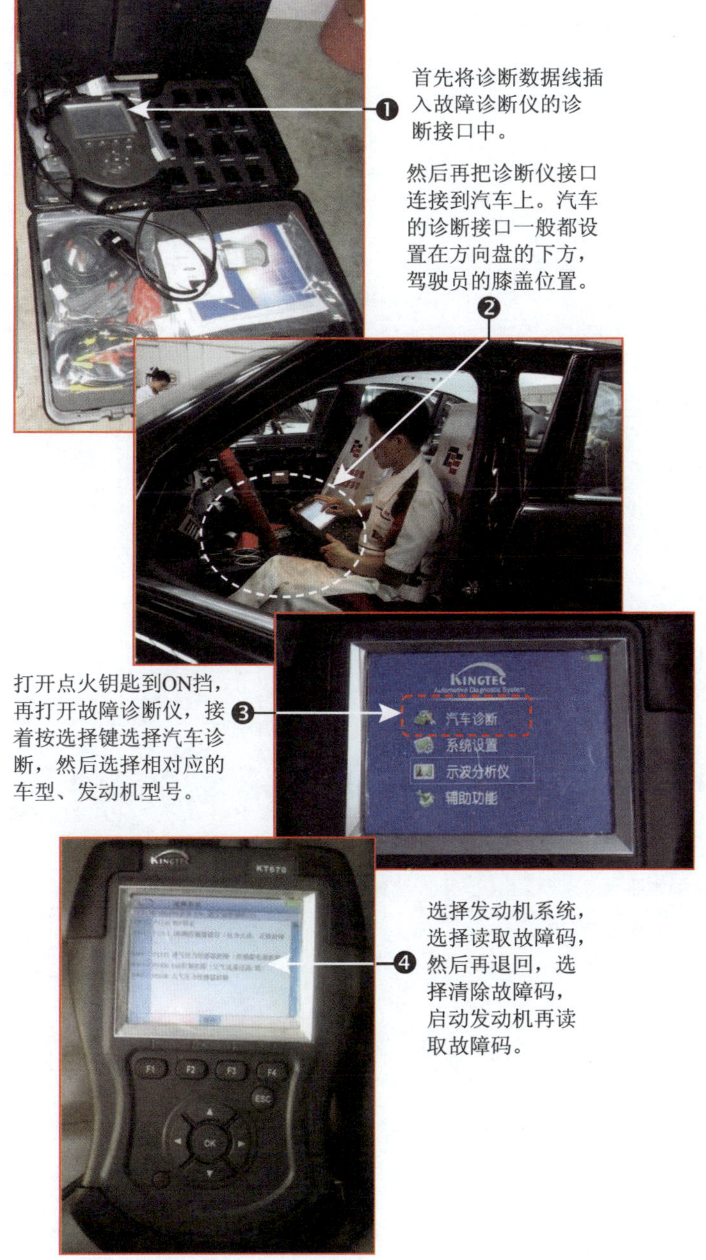

图1-17 汽车故障诊断仪的使用方法

第 2 章

汽车电路必知必会基本知识

汽车电子化可以说是汽车技术发展的又一次革命。现在电子装置在整车成本中的占比，从 20 世纪 90 年代的 10%~20%，爆发性地突破了 50%。而且电子化程度也已经成为衡量汽车水平的重要标准，电子技术几乎深入汽车所有的系统当中。

2.1 汽车电路基础知识

2.1.1 汽车电路基本概念

电流、电压、电流强度、电动势、电阻、电容、电感、频率这些都是我们耳熟能详的名词，但作为电的概念和技术参数，它们究竟代表了什么呢？如表2-1所示。

表2-1 汽车电路基本概念

电流	电荷的定向移动，就形成了电流。我们日常使用的电器，都是因为电流才能产生光、热或机械运动
电动势	电动势是电源将能量转化为电能的能力，正电荷从电源负极移动到电源正极时所作的功，就是电源的电动势。用符号E表示，单位是伏特（V）
电压	电压也叫作电势差或电位差，是衡量单位电荷在静电场中由于电势不同所产生的能量差的物理量。其大小等于单位正电荷因受电场力作用从A点移动到B点所作的功，电压的方向规定为从高电位指向低电位的方向。电压的单位是伏特（V），常用的单位还有毫伏（mV）、微伏（μV）、千伏（kV）等
电流强度	电流强度也简称电流（注意，前面所讲电流是物理现象，此处的电流强度是物理量），是指单位时间内通过导线某一截面的电荷量，每秒通过1库仑的电量称为1安培（A）。电流强度的单位安培（A），常用的单位有毫安（mA）、微安（μA）
电阻	电阻是导体对电流阻碍作用的大小。导体的电阻越大，表示导体对电流的阻碍作用越大。不同的导体的电阻也不同，电阻是导体本身的一种特性。用符号R表示，单位是欧姆（Ω）
电容	电荷在电路中会从正极向负极移动，但当导体之间有了介质，则阻碍了电荷移动时，电荷就会累积在导体上，造成电荷的累积储存，储存的电荷量称为电容。用符号C表示，单位是法拉（F）
电感	当电流流过线圈时，线圈中会形成磁场感应，感应磁场又会产生感应电流抵消通过线圈中的电流，这种相互作用就称为电感或感抗。单位是亨利（H）
频率	振动物体往复运动的频繁程度就是频率。单位是赫兹（Hz），通常是以1秒为单位时间
直流电	是指方向和时间，不作周期性变化的电流称为直流电。最常见的直流电源是电池
交流电	大小和方向随时间作周期性变化的电压或电流称为交流电。家中日常使用的、来自供电所的电，就是最常见的交流电，我国交流电供电标准是220V、50Hz交流电

2.1.2 直流电路和交流电路

直流电路如图2-1所示。

直流电路就是电流方向不随时间而改变的电路，电路中电流的大小可以改变，但电流的方向不会发生改变。

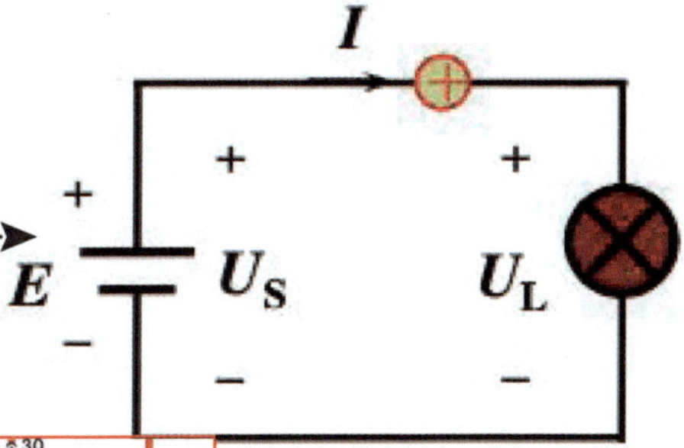

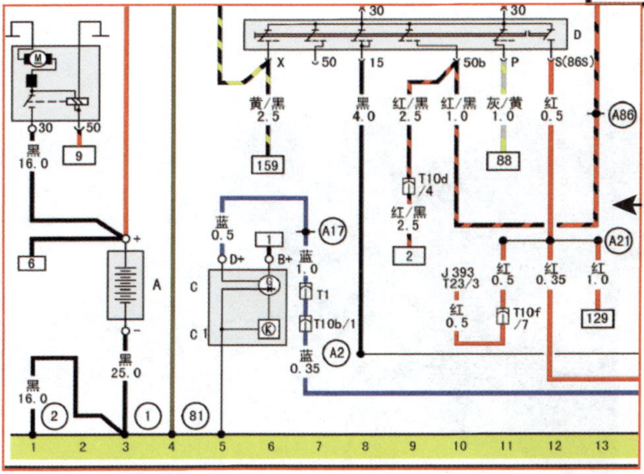

我们日常生活中有很多直流电路，比如手电筒就是由干电池、开关、灯泡组成的直流电路。汽车中几乎所有的电路都是直流电路，比如汽车喇叭就是由蓄电池、交流发电机（经过整流）、开关、喇叭组成的直流电路。低电压电器普遍都使用直流电，尤其使用电池或蓄电池作为电源的电路。

图2-1　直流电路

交流电路如图2-2所示。

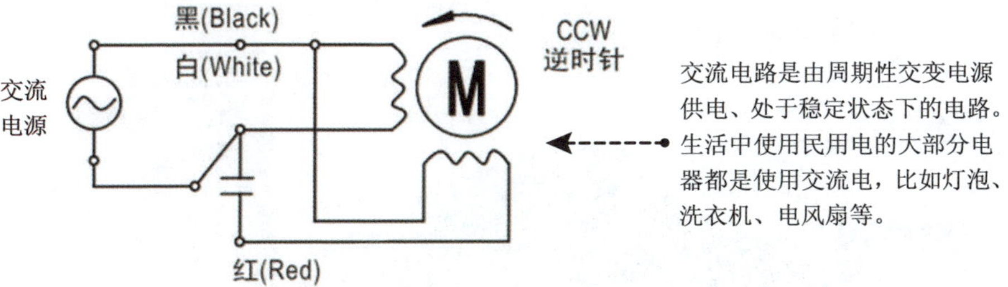

交流电路是由周期性交变电源供电、处于稳定状态下的电路。生活中使用民用电的大部分电器都是使用交流电，比如灯泡、洗衣机、电风扇等。

图2-2　交流电路

2.2 汽车电路中的电子元器件

汽车电路中除了发电机、照明灯这样的设备外，还有着很多像二极管之类的小型和微型电子设备，称为电子元器件。本节介绍汽车电路中常用的一些电子元器件。

2.2.1 电阻器

汽车中的电阻器如图2-3所示。

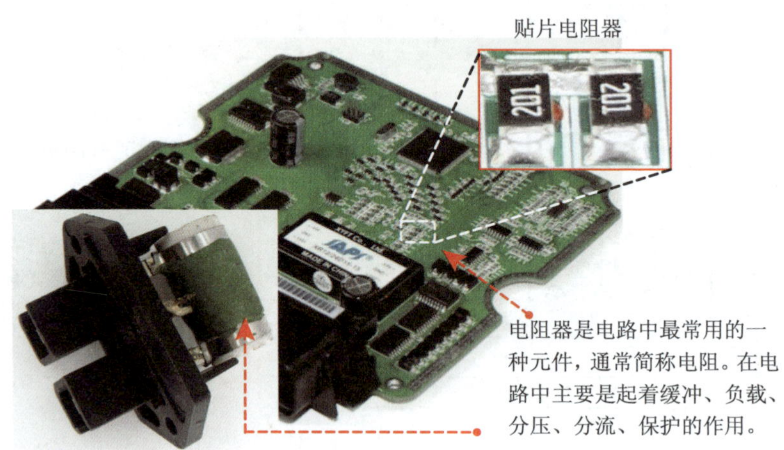

图2-3 汽车中的电阻器

2.2.2 电容器

汽车中的电容器如图2-4所示。

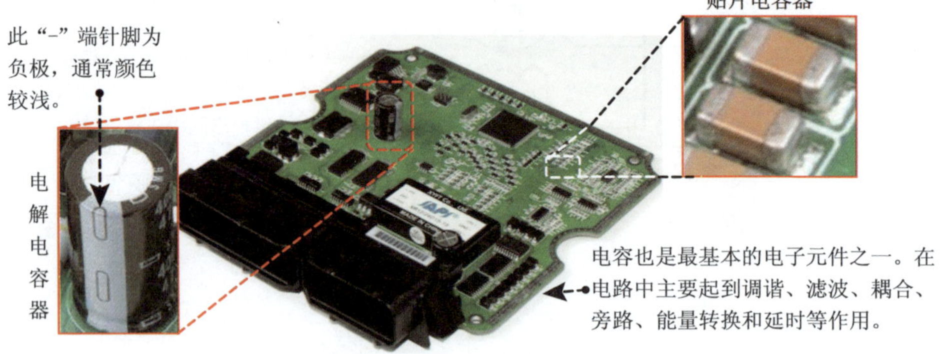

图2-4 汽车中的电容器

2.2.3　电感器

汽车中的电感器如图2-5所示。

电感器是能够把电能转化为磁能而存储起来的元件。电感器的结构类似于变压器，但只有一个绕组。电感器具有一定的电感，它只阻止电流的变化。如果电感器中没有电流通过，则它阻止电流流过它；如果有电流流过它，则电路断开时它将试图维持电流不变。

电感器一般由骨架、绕组、屏蔽罩、封装材料、磁心或铁芯等组成。

图2-5　汽车中的电感器

2.2.4　二极管

汽车中的二极管如图2-6所示。

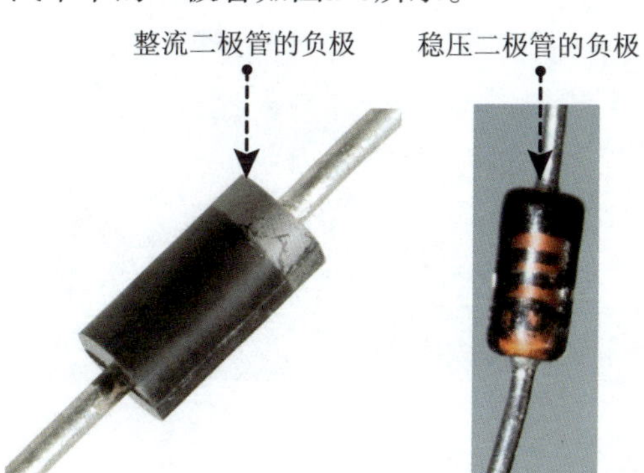

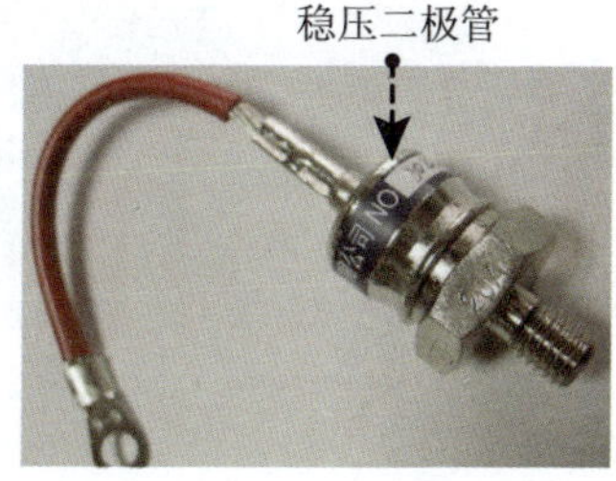

图2-6　二极管

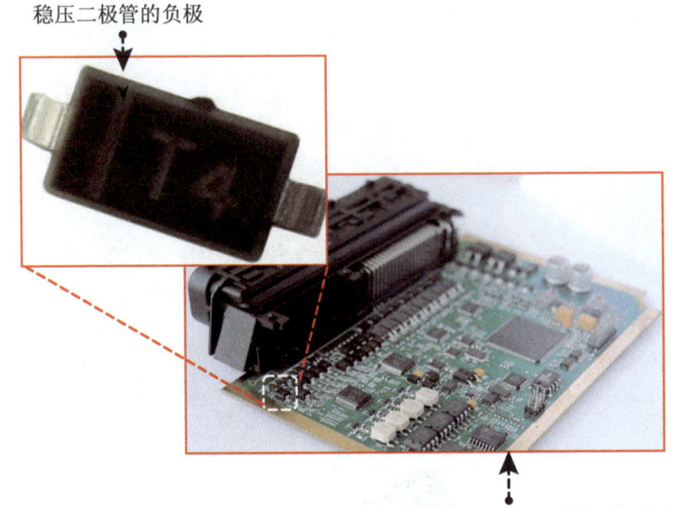

二极管由 PN 结和引线组成，在电路中主要起着整流、检波、稳压、阻尼等作用。

图2-6　二极管（续）

2.2.5　发光二极管

发光二极管如图2-7所示。

发光二极管也是二极管的一种，它的特点是接通后可以发光，所以在电路中通常是代替灯泡作为发光设备使用。

图2-7　发光二极管

2.2.6　三极管

三极管如图2-8所示。

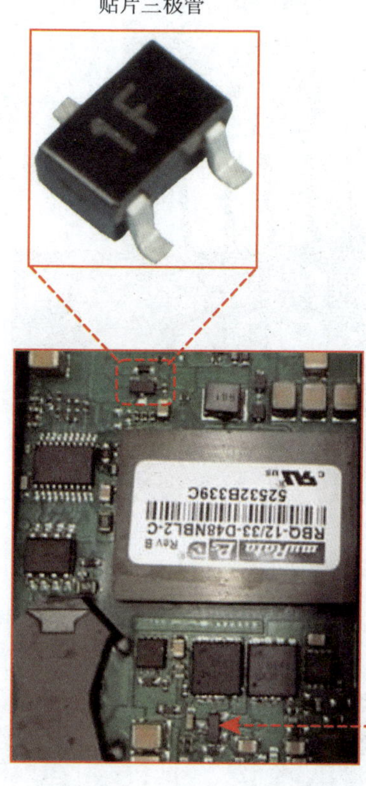

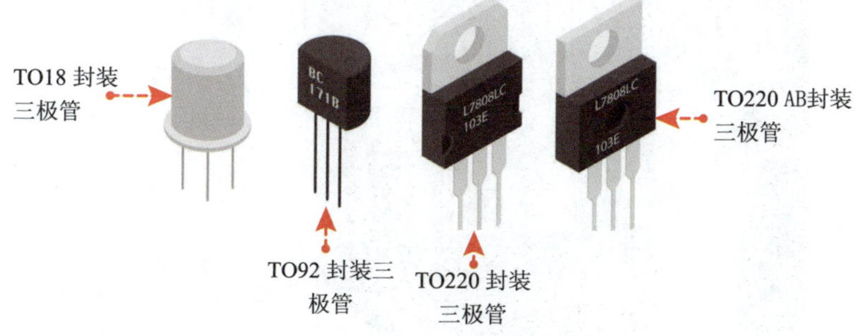

图2-8　三极管

2.2.7 继电器

继电器如图2-9所示。

继电器是一种电控制器件，是当输入量（激励量）的变化达到规定要求时，在电气输出电路中使被控量发生预定的阶跃变化的一种电器。它具有控制系统（又称输入回路）和被控制系统（又称输出回路）之间的互动关系。通常应用于自动化的控制电路中，它实际上是用小电流去控制大电流运作的一种“自动开关”。在电路中起着自动调节、安全保护、转换电路等作用。

图2-9 继电器

2.2.8 保险丝

汽车保险丝（也称熔断器）如图2-10所示。

汽车保险丝是电流保险丝的一种，当电路电流超过保险丝额定电流的2倍时就会在几秒内熔断，起到电路保护的作用。常用于汽车电路过流保护，也可用于工业设备的过流保护。

图2-10 汽车保险丝

2.2.9 蜂鸣器

蜂鸣器是一种一体化结构的电子讯响器，采用直流电压供电。在电路中起到发声、报警等作用，如图2-11所示。

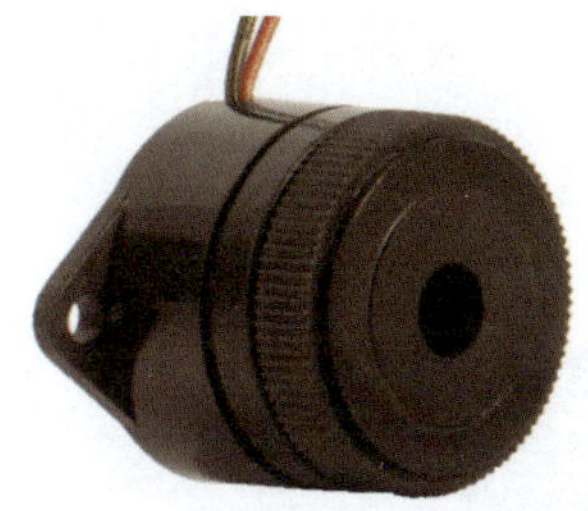

图2-11 蜂鸣器

2.2.10 传感器

汽车传感器如图2-12所示。

汽车传感器

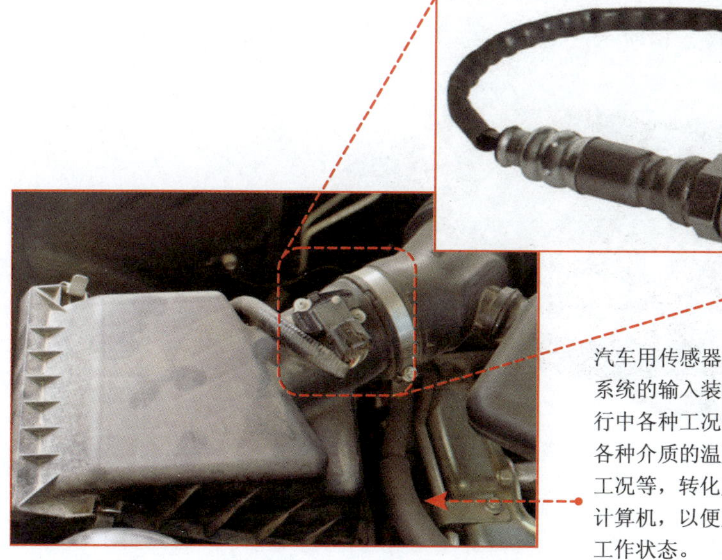

汽车用传感器是汽车计算机系统的输入装置，它把汽车运行中各种工况信息，如车速、各种介质的温度、发动机运转工况等，转化成电信号传输给计算机，以便发动机处于最佳工作状态。

图2-12 汽车传感器

2.3 汽车电路的特点

汽车电路与家用电器的电路有着很多的不同之处。相比家用电器，汽车电路相对简单。汽车电路的特点如下：

2.3.1 采用低压直流

汽车电路采用低压直流电路，如图2-13所示。

汽车电压有 6V、12V、24V 三种，都属于安全电压 36V 之内，就算进行带电操作也不会对人体造成危害。汽车采用直流电，由蓄电池和交流发电机经过整流后输出的直流电供电。

图2-13 采用低压直流并联的汽车电路

2.3.2 采用并联连接

汽车电路如图2-14所示。

汽车电路上的各系统，分别与电源并联连接，这样就算有一个系统电路故障，也不会影响到其他电路的正常使用。

图2-14 汽车电路

2.3.3 负极搭铁

汽车上的电器都采用负极搭铁的连接方式，如图2-15所示。

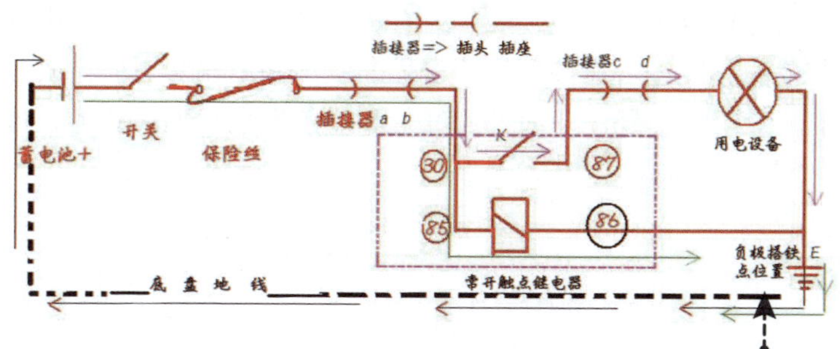

汽车上的电器都采用负极搭铁的连接方式，将蓄电池和发电机的负极直接与车体相连，这样可以将整个车体构架当作一根大的导线使用。其他电器的负极也同样采用负极搭铁，这样就形成了电源→导线→用电器→搭铁的单线连接回路。

图2-15　汽车搭铁电路

2.3.4　汽车用导线和线束

汽车电路网络的主体是导线和线束，没有导线也就无法形成汽车电路了。无论是高级豪华轿车还是普通经济型汽车，都是使用导线、联插件、包裹胶带组成的线束来进行连接的。如图2-16所示。

汽车所用的导线，是低压电线，它与普通家用电线不同。普通家用电线是铜质单蕊电线，有一定硬度。而汽车电线都是铜质多蕊软线，几条甚至几十条软铜线包裹在塑料绝缘管（聚氯乙烯）内，柔软而不容易折断。

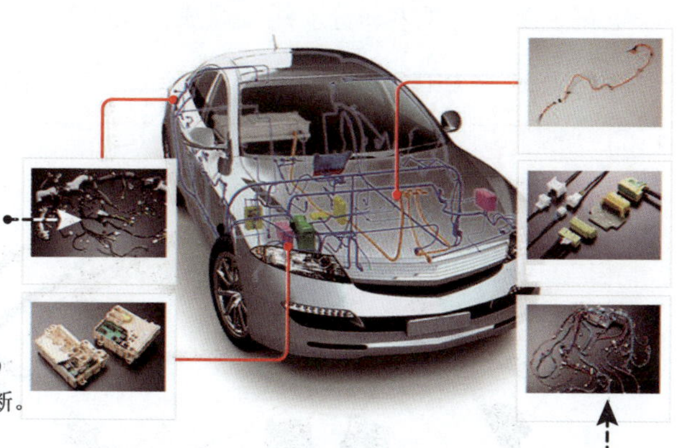

汽车使用的导线也有着不同规格，根据用途不同，选用不同规格的导线。就整车线束来说，仪表灯、指示灯、门灯、顶灯等通常使用截面积0.5mm^{2}规格，牌照灯、前后小灯、制动灯等使用0.75mm^{2}规格，转向灯、雾灯等使用1.0mm^{2}规格，前大灯、喇叭等使用1.5mm^{2}规格，而主电源线（发电机电枢线、搭铁线等）则要求使用（2.5~4）mm^{2}规格电线。具体使用什么规格的电线还要参照负载的最大电流，电流值越大，要求使用的电缆线截面积越大。

图2-16　汽车用导线和线束

除了规格，还可以通过线缆的颜色进行区分。我国规定汽车电气系统分别使用不同颜色的导线进行连接，每一型号的汽车都不相同。但主要是使用单色线和主色加辅色的双色线。一般都用红色和黑色来表示电源线的正极和负极搭铁，如表2-2所示。

表 2-2　汽车线缆颜色对照表

序号	线缆颜色	线缆代号	常用电气系统
1	黑	B	电气、电源搭铁
2	白	W	点火、启动系统
3	红	R	电源系统
4	绿	G	灯光信号系统（包括转向灯）
5	黄	Y	车身内部照明系统
6	棕	Br	仪表、喇叭及报警指示系统
7	蓝	Bl	前照灯、雾灯及其他外部照明系统
8	灰	Gr	辅助电动机、电气操纵系统
9	紫	V	音响、点烟器、辅助装置系统
10	橙	O	—

此外还有双色线缆，比如黑白色（BW）。前一种颜色是主色，后一种颜色是线缆上的色带或色环。

整车电路主要由主线束和分支线束组成，如图2-17所示。

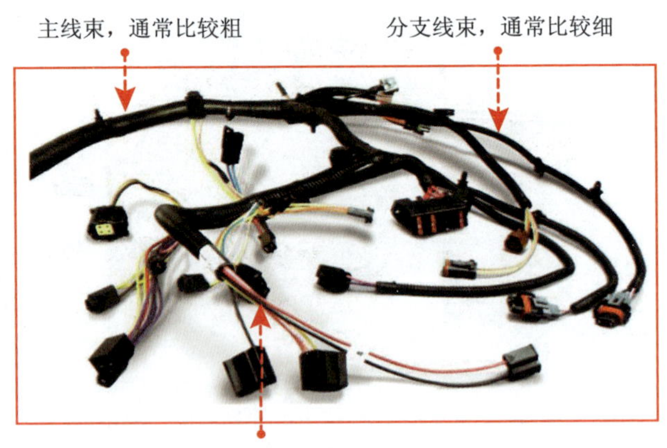

主线束就像大树的树干，而分支线束就像是树的枝杈分散开来。汽车的主线束一般有起动机、仪表、照明、空调、辅助等几个部分。有的汽车按照区域将线束分为发动机线束、前围线束、仪表板线束、底板线束、顶灯线束、四门线束、负搭铁线束等。

图2-17　主线束和分支线束

线束与线束、线束与用电器接线端通过接插件或线耳进行插接。接插件分为插头和插座，通常成对使用。线耳和铜环则是配合接线柱使用，如图2-18所示。

线束上各端头都会打上标志字母和数字，以标明导线的连接对象，装配和维修人员只要按照线束上的标志，就能正确地连接到对应的电线和电器设备上，这在维修和更换线束时都非常有用。

图2-18　汽车线束接插件（左）和接线铜环（右）

随着汽车功能的增加，电子控制技术的普遍应用，电气件越来越多，电线也会越来越多，线束也就变得越粗越重。有些汽车开始引入了CAN总线配置，采用多路传输系统。与传统线束比较，多路传输装置大大减少了导线及连插件数目，使布线更为简易，如图2-19所示。

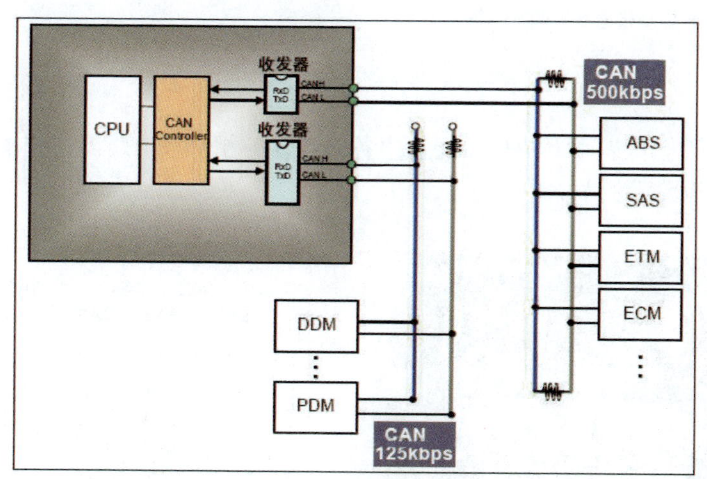

图2-19　CAN BUS总线系统

2.3.5　汽车中央接线器

现代汽车中，为了减少众多连线，越来越多地开始使用中央接线器，如图2-20所示。

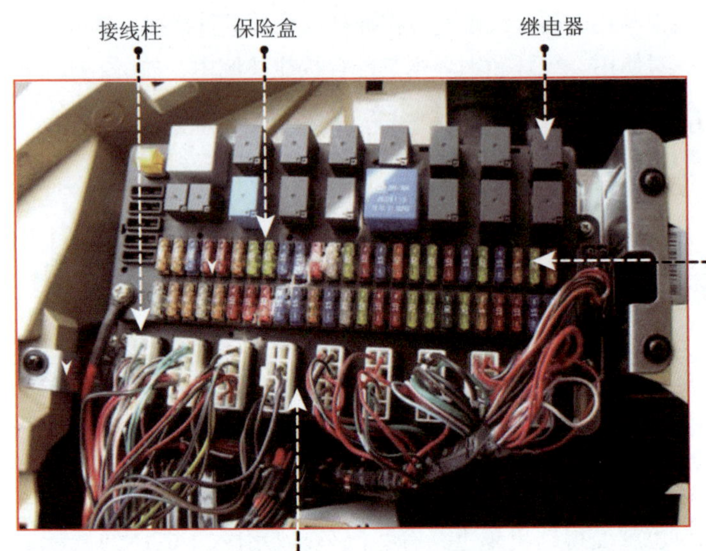

汽车中央集控电器盒简称中央接线器或中央接线盒。是内部汇流连接或电子电路集成并集合装配电子元件，完成与相关线束多线匹配连接，实现电子电气集控与分配的集中接线装置。

中央接线盒中包含了保险盒、继电器及接线端。使用中央接线盒可以减少线束回路的数量、减少或去除线束的接头、减少接线插件、实现多线匹配组装等。使用中央接线盒后降低了整车电子系统的成本、提高了线束连接的质量、减少了线束因连接而导致的故障等。

图2-20　汽车中央接线盒

下面我们认识一下中央接线盒中各元器件与相对应电路图，如图2-21所示（以大众迈腾为例）。

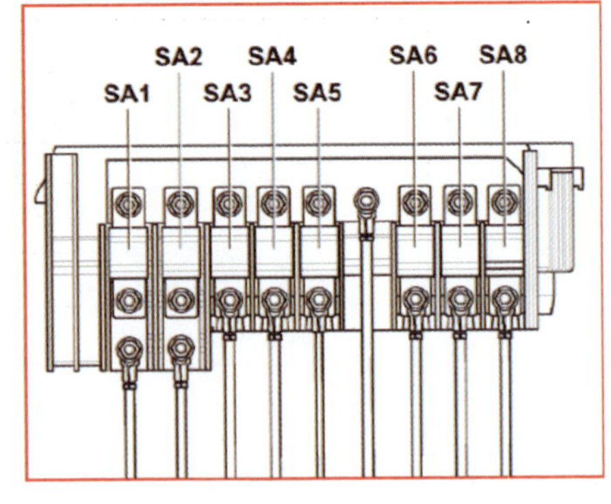

图2-21　中央接线盒各元器件实物与电路图

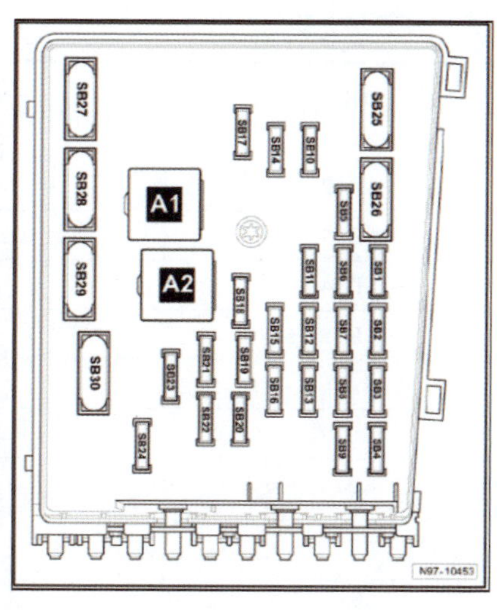

图2-21　中央接线盒各元器件实物与电路图（续）

相关元器件名称、额定值和功能如下表2-3所示

表2-3　元器件名称、额定值和功能

名称	额定值	功能
SA1	150A	三相交流发电机
SA2	80A	电控机械式转向助力器电机
SA3	80A	散热器风扇控制单元
SA4	100A	继电器支架上的辅助保险丝
SA5	80A	右侧保险丝架
SA6	100A	左侧保险丝架
SA7	60A	副蓄电池充电线
SA8	40A	ABS控制单元
SB6	5A	自动变速箱控制单元
SB7	15A	收音机
SB8	30A	双离合器变速箱机械电子单元
SB9	5A	转向柱电子装置控制单元
SB10	20A	燃油泵继电器

续表

名称	额定值	功能
SB11	5A	组合仪表控制单元
SB12	5A	移动电话操作控制单元
SB13	10A	供电继电器
SB14	30A	发动机控制单元
SB15	10A	数据总线诊断接口
SB16	10A	废气再循环阀
SB17	10A	油箱锁止阀
SB18	5A	冷却液继续循环泵
SB19	30A	功率放大器
SB20	5A	离合器位置传感器
SB21	20A	辅助加热装置控制单元
SB22	30A	刮水器电机控制单元
SB23	10A	散热器风扇控制单元
SB24	10A	氧传感器加热装置
SB25	40A	车载电源控制单元
SB26	40A	右侧停车灯
SB27	60A	加热式挡风玻璃
SB28	40A	二次空气泵电机
SB29	50A	车载电源控制单元
SB30	50A	预热时间自动装置控制单元
A1		二次空气泵继电器
A2		接线端30的供电继电器

第3章

轻松搞定汽车电路图

汽车电路图是人们为了研究汽车电器工程使用的，一种用约定符号和特殊绘制方法绘制的图形。能够看懂和绘制汽车电路图，对检测和维修汽车都是至关重要的。

汽车电路图严格来说分为汽车原理图、汽车安装定位图和汽车电路图等几类。汽车电路图是三者中最基础、也是最难掌握的。汽车电路图同时也是本书的重点内容，本章将会详细进行介绍。

3.1 汽车原理图

汽车原理图简称方框图，是用简明的方框进行绘制，主要目的是说明各个部分之间的相互关系，不必画出每个元件和他们之间的连接情况，如图3-1和图3-2所示。

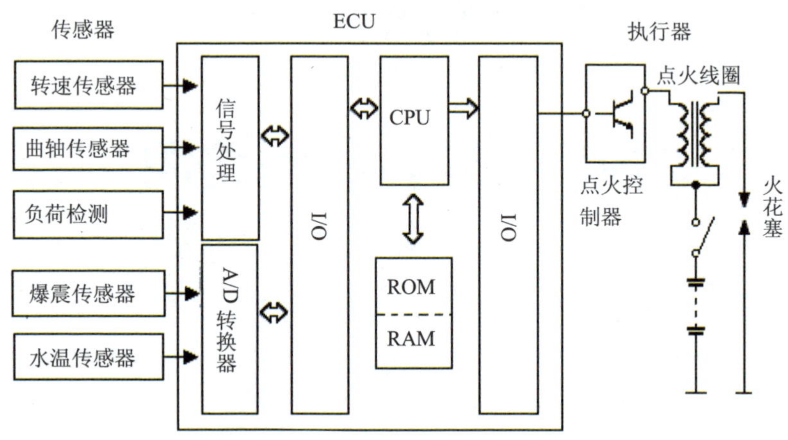

图3-1　电控点火系统工作原理方框图

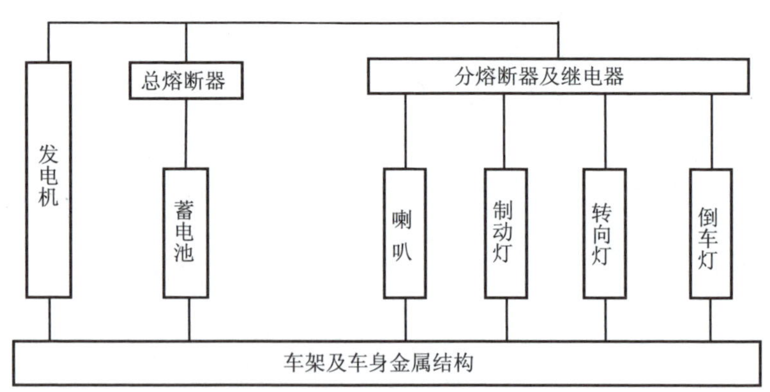

图3-2　信号系统工作原理方框图

3.2 汽车安装定位图

汽车安装定位图是用于指示汽车中各电器及导线的具体位置的图形。一般采用绘制的立体图或实物照片的形式，立体感强、能直观、清晰地反映电器在车上的实际位置，具有很高的实用价值。对于装配和维修人员尤为重要。

安装定位图有时可以组合使用，有时还可以具体细分为电器定位图、线束图、线路连接器插脚图和接线盒分布图。

3.2.1 电器定位图

电器定位图的作用是确定各电器元件、连接器、接线盒、搭铁点、铰接点及诊断座等的分布位置。

电器定位图如图3-3所示。

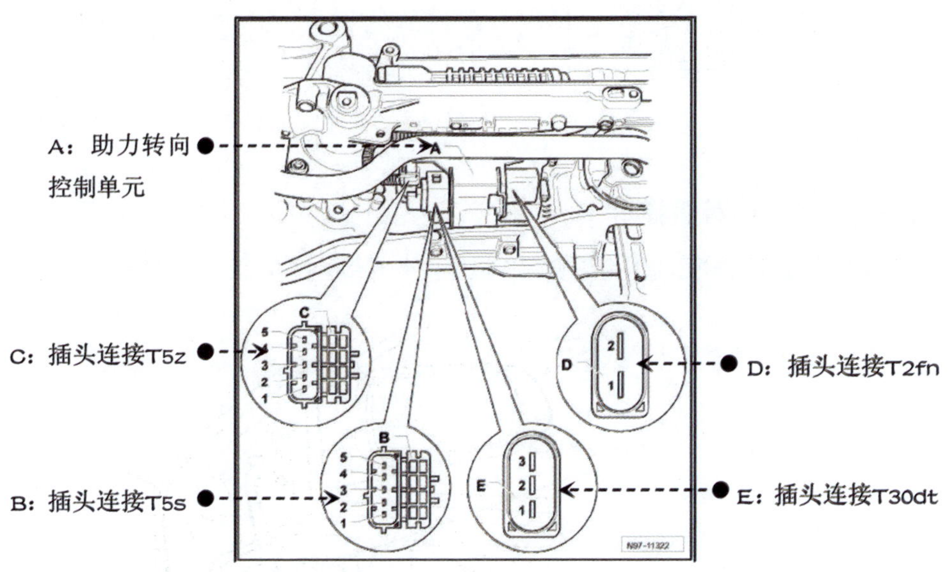

图3-3 大众迈腾插头定位图

3.2.2 汽车线束图

汽车线束图如图3-4所示。

线束图的作用是确定电线束与各用电器的连接部位、接线柱的标记、线头、连接器的形状及位置。

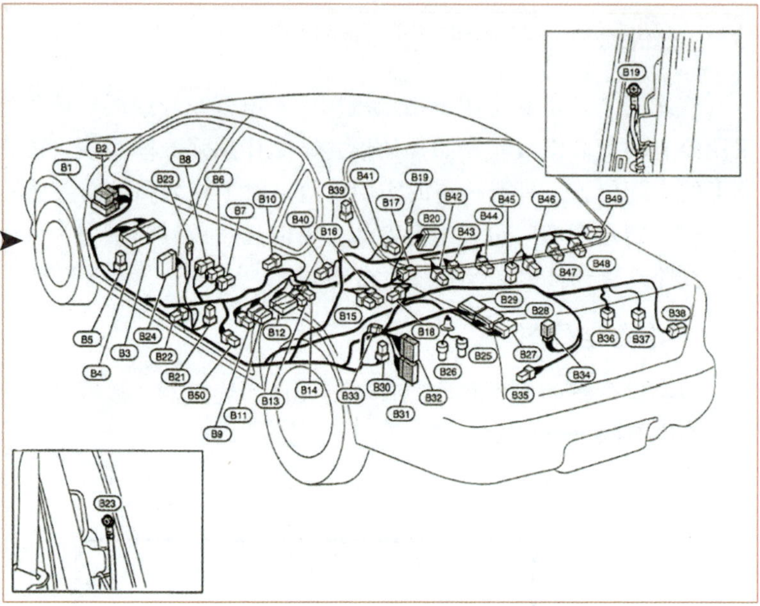

图3-4 汽车线束图

3.2.3 线路连接器插脚图

线路连接器插脚图的作用是确定连接器内各导线连接位置，如图3-5所示。

线路连接器插脚图的作用是确定连接器内各导线连接的位置。

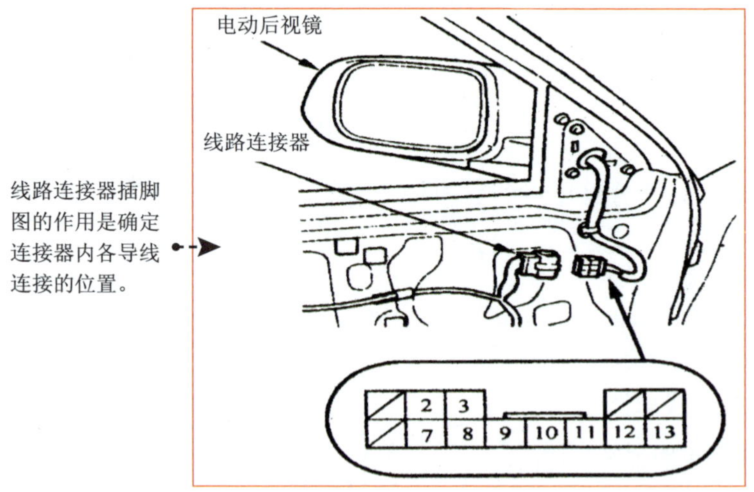

图3-5 电动后视镜连接器插脚图

3.2.4　接线盒分布图

中央接线盒是汽车上重要的电路中枢，为了更好地描述中央接线盒的接线位置，常用接线盒分布图来表示各接线位置、保险丝和继电器的分布情况，如图3-6所示。

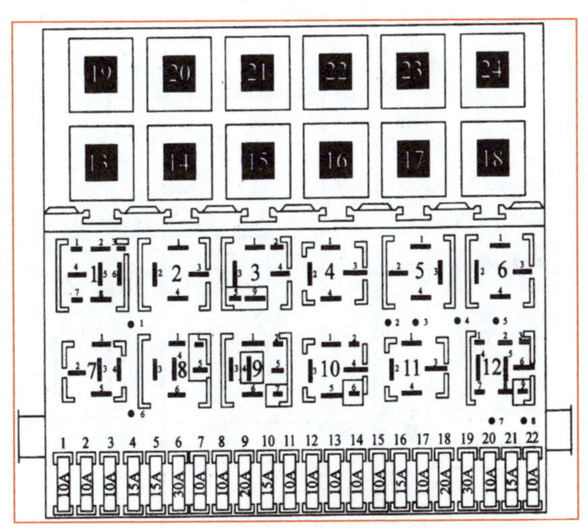

图3-6　中央接线盒分布图

3.3　汽车电路图

汽车电路图是汽车电工最常用的工具之一。它是利用图形符号和少量文字符号表示汽车电路的结构、电器设备的连接关系和工作原理的图形。

为了使电路图具有通用性，便于交流，组成电路图的图形和文字符号不是随意绘制的，而是使用国际标准和国家标准进行绘制的。

要想看懂电路图就必须了解电路图的组成和图形文字符号代表的含义，以及电路图的标注原则和使用方法。

3.3.1　汽车电路图的组成

汽车电路图由图形符号、文字符号和代表电缆线的连接线组成，如图3-7所示。

图形符号是电气技术领域中最基本的工程语言，是一种概念性的图形、标记或文字。它包括基本符号、一般符号和明细符号。

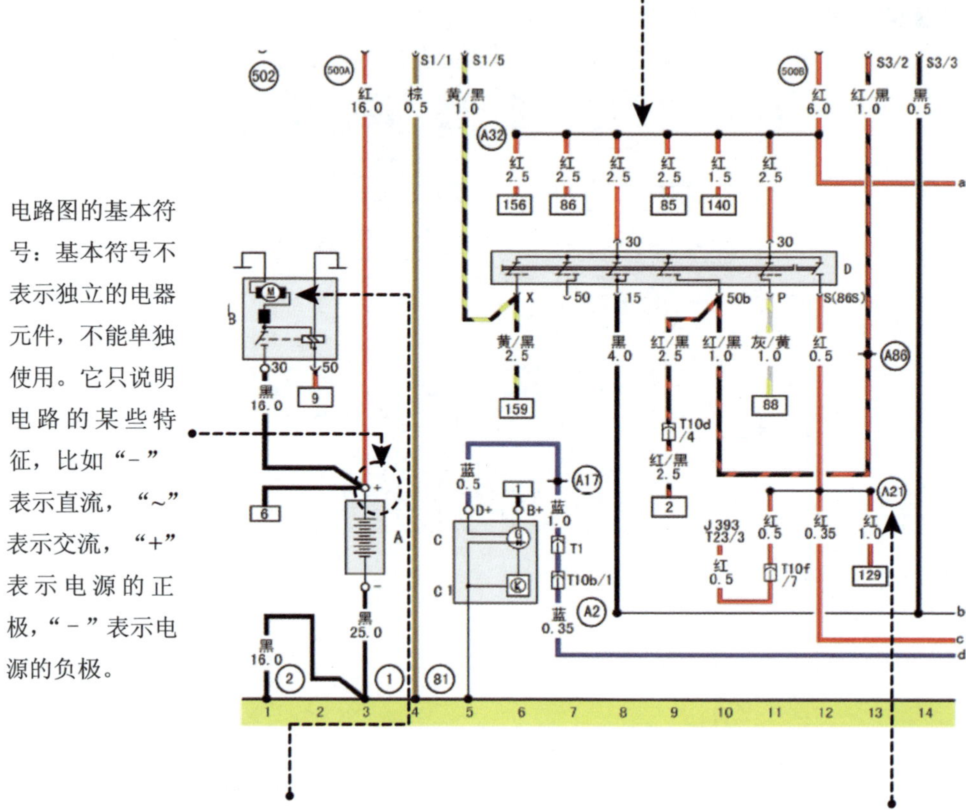

电路图的一般符号：一般符号用来表示一类产品，比如Ⓜ表示电动机，只要看到Ⓜ就知道这里是一个电动机，但具体是什么电动机则必须配合标注或说明才能知道。

电路图的明细符号：明细符号是代表具体电器元件的符号，比如一般符号中的⊛仪表符号，将“*”换成Ⓐ就成为电流表符号Ⓐ，而将“*”换成Ⓥ就变成了电压表符号Ⓥ。

图3-7 汽车电路图的组成

3.3.2 汽车电路图的图形符号

想要看懂电路图，就必须认识电路图中的各种图形符号，下面就来认识一下汽车电路中的常用图形符号，如表3-1所示。

表3-1 汽车电路图常用图形符号

序号	名称	图形符号	序号	名称	图形符号
一、常用基本符号					
1	直流		6	中性点	N
2	交流		7	磁场	F
3	交直流		8	搭铁	
4	正极		9	交流发电机输出接柱	B
5	负极		10	磁场二极管输出端	D+
二、导线端子和导线连接					
11	接点		18	插头和插座	
12	端子		19	多极插头和插座（示出的为三极）	
13	导线的连接				
14	导线的分支连接				
15	导线的交叉连接		20	接通的连接片	
16	插座的一个极		21	断开的连接片	
17	插头的一个极		22	屏蔽导线	
三、触点开关					
23	动合（常开）触点		42	凸轮控制	
24	动断（常闭）触点		43	联动开关	
25	先断后合的触点		44	手动开关的一般符号	
26	中间断开的双向触点		45	定位开关（非自动复位）	
27	双动合触点		46	按钮开关	
28	双动断触点		47	能定位的按钮开关	
29	单动断双动合触点		48	拉拨开关	
30	双动断单动合触点		49	旋转、旋钮开关	
31	一般情况下手动控制		50	液位控制开关	
32	拉拨操作		51	机油滤清器报警开关	OP
33	旋转操作		52	热敏开关动合触点	t°

续表

序号	名称	图形符号	序号	名称	图形符号
34	推动操作		53	热敏开关动断触点	
35	一般机械操作		54	热敏自动开关的动断触点	
36	钥匙操作		55	热继电器触点	
37	热执行器操作		56	旋转多挡开关位置	
38	温度控制		57	推拉多挡开关位置	
39	压力控制		58	钥匙开关（全部定位）	
40	制动压力控制		59	多挡开关、点火、起动开关，瞬时位置	
41	液位控制		60	节流阀开关	
四、电器元件					
61	电阻器		80	光电二极管	
62	可变电阻器		81	PNP型三极管	
63	压敏电阻器		82	集电极接管壳三极管（NPN）	
64	热敏电阻器		83	具有两个电极的压电晶体	
65	滑线式变阻器		84	电感器、线圈、绕组、扼流圈	
66	分路器		85	带铁芯的电感器	
67	滑动触点电位器		86	熔断器	
68	仪表照明调光电阻器		87	易熔线	
69	光敏电阻		88	电路断电器	
70	加热元件、电热塞		89	永久磁铁	
71	电容器		90	操作器件一般符号	
72	可变电容器		91	一个绕组电磁铁	
73	极性电容器				

续表

序号	名称	图形符号	序号	名称	图形符号
74	穿心电容器		92	两个绕组电磁铁	
75	半导体二极管一般符号				
76	稳压二极管		93	不同方向绕组电磁铁	
77	发光二极管				
78	双向二极管（变阻二极管）		94	触点常开的继电器	
79	三极晶体闸流管		95	触点常闭的继电器	
五、仪表					
96	指示仪表	*	103	转速表	n
97	电压表	V	104	温度表	t°
98	电流表	A	105	燃油表	Q
99	电压、电流表	A/V	106	车速里程表	v
100	欧姆表	Ω	107	电钟	
101	瓦特表	W	108	数字式电钟	
102	油压表	OP			
六、传感器					
109	传感器的一般符号	*	116	空气流量传感器	AF
110	温度表传感器	t°	117	氧传感器	λ
111	空气温度传感器	t°_{a}	118	爆震传感器	K
112	水温传感器	t°_{w}	119	转速传感器	n
113	燃油表传感器	Q	120	速度传感器	v
114	油压表传感器	OP	121	空气压力传感器	AP
115	空气质量传感器	m	122	制动压力传感器	BP

续表

序号	名称	图形符号	序号	名称	图形符号
七、电气设备					
123	照明灯、信号灯、仪表灯、指示灯		159	内部通信联络及音乐系统	
124	双丝灯		160	收放机	
125	荧光灯		161	天线电话	
126	组合灯		162	收放机	
127	预热指示器		163	点火线圈	
128	电喇叭		164	分电器	
129	扬声器		165	火花塞	
130	蜂鸣器		166	电压调节器	
131	报警器、电警笛		167	转速调节器	
132	信号发生器		168	温度调节器	
133	脉冲发生器		169	串激绕组	
134	闪光器		170	并激或他激绕组	
135	霍尔信号发生器		171	集电环或换向器上的电刷	
136	磁感应信号发生器		172	直流电动机	
137	温度补偿器		173	串激直流电动机	
138	电磁阀一般符号		174	并激直流电动机	
139	常开电磁阀		175	永磁直流电动机	
140	常闭电磁阀		176	起动机（带电磁开头）	
141	电磁离合器		177	燃油泵电动机、洗涤电动机	
142	用电动机操纵的怠速调整装置		178	晶体管电动汽油泵	
143	过电压保护装置		179	加热定时器	
144	过电流保护装置		180	点火电子组件	

续表

序号	名称	图形符号	序号	名称	图形符号
145	加热器（出霜器）		181	风扇电动机	M
146	振荡器		182	刮水电动机	M
147	变换器、转换器		183	电动天线	M
148	光电发生器	G	184	直流伺服电动机	SM
149	空气调节器		185	直流发电机	G
150	滤波器		186	星形连接的三相绕组	
151	稳压器	U const	187	三角形连接的三相绕组	
152	点烟器		188	定子绕组为星形连接的交流发电机	G 3~
153	热继电器		189	定子绕组为三角形连接的交流发电机	G 3~
154	间歇刮水继电器		190	外接电压调节器与交流发电机	G 3~ U
155	防盗报警系统		191	整体式交流发电机	G 3~
156	天线一般符号		192	蓄电池	
157	发射机		193	蓄电池组	
158	收放机		194	天线	

图形符号的使用也是有一定规则的：

（1）首先选用优选形。

（2）在满足条件的情况下，首先采用最简单的形式，但图形符号必须完整。

（3）在同一份电路图中同一图形符号采用同一种形式。

（4）符号方位不是固定的，在不改变符号意义的前提下，符号可根据图面布置的需要旋转或成镜像放置，但文字和指示方向不得倒置。

（5）图形符号中一般没有端子代号，如果端子代号是符号的一部分，则端子代号必须画出。

（6）导线符号可以用不同宽度的线条表示，如电源线路（主电路）可用粗实线表示，控制、保护线路（辅助电路）则可用细实线表示。

（7）一般连接线不是图形符号的组成部分，方位可根据实际需要布置。

（8）符号的意义由其形式决定，可根据需要进行缩小或放大。

（9）图形符号表示的是在无电压、无外力的常规状态。

（10）图形符号中的文字符号、物理量符号，应视为图形符号的组成部分。当用这些符号不能满足标注时，可按有关标准加以补充。

（11）电路图中若未采用规定的图形符号，必须加以说明。

3.3.3 汽车电路图的文字符号

文字符号是由电气设备、装置和元器件的种类（名称）字母代码和功能（与状态、特征）字母代码组成。用于电气技术领域中技术文件的编制，也可标注在电气设备、装置和元器件上或其附近，以表明电气设备、装置和元器件的名称、功能、状态和特征。此外，还可与基本图形符号和一般图形符号组合使用，以派生新的图形符号。

基本的文字符号大多由单字母或双字母组成，比如电阻用“R”来表示，而热敏电阻是在电阻的基础上加入了特征符号，所以热敏电阻的符号是“RT”。

下面我们来看看常用的基本文字符号还有哪些，如表3-2所示。

表3-2 汽车电路图常用基本文字符号

设备、装置元器件种类	举例	基本文字符号	
		单字母	双字母
组件 部件	分离元件放大调节器	A	
	电桥		AB
	晶体管放大器		AD
	集成电路放大器		AJ
	印刷电路板		AP
	抽屉柜		AT
	支架盘		AR
非电量到电量变换器或电量到非电量变换器	送话器	B	
	扬声器		
	晶体换能器		
	压力变换器		BP
	温度变换器		BT
电容器	电容器	C	
二进制元件、延迟器件、存储器件	数字集成电路和器件	D	
其他元器件	其他元器件	E	
	发热器件		EH
	照明灯		EL

续表

设备、装置元器件种类	举　　例	基本文字符号	
		单字母	双字母
保护器件	过电压放电器件避雷器	F	
	熔断器		FU
	限压保护器件		FV
发生器 发电机 电源	振荡器	G	
	发生器		GS
	同步发电机		GA
	异步发电机		
	蓄电池		GB
信号器件	声响指示	H	HA
	光指示器		HL
	指示灯		HL
继电器 接触器	交流继电器	K	KA
	双稳态继电器		KL
	接触器		KM
	簧片继电器		KR
电感器 电抗器	感应线圈	L	
	电抗器		
电动机	电动机	M	
	同步电动机		MS
	力矩电动机		MT
模拟元件	运算放大器	N	
	混合模拟/数字器件		
测量设备 试验设备	指示器件信号发生器	P	
	电流表		PA
	（脉冲）计数器		PC
	电度表		PJ
	电压表		PV
电力电路的开关器件	断路器	Q	QF
	电动机保护开关		QM
	隔离开关		QS
电阻器	电阻器	R	
	变阻器		
	电位器		RP
	热敏电阻器		RT
	压敏电阻器		RV

续表

设备、装置元器件种类	举　例	基本文字符号	
		单字母	双字母
控制、记忆、信号电路的开关器件选择器	控制开关	S	SA
	选择开关		
	按扭开关		SB
	压力传感器		SP
	位置传感器		SQ
	温度传感器		ST
变压器	电流互感器	T	TA
	控制电路电源用变压器		TC
	电力变压器		TM
	电压互感器		TV
电子管 晶体管	二极管	V	
	晶体管		
	晶闸管		
	电子管		VE
传输通道波导天线	导线	W	
	母线		
	波导		
	天线		
端子 插头 插座	连接插头和插座	X	
	接线柱焊		
	接端子板		
	连接片		XB
	测试插孔		XJ
	插头		XP
	插座		XS
	端子板		XT
电气操作的机械器件	气阀	Y	
	电磁铁		YA
	电动阀		YM
	电磁阀		YV
终端设备 混合变压器 滤波器 均衡器 限幅器	晶体滤波器	Z	

除了基本文字符号外，经常使用的还有辅助文字符号。

辅助文字符号表示电气设备、装置和元器件以及线路的功能、状态和特征。如“SYN”表示同步，“L”表示限制左或低，“RD”表示红色，“ON”表示接通，“OFF”表示断开等，如表3-3所示。

表3-3 常用辅助文字符号

序号	文字符号	名　称
1	A	电流
2	A	模拟
3	AC	交流
4	A AUT	自动
5	ACC	加速
6	ADD	附加
7	ADJ	可调
8	AUX	辅助
9	ASY	异步
10	B BRK	制动
11	BK	黑
12	BL	蓝
13	BW	向后
14	C	控制
15	CW	顺时针
16	CCW	逆时针
17	D	延时（延迟）
18	D	差动
19	D	数字
20	D	降低
21	DC	直流
22	DEC	减
23	E	接地
24	EM	紧急
25	F	快速
26	FB	反馈
27	FW	正，向前
28	GN	绿

续表

序号	文字符号	名　称
29	H	高
30	IN	输入
31	INC	增
32	IND	感应
33	L	左
34	L	限制
35	L	低
36	LA	闭锁
37	M	主
38	M	中
39	M	中间线
40	M MAN	手动
41	N	中性线
42	OFF	断开
43	ON	闭合
44	OUT	输出
45	P	压力
46	P	保护
47	PE	保护搭铁
48	PEN	保护搭铁与中性线共用
49	PU	不搭铁保护
50	R	记录
51	R	右
52	R	反
53	RD	红
54	R RST	复位
55	RES	备用
56	RUN	运转
57	S	信号
58	ST	起动
59	S SET	置位，定位
60	SAT	饱和

续表

序号	文字符号	名　　称
61	STE	步进
62	STP	停止
63	SYN	同步
64	T	温度
65	T	时间
66	TE	无噪声（防干扰）搭铁
67	V	真空
68	V	速度
69	V	电压
70	WH	白
71	YE	黄

文字符号与图形符号一样，也有相应的使用规则。

（1）单字母符号应优先选用。

（2）只有当使用单字母符号不能满足要求，需要将大类进一步划分时，才采用双字母符号，以便较详细和更具体地表述电气设备、装置和元器件等。如“F”表示保护器类，“FU”表示熔断器，“FV”表示限压保护器件。

（3）辅助文字符号也可放在表示种类的单字母符号后边组成双字母符号，如“ST”表示起动，“DC”表示直流，“AC”表示交流。为简化文字符号，若辅助文字符号由两个字母组成时，允许只采用其第一位字母进行组合，如“MS”表示同步电动机，“MS”中的“S”为辅助文字符号“SYN”（同步）的第一位字母。辅助文字符号还可以单独使用，如“ON”表示接通，“N”表示中性线，“E”表示搭铁，“PE”表示保护搭铁等。

3.4 汽车电路图的画法规则

3.4.1 汽车电路图的一般规则

前面我们讲过，目前还没有一个统一的汽车电路图标准，所以遇到每种汽车电路还需要进行具体分析。但汽车电路图的一般制图规则都是一样的，下面我们就来了解一下汽车电路图的一般制图规则。

1.连接线的一般画法

连接线应采用实线，而计划扩展的内容可以用虚线。有时为了突出或区分某些电路功能，可采用不同粗细的连接线。连接线应避免在与另一条连接线的交叉处改变方向，避免穿过其他连接线的连接点。

2.中断线的画法

当连接线穿越较为稠密的图面时，允许将连接线中断，并在中断处加相应的标记或在末端加注适当的标记，如图3-8所示。

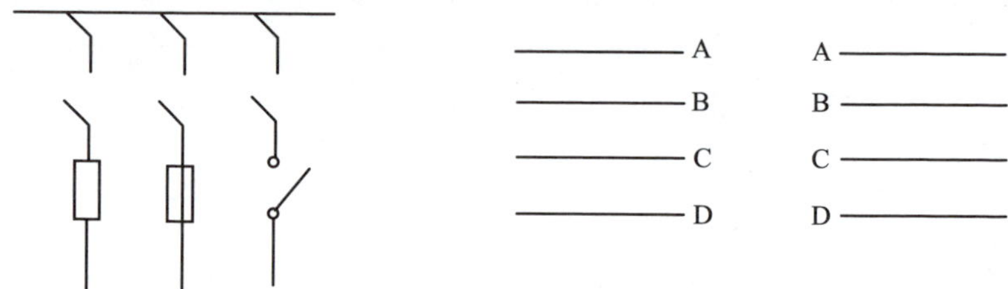

图3-8 中断线的画法

3.单线表示交叉线的画法

为了避免交叉线太多使电路图更复杂，也可以使用单线法来表示两端互连的线，如图3-9所示。

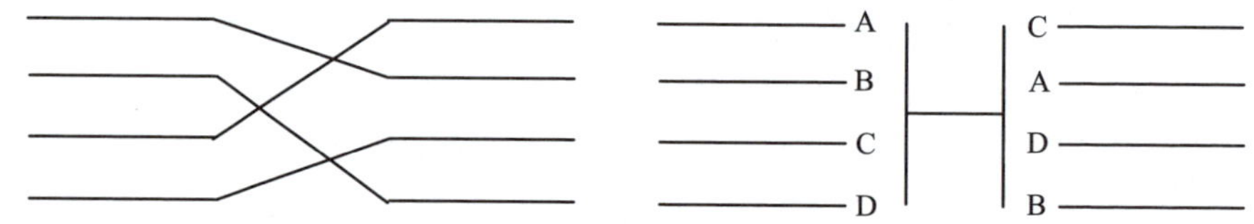

图3-9 单线表示法

4.指引线的画法

指引线用细实线表示，且指向被注释处，并根据不同情况在指引线的末端加注黑点、实心箭头、短斜线加以标记，如图3-10所示。

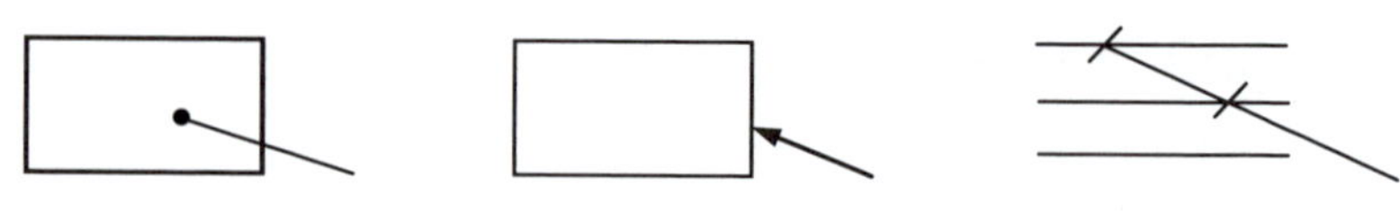

图3-10 指引线的画法

5.箭头的画法

电路图中信号线和连接线上的箭头通常用来表示电流或信号的流向，必须与连线组合在一起，如图3-11所示。

图3-11　信号线、连接线上的箭头

电路图上还有一种用作指示说明的指引线，这种箭头必须在线末。这样就可以通过箭头来区别信号线、连接线与指引线，如图3-12所示。

图3-12　指引线上的箭头

3.4.2　汽车电路图的画法

每种汽车电路图的画法都略有不同，但一般画法基本相同。

1.电器元件的画法

电路图的最重要的特征就是电器元件必须按照国际或国家标准规定的图形符号，也就是上文中介绍过的图形符号来表示。

画图时国家标准中规定的图形符号都可以选用，有些元件没有国家标准，也可以根据标准中的派生规则派生出新的图形，对于不常用的符号应该配合加注文字，以便理解和反映元件的工作原理。有时为了方便对电路进行分析，还要在图形元件上标注项目代号和主要技术参数，如图3-13所示。

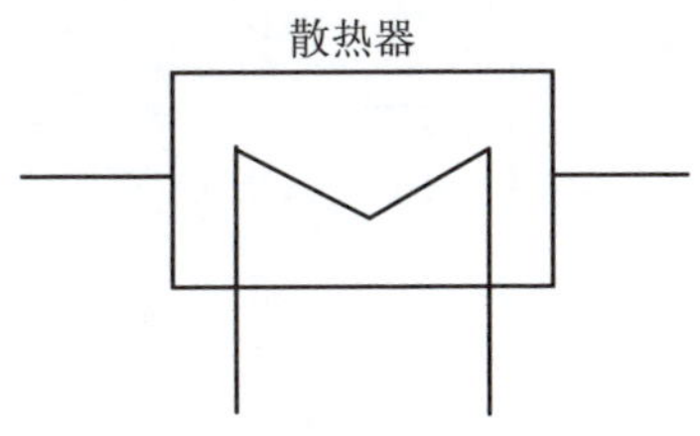

图3-13　派生新图形符号

2.图形符号的布置

电器系统中，有大量的元器件的驱动部分和被驱动部分都是由机械连接，比如继电器、按钮开关、光电耦合器等。这一类半电路、半机械的元件可以有三种表示方法：集中表示法、半集中表示法和分开表示法。三种表示方法表示的信息是相同的，在电路的不同位置根据需要灵活选择一种或几种共同使用。

（1）集中表示法：集中表示法是将元器件的各组成部分图形符号绘制在一起来表示的方法。特点是容易寻找项目的各个部分，元件整体印象深刻完整，但绘制难度大，无法表示复杂的电路，如图3-14所示。

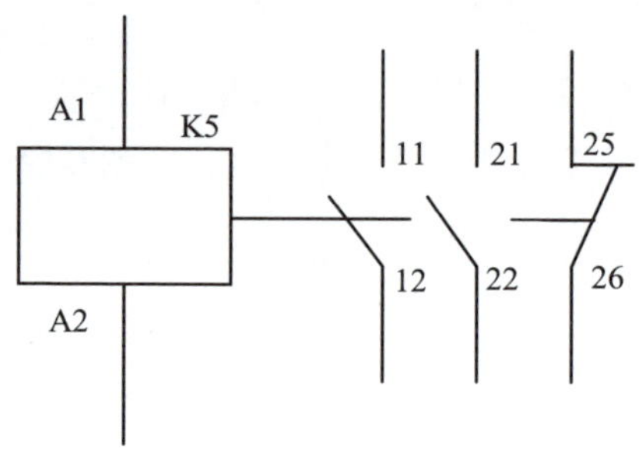

图3-14　集中表示法绘制元器件

（2）半集中表示法：半集中表示法是把元件的某些组成部分在电路图上分开布置，它们之间的关系用机械连接线表示。机械连接线用虚线表示，可以是直线也可以折弯、分支、交叉。特点是减少电路连接线的往返和交叉，使电路图清晰便于识读，由于机械连线会穿过图面，所以为了避免影响图面的整洁清晰，复杂电路还是只能适当地使用这种方法，如图3-15所示。

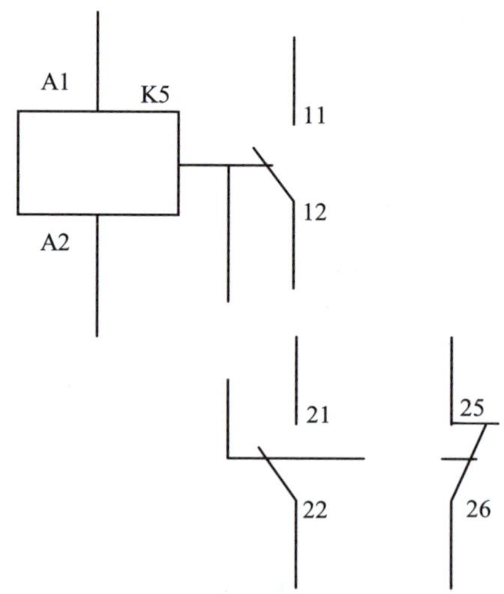

图3-15　半集中表示法绘制元器件

（3）分开表示法：分开表示法就是将元器件的各组成部分在电路图上分别用图形符号表示，它们之间各部分的关系用项目代号来表示。分开表示法减少了电路连接线的往返交叉，又不会出现穿过图面的机械连接线，所以在实际使用中最为广泛。分开表示法也有它烦琐的一面，为了寻找被分开的各部分，有时需要采用插图或表格等检索方法配合才能正常使用，如图3-16所示。

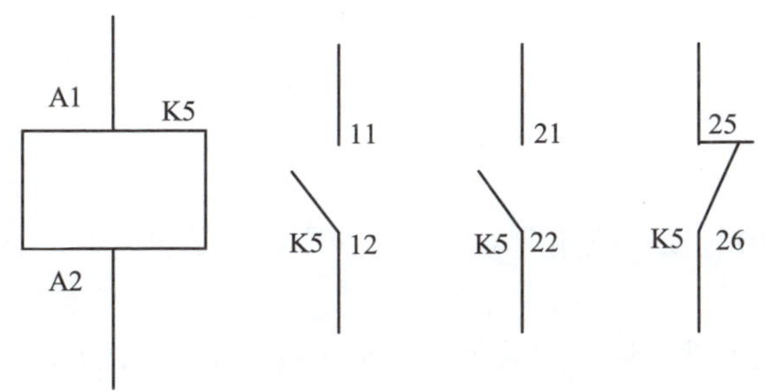

图3-16　分开表示法绘制元器件

3.电路导线的排列画法

电路中导线的安排必须做到清晰整洁、一目了然的效果。各个电路的排列必须遵循从左到右、从上到下的排列规则，尽可能用直线、无交叉点、不改变方向的标记方式。作用方向应与电路图的边沿平行，如果出现许多平行线重叠堆成堆的情况，最好将其编组，通常是三条线集中编为一组，留出距离，如图3-17所示。

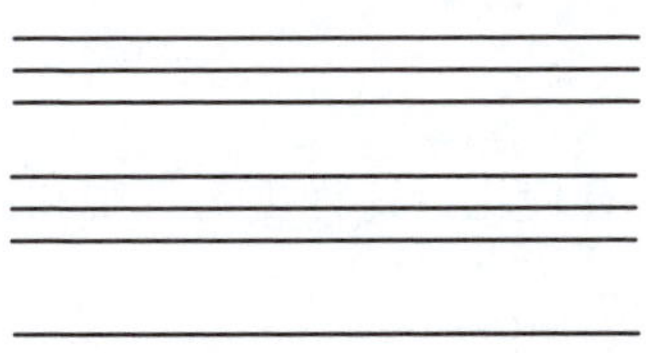

图3-17　多条平行线分组的画法

4.分界线与边框的画法

电路的各部分用点画线或边框线来区分开，以此表明仪器、部件功能或结构上的属性。在电器设备中，用点画线来表示仪器、电器中的不导电的边框，这种图示不能表示仪器外壳也不能用来表示接地，如图3-18所示。

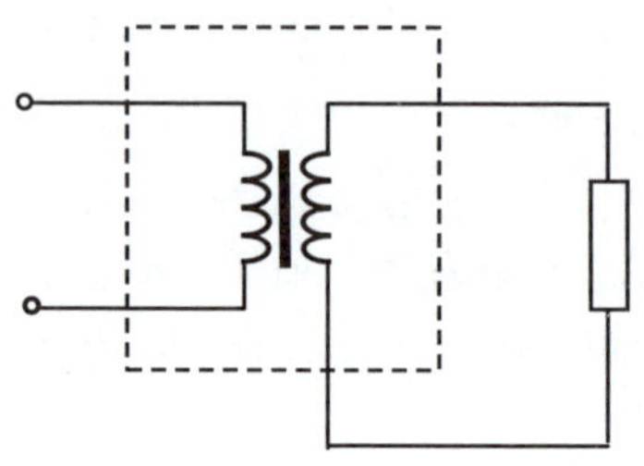

图3-18　元器件的边框绘制方法

5.区段识别

区段识别符号标注在电路图的下沿，作用是为了更方便地寻找电路部件。通常可以用三种标记方法标记。

（1）用连续的数字以相同的距离从左到右标注，如图3-19所示。

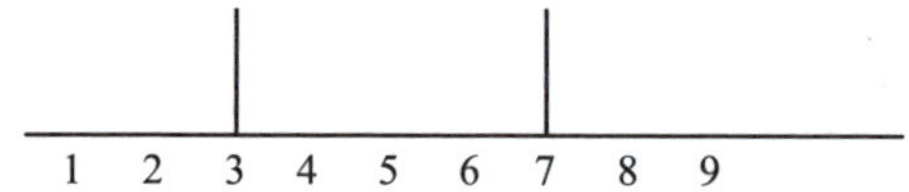

图3-19　电路图最下方的连续数字标记

（2）直接标注出电路的区段内容，如图3-20所示。

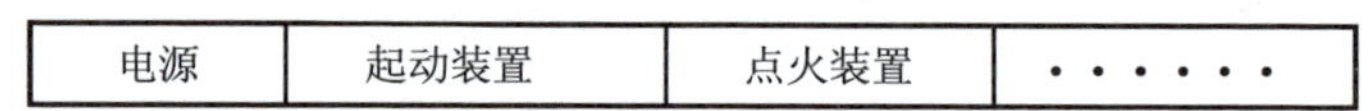

图3-20　直接标注电路的区段内容

（3）以上两种方法结合使用，这样更为直观和详细，如图3-21所示。

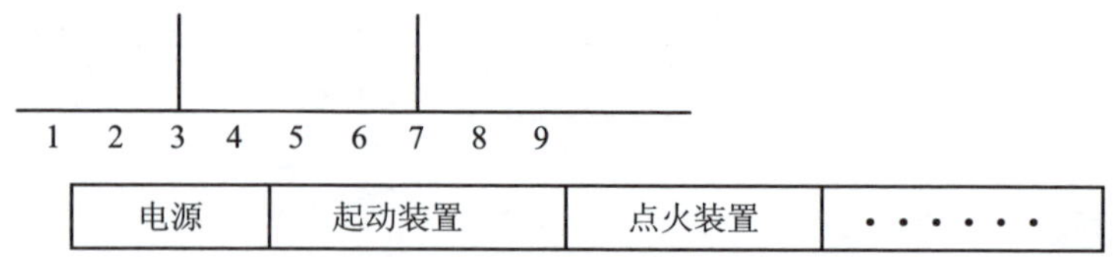

图3-21　直接标注配合数字标注

6.标注

利用字母和数码对设备、部件、电路中线路符号进行标注。标注位置一般在线路符号的左下方或右侧。如果设备的定义明确，标准内所规定的几种设备可以不做标注，如图3-22所示。

图3-22　电路中设备的标注

3.4.3　汽车电路图的标注方法

汽车电路图的标注方法现在还没有统一的标准，各大汽车厂商都有自己的电路图标注方法，我们以市场上常见的大众汽车电路图为例，介绍电路图的标注方法和阅读方法，如图3-23~图3-31所示。

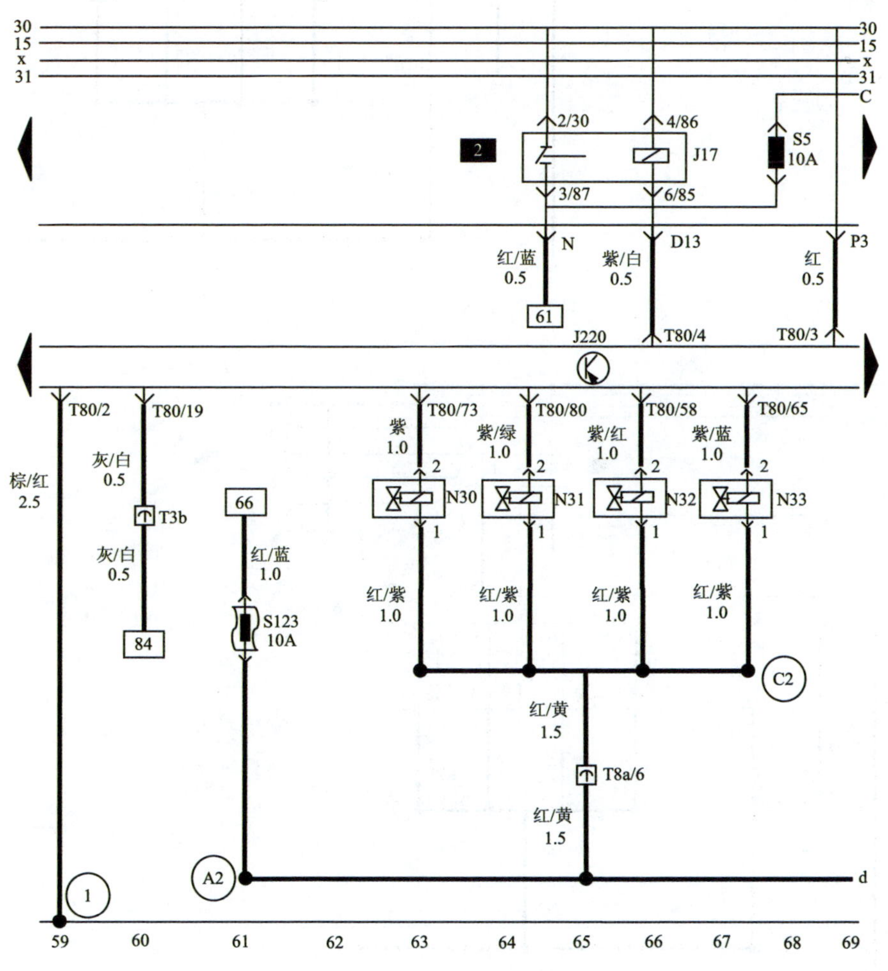

图3-23　大众汽车电路图

30号线：常火线，不管线路的开关等配电设备处于什么状态，30号线都带电。

15号线：接小容量火线，点火开关闭合时接通电源带电

31号线：31号线是搭铁线。

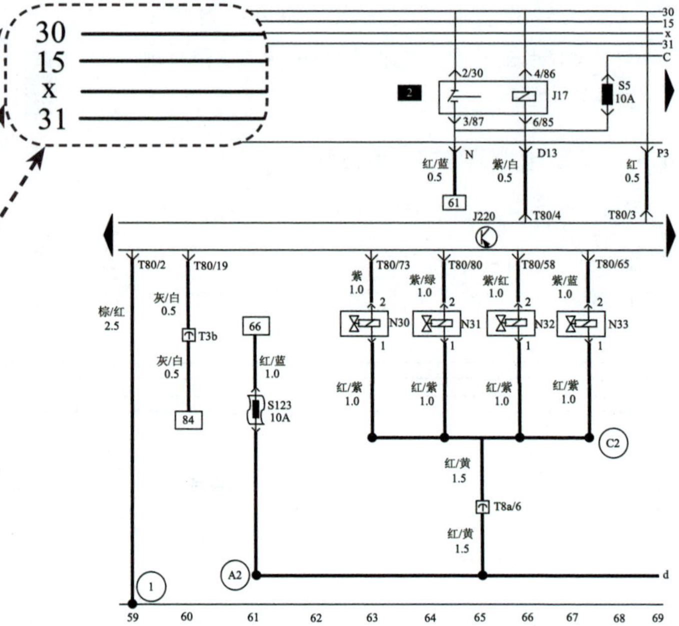

图3-24　大众电路图标注（一）

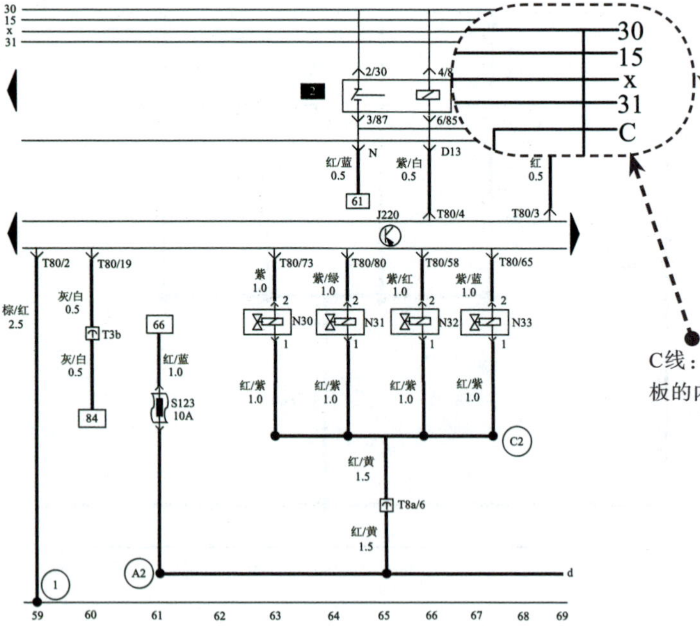

X号线：X号线是接大容量电器的火线，点火开关处于点火位置时，通过中间继电器闭合而使该导线带电。

C线：C线是中央线路板的内部接线。

图3-25　大众电路图标注（二）

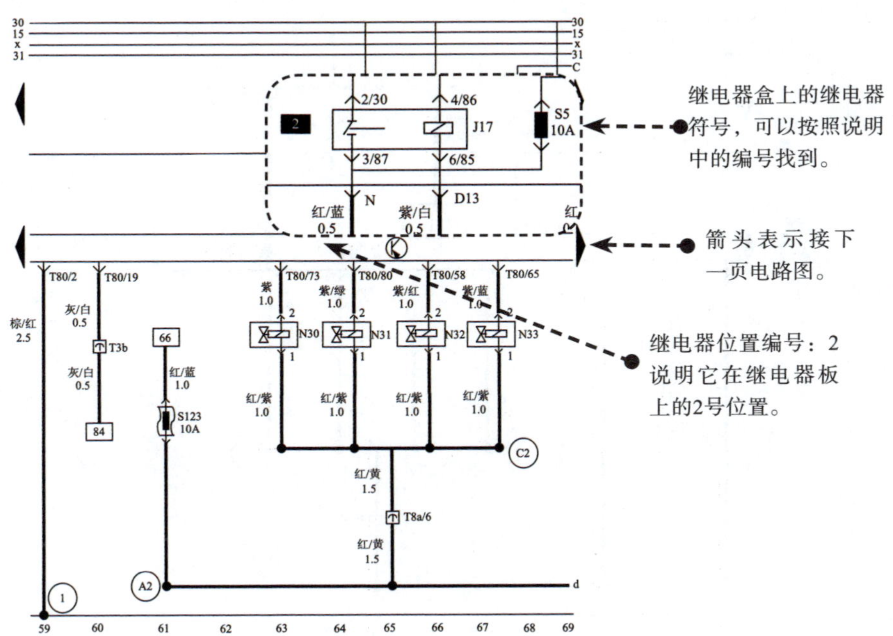

图3-26　大众电路图标注（三）

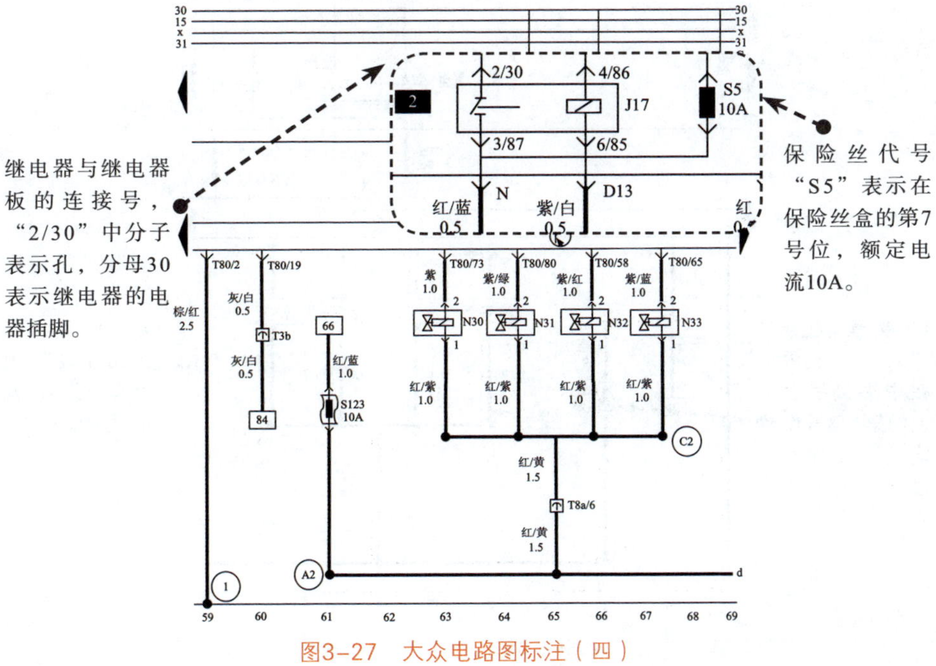

继电器与继电器板的连接号，“2/30”中分子表示孔，分母30表示继电器的电器插脚。

保险丝代号“S5”表示在保险丝盒的第7号位，额定电流10A。

图3-27　大众电路图标注（四）

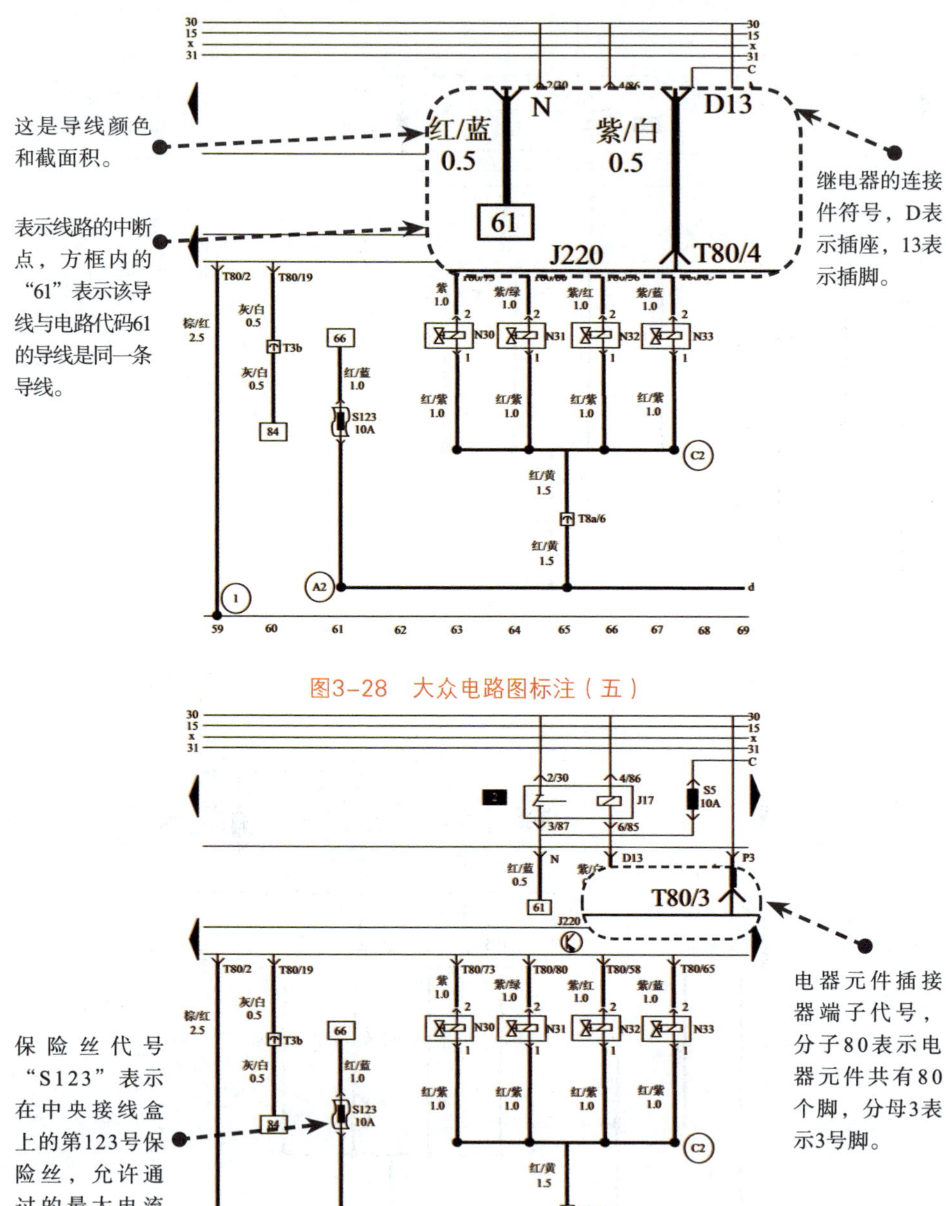

图3-28　大众电路图标注（五）

图3-29　大众电路图标注（六）

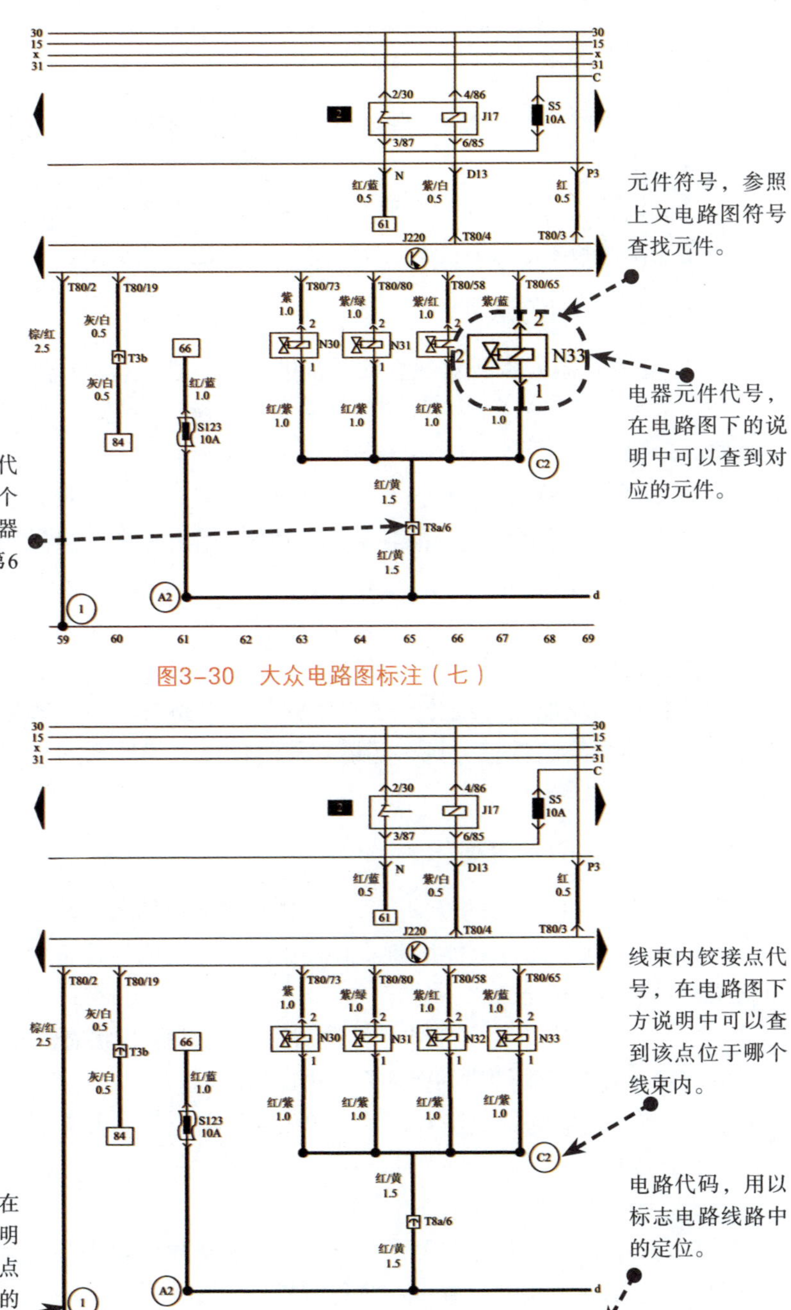

图3-30　大众电路图标注（七）

图3-31　大众电路图标注（八）

3.5 汽车电路图的分析方法

要想读懂电路图，仅仅知道画法和标注是远远不够的，还必须掌握一些电路图的分析方法。

首先必须认真读图，了解电路图的名称、技术规范、明确图形符号的含义等，建立元器件和图形符号的对应关系，这样才能开始识图。

3.5.1 识图的一般方法

（1）先看全图，将相对独立的系统框出来分别分析。一般来说，一个电器系统的电源和总开关是公用的，任何一个系统都应该是一个完整的电路，遵循电路一般规律。

（2）分析各系统的工作过程、相互间的联系。在分析某个电器系统之前，要先清楚该电器系统包含的各部件的功能、作用、技术参数等，分析该系统电路对其他系统的影响。

（3）分析典型电路，掌握该车型电路的特点。许多车型的电路原理图绘制都遵循自己的规则，通过对具有代表性的电路图的分析，了解这类车型的电路图的特点，就能更好地分析该车型的其他电路图。甚至通过对某些具有代表性车型的电路图进行分析，还能够了解同地区或同系列车型电路图的共同特点。

3.5.2 汽车电路的一般规律

汽车电路有一些特殊的规律，这些也能反映到电路图上。

（1）电源部分到各电器熔断器或开关的导线是电气设备的公共火线，在电路图中一般画在最上部。

（2）电路图的开关一般处于零位或静态，即断开状态。继电器、晶体管、晶闸管等具有开关性质的元件则视电路情况而定。

（3）汽车电路的特点是双电源、单线制，各电器相互并联，继电器和开关串联在电路中。

（4）大部分用电器都受到熔断器的保护。

（5）汽车电路图非常庞大，在分析时一般是先分解为几个独立的系统，如电源系统、起动系统等，在一一进行分析。

3.5.3　掌握回路原则

在电路中，回路是一个最基本、最重要的概念，任何一条完整的电路都是由电源、开关、用电器、导线等组成的。通过寻找回路来分析电路是电路分析中最常用、也是最有效的分析方法。

（1）从电源正极出发，经过用电器（有时可以经过多个用电器），最后回到同一电源的负极，就形成了完整回路。由于电源的电压差只存在于电源的正负极之间，同极是没有电压差的，所以从电源正极出发回到电源正极的电路是不会有电流的。

（2）在汽车电路中，电源包括蓄电池和发电机，在寻找回路时，不能从一个电源正极出发，而回到另一个电源的负极，必须是回到同一电源的负极才是完整回路。汽车上两个电源多数情况下是并联同时供电的，这一点一定要了解清楚。

（3）掌握回路分析中的技巧也很重要。

①从电源正极出发经过保险装置、开关、用电器到达负极搭铁，这样的分析方法思路清晰、结构严谨，适合初学者和分析简单电路。

② 除了从电源出发的分析方法，还可以从用电器出发，向两端分别寻找负极搭铁、开关、保险设备和电源正极。这样的分析方法需要有一定的经验，而且一般稍微复杂一些的电路都必须这样分析。

回路原则是分析电路的最基本手段，所以大家一定要多练习、多思考。

3.5.4　掌握开关的作用

开关是控制电路通断的关键，电路中主要的开关通常都连接着许多导线。比如点火开关、灯光组合开关等。在分析电路时，一定要认真分析开关的作用，和开关打开、闭合时电路中电流的变化。必须掌握开关的几个关键信息：

（1）有的开关中有许多接线柱，注意每个接线柱连接的是哪些元件，接线柱旁是否有符号标注。

（2）开关有几个挡位，每个挡位中接线柱的通断情况是怎样的。

（3）开关直接控制电源的总开关，还是控制用电设备的分开关，开关的类型是手动的还是自动的。

（4）分开关控制的用电设备的作用和功能。

（5）开关的通断情况，是属于常开开关、常闭开关还是自动开关。

3.6 大众汽车电路图识读

3.6.1 大众风格电路图特点

大众风格的电路图有以下几个突出的特点：

（1）基本电路按系统依次纵向排列。

（2）少转折交叉。整个电路很少转折交叉，线路复杂的电路，通常采用断线带号法将它们有机地连贯起来，而且不会破坏图面的纵向性。例如，某条线路的上半段在电路序号23位置，下半段电路在电路序号26位置，那就在上半段电路的终止处画一个标有26的小方框，表示跟电路序号26处的导线是同一处导线。在下半段电路的开始处也有一个小方框，内都标有23，通过26和23将上下两段电路连接在一起。

（3）整个电路突出以中央接线盒为中心。电路图上标明了中央接线盒中安装的器件与导线，在中央接线盒的正向插有各种继电器和熔断器。

（4）电路图表明电器的搭铁方式和部位。电路图底部横线表示搭铁线，导线搭铁端标注有带圈的数字代号。不是所有用电器搭铁都直接与金属车体相连接的，有的通过搭铁插座，有的则通过其他电器或电子设备再搭铁。

（5）接点标志具有固定的含义。在电路图中经常遇到接点标志的数字及字母，它们都有固定的含义。例如，在电路图中的连接插头统一用字母T作为代号，紧接的数字表示该插头的孔数以及连接导线对应的孔的序号。例如，T7/1表示该插头为7孔，连接导线对应的插孔序号为1。

3.6.2 大众风格电路图解析

大众风格电路图如图3-32所示。大众汽车电路图一般划分为三个区域：上部区域、中部区域、下部区域，现根据奥迪轿车局部电路图做一下具体说明（识读电路图的具体说明见图注释）。

（1）上部区域：包括上方表示整车电气线路电源线路的4条水平线和下面的汽车中央控制线路板的继电器与熔断器。

线路上部标有“30”字样的电路为常火线，它与蓄电池直接相连，中间不经过任何开关，为停车或发动机熄火后还需要使用的用电设备供电。

线路上部标有“15”字样的电路为小容量用电设备的电源正极，它是点火开关在“ON”或“START”接通后才工作的火线。

线路上部标有“X”字样的电路为大容量用电设备的电源正极，它也是点火开关在“ON”或“START”接通后才工作的火线。它只有在发动机运转时，由其供电的用电设备接通方能使用。如后风窗除霜器、空调系统的鼓风电动机等。

线路上部标有“31”字样的电路为接地线，许多重要电气的接地线均采用直接与蓄电池的负极相连。发动机与车身、变速器与车身之间除了金属接触外还有专门的接地线相连，以保证工作的可靠性。

“C”字样为中央线路板的内部接线。

继电器、熔断器及其连接件部分。这一部分在图上反映的内容有继电器位置号、继电器名称、继电器盒上插接件符号、继电器盒上连接件符号、熔断器位置号及熔断器额定电流等。

（2）中部区域：电路图中部区域是各种用电设备，电气元件在图中用框图辅以相应的标号表示。每个元件都有一个代号，如“C”表示发电机，“D”表示点火开关，“3”表示报警灯开关等。电器元件的连接点都以标号标出，标号在元件上可以找到。例如起动机“B”有两个接点，其中一个标号为30，另一个为50。

（3）下部区域：电路图下部区域为接地点代号和电器元件在电路图中的位置号，以便查阅。

接地点：如图3-32（b）所示的“①”表示接地点，在发动机控制单元旁的车身上。

电器元件在电路图中的位置号。如图3-31（b）所示在最下方横线处标有“1、2、3、4、5、6、7……”一系列数字，表示它们所对应的电器元件的位置号。这一标号只是制图和识图的位置号，数字大小没有实际的物理意义。它的作用一方面是顺序表达整车电路的全部内容，便于每一个部分相互独立；另一方面便于查找电路图中的连续部分。

（4）连接部分：电路图中连接部分可分为外线连接部分和内线连接部分。

外线连接部分在图中以粗实线画出，集中在图的中间部分。每条线上都标有导线的颜色和横截面积。线端有接线柱号或插口号，标示出其连接关系。如果导线是双色的，则以两种颜色的字母共同标注，主色（所占面积大者）在先，辅助色在后，如红、蓝、紫、绿、紫、红、紫、蓝等，有的用英文的缩写字母表示，如ws/sw、sw/ge等，其中ws=白色、sw=黑色、ro=红色、br=棕色、gn=绿色、bl=蓝色、gr-灰色、li-紫色、ge=黄色。导线的横截面积以数字标示在导线颜色上方，如2.5、1.0、0.5等，单位为“mm^2”。横截面积的大小表示导线的粗细，是导线的身份标志之一。

内线连接部分在电路图上以细线画出，这种内容连接不存在内部实际的线路，标示线路只是为了说明这种连接关系，便于进行原理和电路分析。

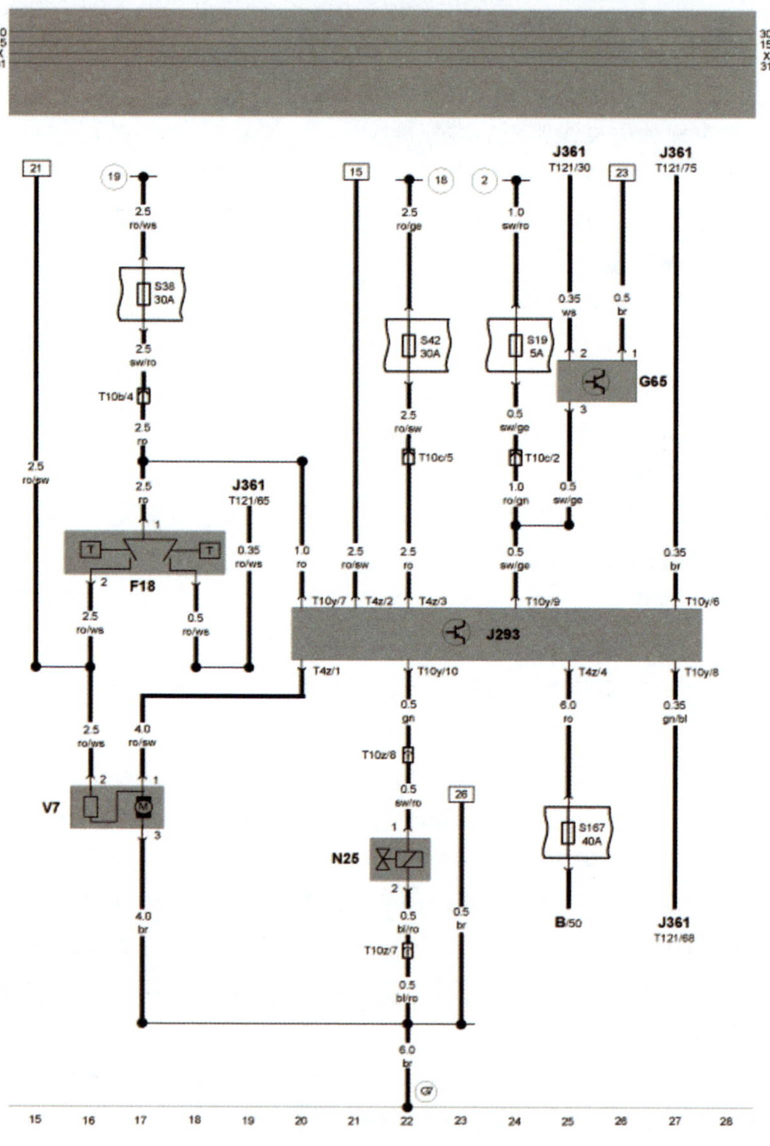

（a）大众风格电路图一

图3-32　大众风格电路图

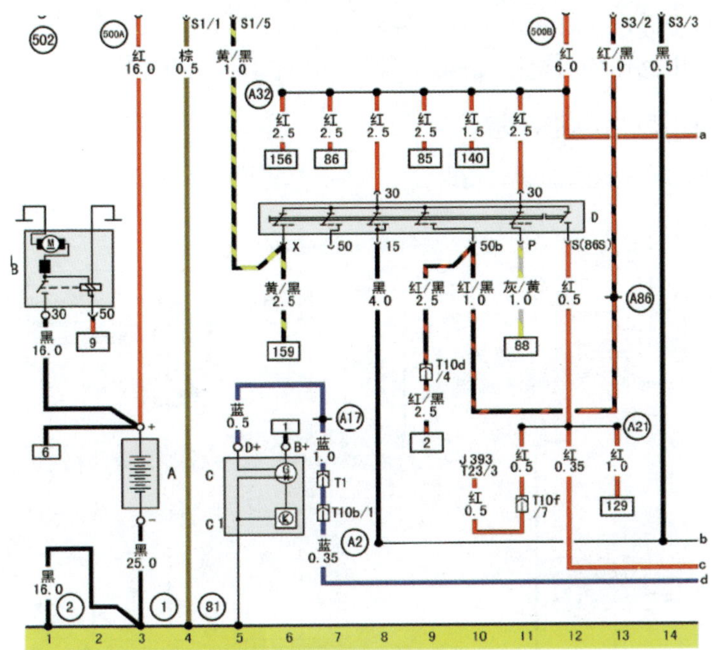

（b）大众风格电路图二

图3-32　大众风格电路图（续）

3.7 通用汽车电路图识读

3.7.1 通用风格电路图特点

通用风格电路图有三个突出的特点：

（1）电路中用特殊符号进行提示。

电路中用特殊符号进行提示如图3-33所示。

（a）静电敏感

（b）安全气囊

（c）故障诊断

（d）注意事项

图3-33　特殊提示符

（2）电路图中标有电源接通说明。

（3）电路图中有电路编号。

3.7.2 通用风格电路图解析

通用风格电路图如图3-34所示。

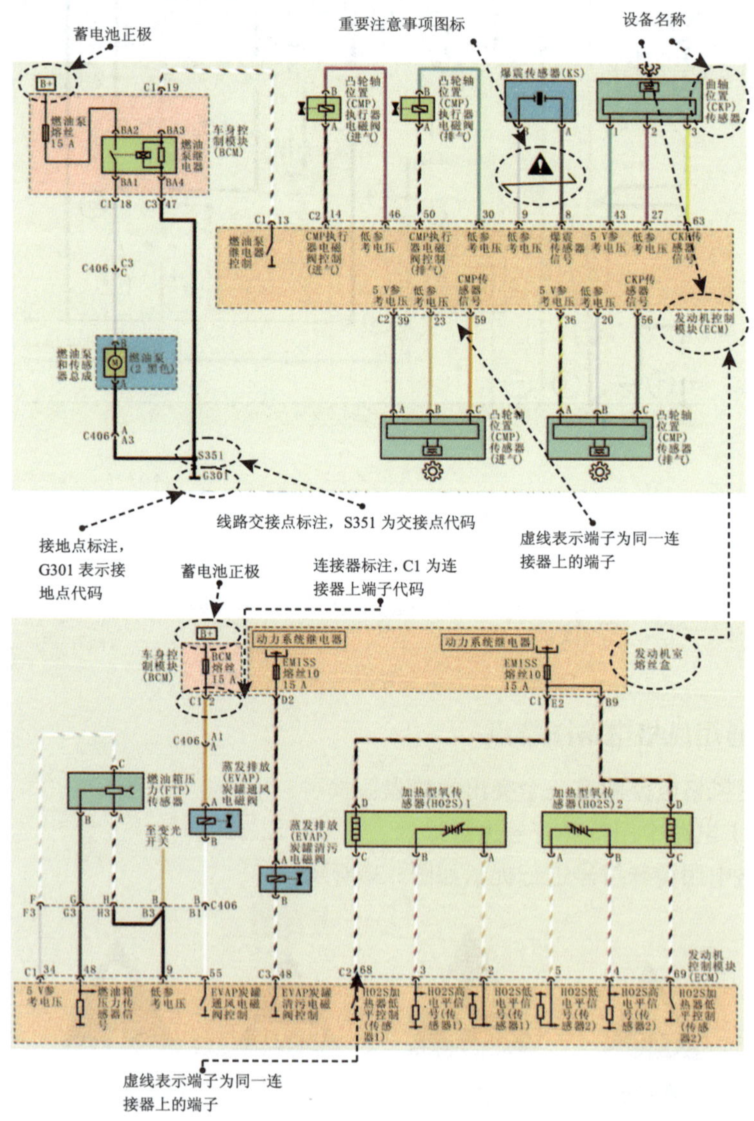

图3–34　通用风格电路图

（1）电源接通说明框内，注释着保险丝在什么情况下接通，如图3-35所示。

RUN或START接通

图3-35 电源接通说明框

（2）元件一般都用文字注明名称和位置，如图3-36所示。

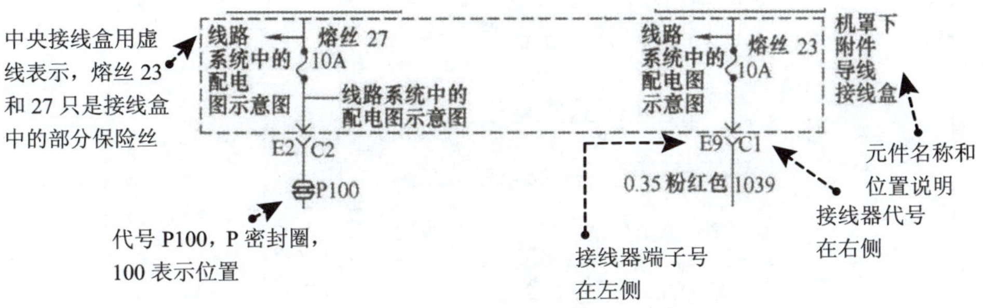

图3-36 通用系列电路图的元件标注

3.8 丰田风格电路图识读

3.8.1 丰田风格电路图特点

丰田风格电路图的特点是标注详细明确：

（1）电路图中的电气元件通常用文字直接标注。

（2）把整个电路图作为一个总图，各系统电路按横轴方向逐个布置，并在电路图上方标出各系统电路的区域和代表该电路系统的符号及文字说明。

（3）电路图中绘出了搭铁点，并标注代号与文字说明，可以从电路图了解电路搭铁点，直观明了。

（4）在电路图中，有的还直接标出电路插接器的端子排列和各端子的使用情况，给识图和电路故障查寻提供了方便。

3.8.2 丰田风格电路图解析

丰田风格电路图如图3-37所示。

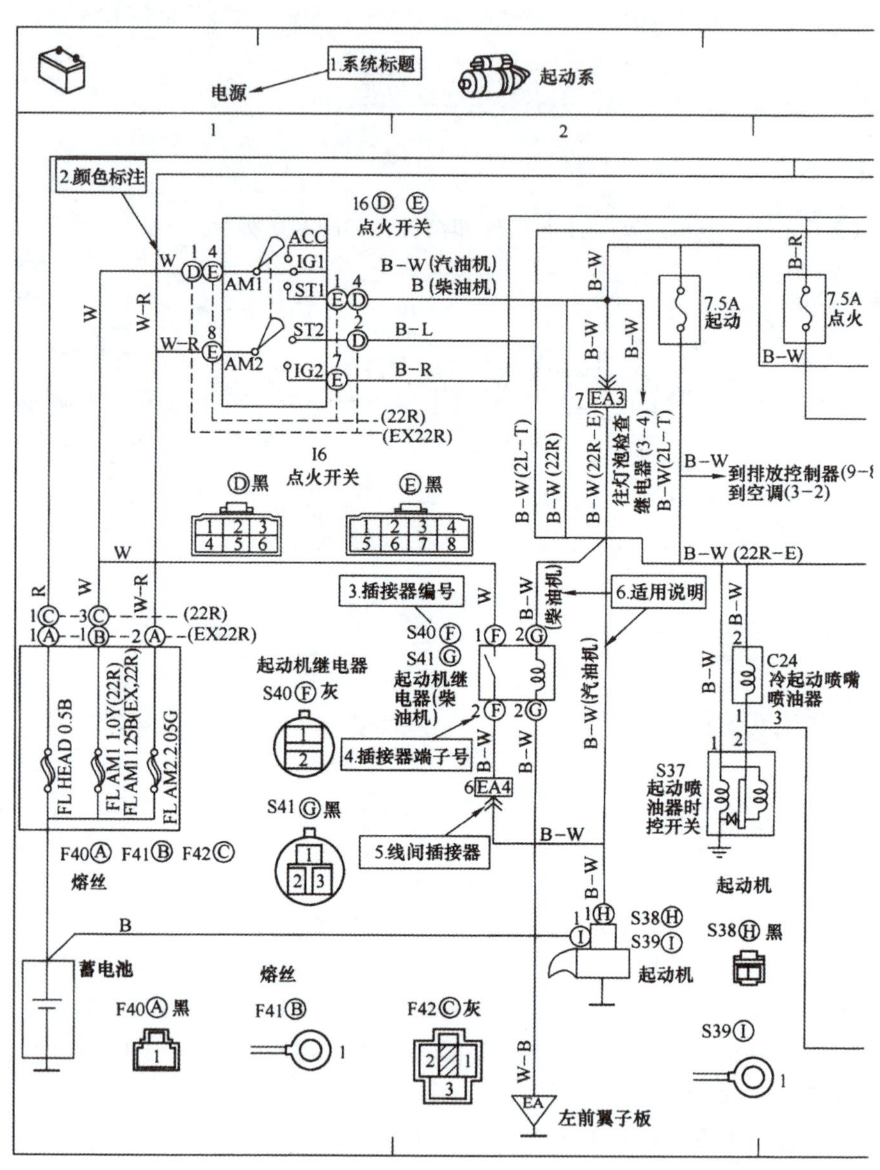

图3-37 丰田风格电路图

（1）用符号“>>”表示导线与导线之间的插接器，外侧数字6表示引脚，框内字母数字“EA4”为插接器代号，插接器代号中第一个字母表示插接器的位置，如图3-38所示。

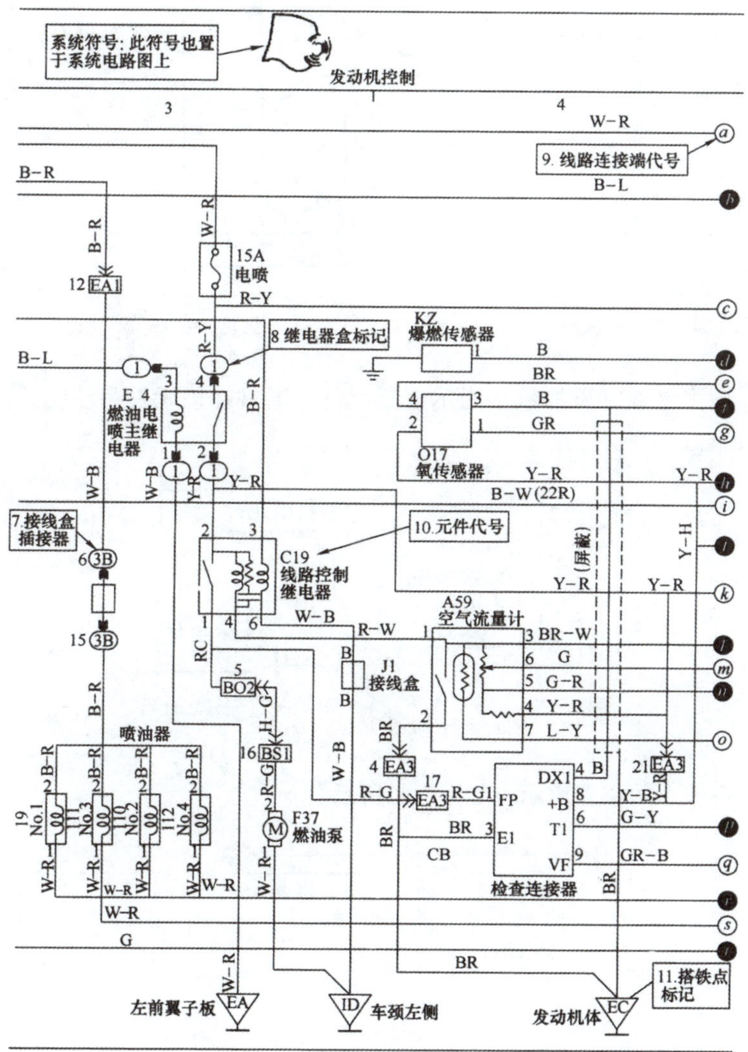

图3-38　丰田风格电路图

（2）用带黑影的“▲”表示导线与接线盒的连接，圆圈内“3B”为插接器代号，数字“3”表示插接器位于3号接线盒，圆圈外数字“6”表示该导线连接插接器的6号端子，如图3-39所示。

（3）用带黑影的“▲”表示导线与继电器盒的连接，圆圈数字表示继电器盒号码，圆圈外数字表示继电器端子，如图3-40所示。

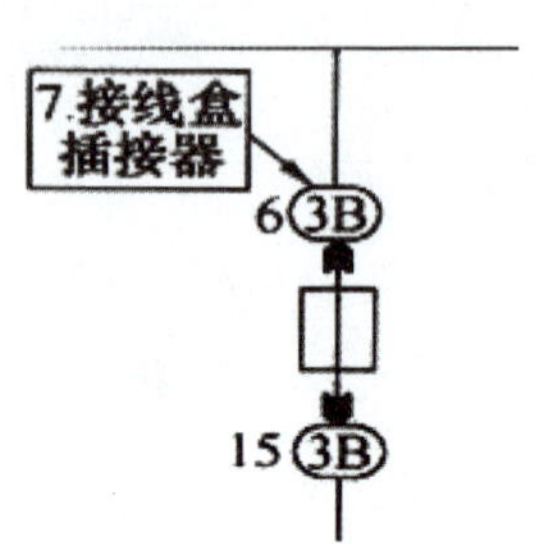

图3-39　丰田风格电路图

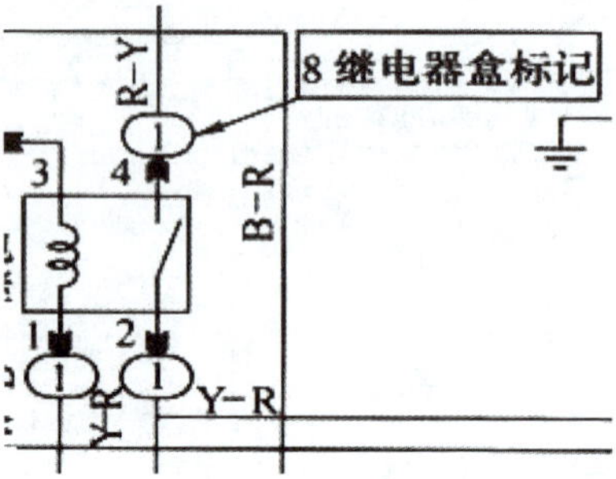

图3-40　丰田风格电路图

（4）用字母或字母加数字表示电器元件，通常在该元件旁注明元件的中文名称，如图3-41所示。

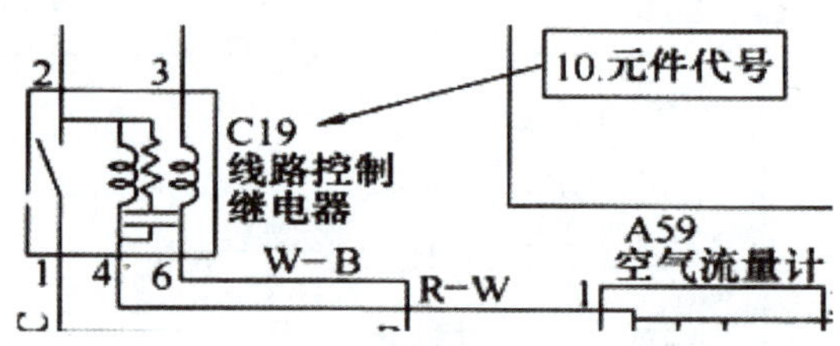

图3-41　丰田风格电路图

（5）搭铁点的位置表示，如图3-42所示。

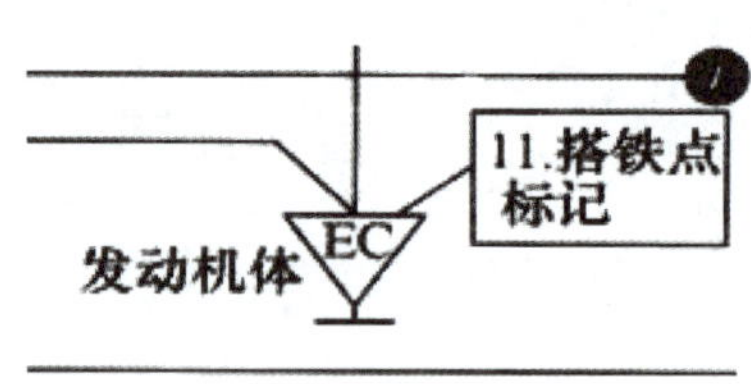

图3-42　丰田风格电路图

第 4 章

汽车供电系统故障检测方法与维修实战

汽车供电系统是汽车内所有电器设备的动力之源。汽车发动机处于停机状态下，所有电器的供电都来自于汽车蓄电池。汽车发动机发动后，汽、柴油发动机带动发电机转动，发电机运转产生的电量将代替蓄电池为用电器提供电量，并同时为汽车蓄电池充电。

可以说汽车的供电系统是汽车上最重要的电路，必须充分掌握供电系统的原理和组成中的重要设备。

4.1 看图识汽车供电系统

汽车供电系统主要是由蓄电池、交流发电机、电压调节器通过导线连接组成的，如图4-1所示。

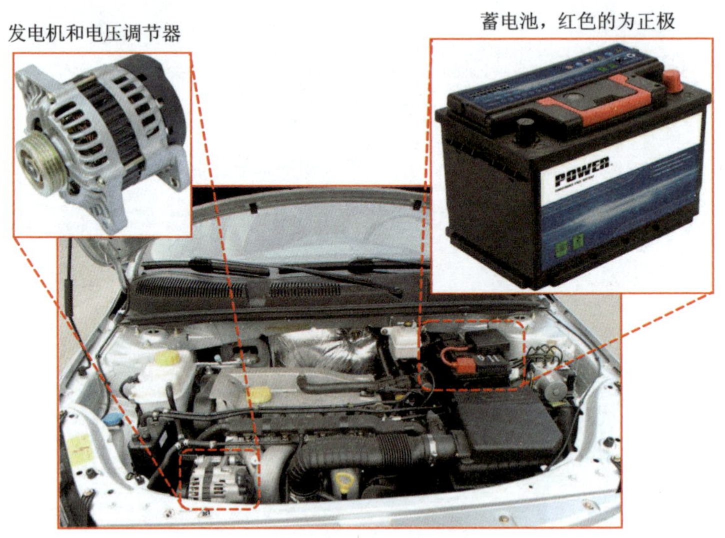

（a）汽车的供电系统

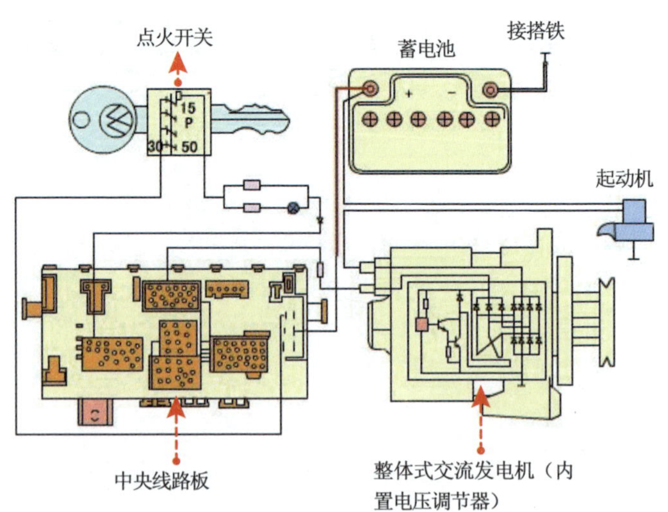

（b）汽车供电系统结构图

图4-1　汽车供电系统组成

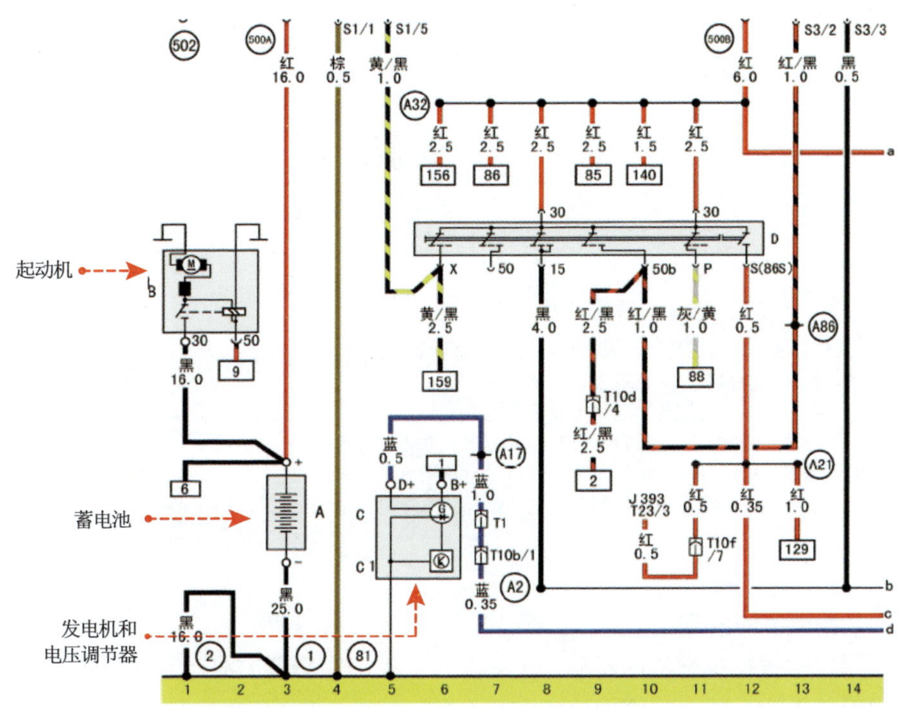

（c）汽车供电系统电路图

图4-1　汽车供电系统组成（续）

4.2 汽车蓄电池故障检测方法

蓄电池（汽车电瓶）是发电机的补充和辅助设备。当汽车发动机未启动或发动机怠速（转速低）时，辅助发电机为车载电器供电。在发电机正常发电时，储存发电机发出的多余电量，以供备用。蓄电池还有一个重要的作用，就是为起动机提供电力，在发动汽车时，让起动机能够正常启动发动机。

4.2.1 蓄电池的结构及工作原理

1. 蓄电池的作用

我们先来了解一下汽车的充电电路，如图4-2所示。

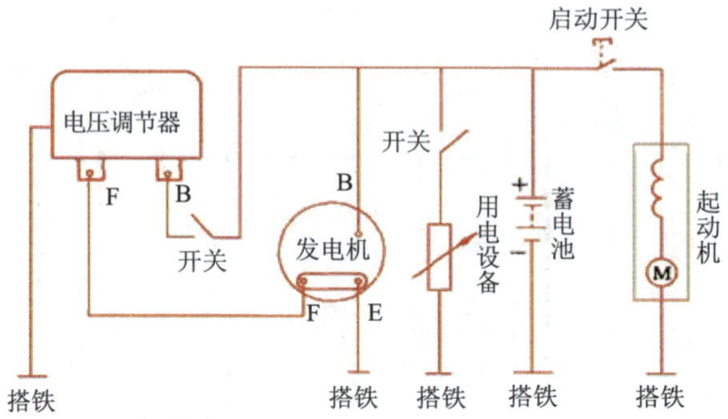

通过对充电电路的了解，可以知道，蓄电池有以下的作用。

（1）起动发动机时，向起动系和点火系供电。

（2）当发动机低速运转，向用电设备供电。

（3）当发动机中、高速运转，将发电机的剩余电能存储起来。

（4）当发电机过载时，协助发电机向用电设备供电。

（5）蓄电池还吸收电路中的瞬时过电压，保持汽车电器系统电压的稳定，保护电子元件。

图4-2　汽车充电电路图

2.蓄电池的分类

蓄电池根据电解液的不同，主要有两大类：铅酸蓄电池（简称铅蓄电池）和镍碱蓄电池；如图4-3所示。

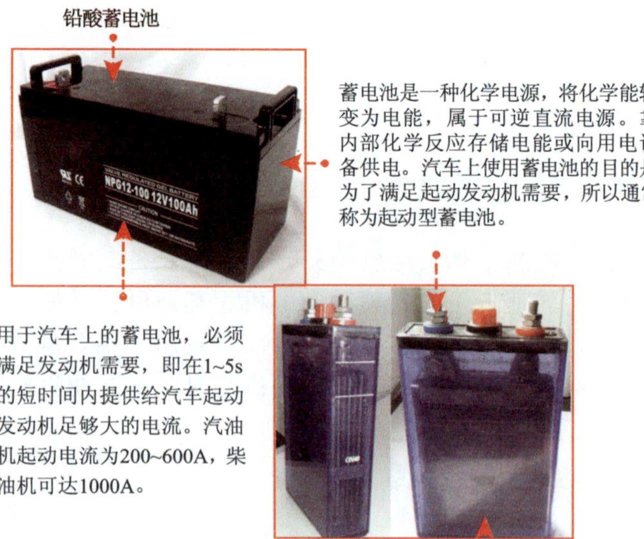

图4-3　蓄电池的种类

表4-1 各种蓄电池对比

类型	优点	缺点	适用车辆
铅酸蓄电池	结构简单；价格便宜；内阻小；电压稳定；可以短时间供给起动机强大的起动电流	比容量小；使用寿命相对较短	一般车辆
镍碱蓄电池	容量大；使用寿命长；维护简单；能承受大电流放电而不易损坏	活性物质导电性差；价格较高	使用时间长、可靠性高的车辆

3.蓄电池的结构

蓄电池主要由极板、隔板、电解液、外壳、铅连接条、极柱等组成，如图4-4所示。

极板是蓄电池的核心部分，蓄电池充、放电的化学反应主要是依靠极板上的活性物质与电解液进行的。极板分正极板和负极板，由栅架和活性物质组成。

隔板插放在正、负极板之间，防止正、负极板互相接触造成短路。隔板耐酸、具有多孔性，以利于电解液的渗透。常用的隔板材料有木质、微孔橡胶和微孔塑料等。微孔塑料隔板孔径小、孔率高、成本低，因此被广泛采用。

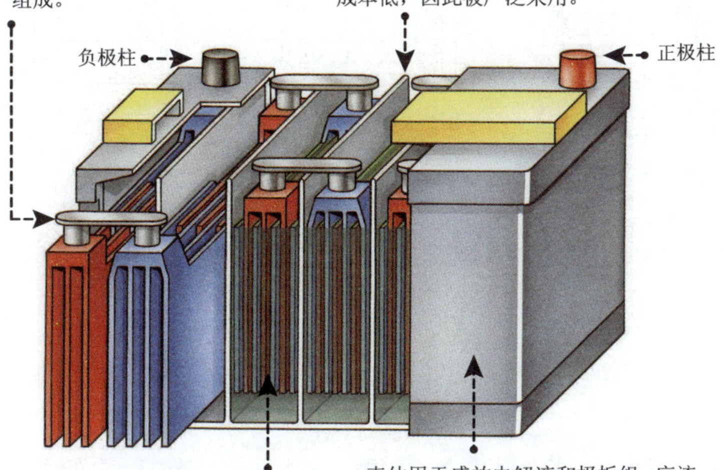

电解液在蓄电池的化学反应中，起到离子间导电的作用，并参与蓄电池的化学反应。电解液由纯硫酸（H_2SO_4）与蒸馏水按一定比例配制而成，其密度一般为1.24～1.31g/cm^3。

壳体用于盛放电解液和极板组，应该耐酸、耐热、耐震。壳体多采用硬橡胶或聚丙烯塑料制成，为整体式结构。壳内由间壁分成3个或6个互不相通的单格，各单格之间用铅连接条串联起来。

图4-4 蓄电池的结构

4.蓄电池的工作原理

蓄电池的工作过程可以分为两个部分：充电过程和放电过程；下面以铅酸蓄电池为例，讲解电池的充电和放电过程，如图4-5所示。

电池放电：当铅酸蓄电池的正、负极板浸入电解液中时，在正、负极板间就会产生约2.1V的静止电动势，此时若接入负载，在电动势的作用下，电流就会从蓄电池的正极经外电路流向蓄电池的负极，这一过程称为放电，蓄电池的放电过程是化学能转变为电能的过程。放电时，正极板上的PbO_2和负极板上的Pb，都与电解液中的H_2SO_4反应生成硫酸铅（$PbSO_4$），沉附在正、负极板上。电解液中H_2SO_4不断减少，密度下降。

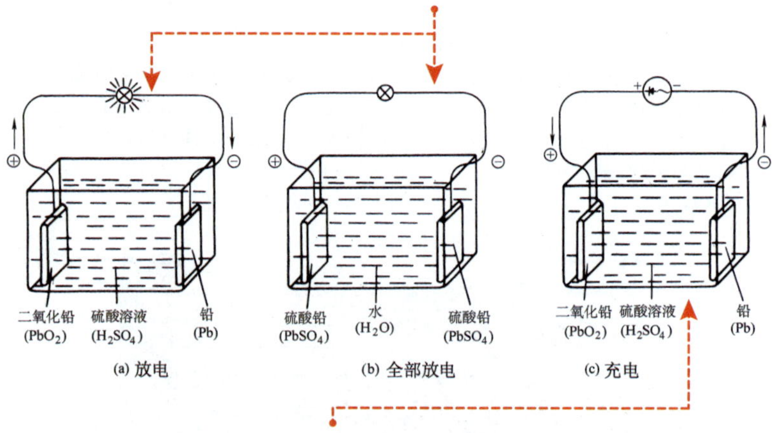

电池充电：充电时，蓄电池的正、负极分别与直流电源的正、负极相连，当充电电源的端电压高于蓄电池的电动势时，在电场的作用下，电流从蓄电池的正极流入，负极流出，这一过程称为充电。蓄电池充电过程是电能转换为化学能的过程。充电时，正、负极板上的$PbSO_4$还原成PbO_2和Pb，电解液中的H_2SO_4增多，密度上升。

当充电接近终了时，$PbSO_4$已基本还原成PbO_2和Pb，这时，过剩的充电电流将电解水，使正极板附近产生O_2从电解液中逸出，负极板附近产生H_2从电解液中逸出，电解液液面高度降低。因此，铅酸蓄电池需要定期补充蒸馏水。

图4-5 铅酸蓄电池

4.2.2 汽车蓄电池拆装技巧

蓄电池拆装方法如图4-6所示。

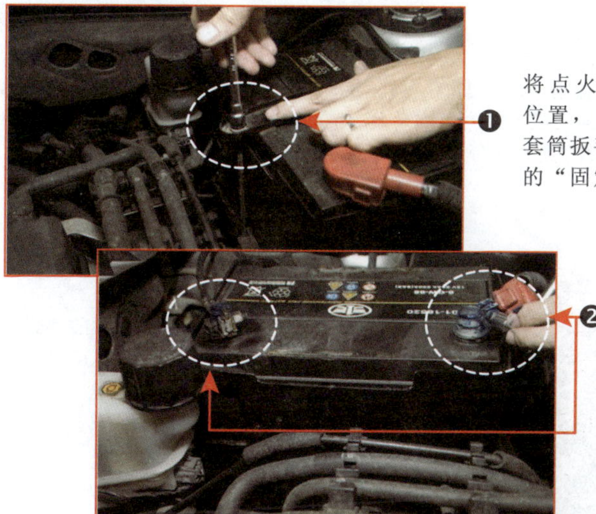

❶ 将点火开关置于“OFF”位置，切断电源。用10cm套筒扳手依次卸下蓄电池的“固定卡”的两个螺丝。

❷ 先拧松负极柱上搭铁电缆的接头螺栓并取下搭铁电缆接头，然后再拧松正极柱上的电缆接头螺栓并取下该电缆接头。

❸ 拆掉固定支架或底部的固定螺栓，取出蓄电池外保护壳，然后取出蓄电池。

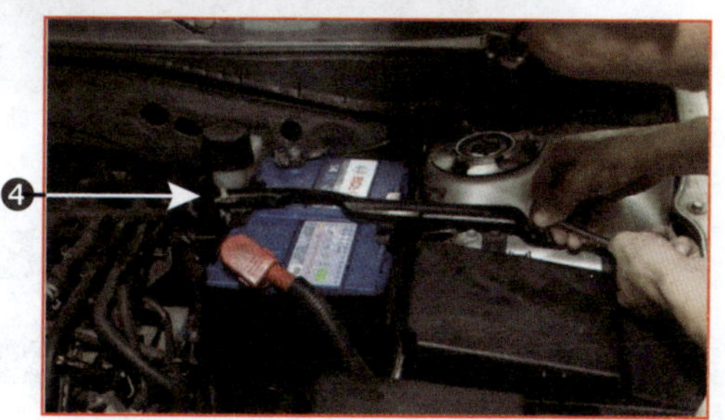

❹ 在正、负极桩及其电缆接头上涂抹一层凡士林或润滑脂，以防极桩和接头氧化腐蚀。接下来装上正、负极，并拧好螺丝。同时，将“固定卡”安装好。

图4-6　蓄电池拆装方法

4.2.3　汽车蓄电池故障检测方法

汽车蓄电池故障检测方法如图4-7所示。

测量蓄电池电压
精彩视频　即扫即看

测电压。选择数字万用表直流电压20V电压档，黑表笔接蓄电池负极端，红表笔接蓄电池正极端，测得蓄电池静态电压为14.57V（正常电压应不低于12V）。启动发动机，仔细观察电压的变化，若测得蓄电池电压降低到12V甚至更低，电压偏低会导致发动机无法启动。

❶

看外观。观察蓄电池的两侧是否出现比较明显的膨胀变形或出现鼓包的情况。一旦出现这种情况，代表蓄电池的寿命已经过了一半，这时你就应该做好更换的心理准备了。

❷

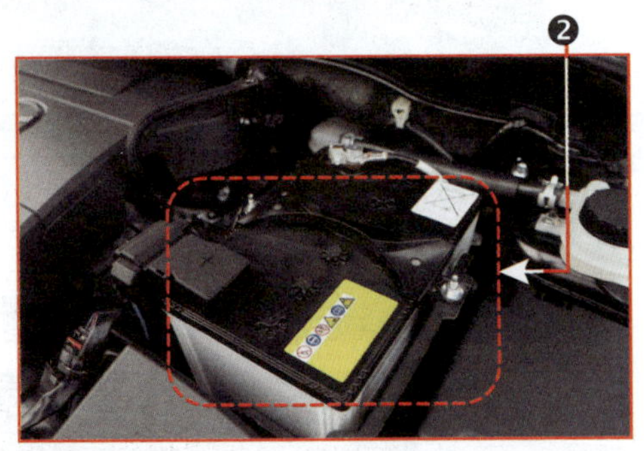

看桩头。观察桩头周围是否出现一些白色或绿色的类似粉末状的物体，其实那些是蓄电池的氧化物；质量好的或者新的电瓶一般不会轻易出现这些氧化物，一旦出现了，就意味着蓄电池的性能已经开始走下坡路了。

❸

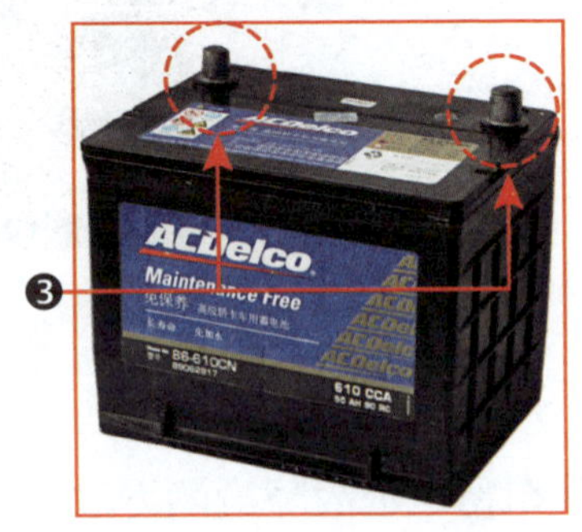

图4-7 汽车蓄电池故障检测方法

4.3 汽车交流发电机故障检测方法

汽车发电机是汽车的主要电源，其功用是在发动机正常运转时（怠速以上），向所有用电设备（起动机除外）供电，同时向蓄电池充电。

4.3.1 汽车交流发电机的结构与工作原理

1.交流发电机的结构

交流发电机的主体是由定子、转子、整流装置、传动散热装置和电压调节器组成，如图4-8所示。

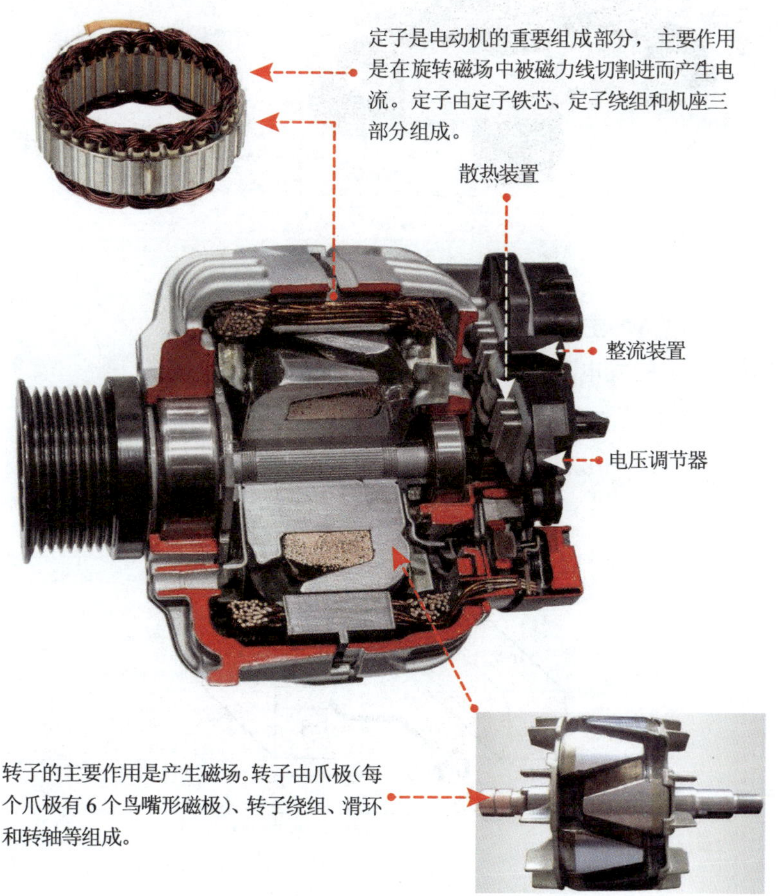

图4-8　交流发电机的结构

图4-8　交流发电机的结构（续）

2.交流发电机的工作原理

交流发电机的发电原理如图4-9所示。

当交流发电机转子绕组中通入直流电时，产生磁场，转子在发动机的带动下旋转，定子绕组切割转子磁场感应三相交流电动势。

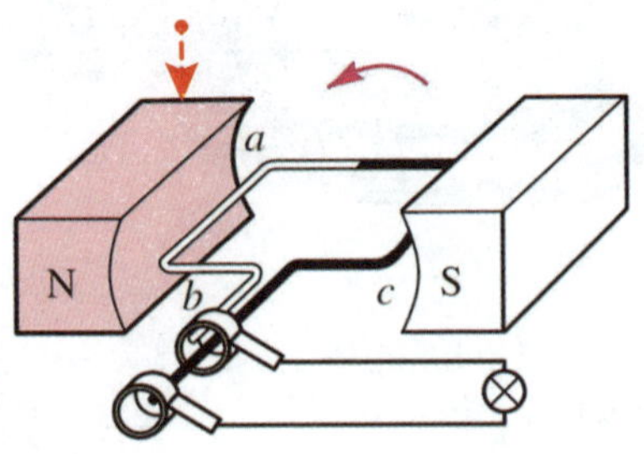

图4-9　交流发电机的发电原理

汽车交流发电机的工作原理如图4-10所示。

交流发电机分为定子绕组和转子绕组两部分，三相定子绕组按照彼此相差120°电角度分布在壳体上，转子绕组由两块极爪组成。当转子绕组接通蓄电池的直流电时即产生磁场（即被励磁），两块极爪被磁化为N极和S极。

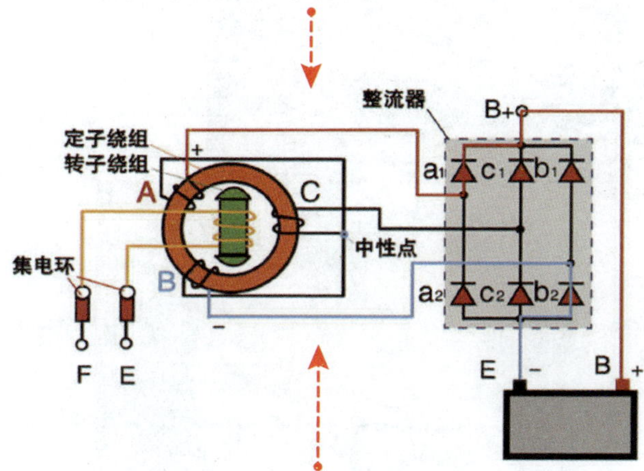

当汽车的发动机拖动交流发电机转子旋转时，转子绕组就会切割磁力线，三相定子绕阻便感应交流电动势。定子绕阻若接入用电负载，交流发电机就有交流电能输出，经过发电机内部的整流电路将交流电转换成直流电从输出端子输出。

图4-10　汽车交流发电机的工作原理

4.3.2　汽车交流发电机拆装技巧

汽车发电机拆装的方法各个型号的汽车略有不同，不过大同小异，这里以奇瑞汽车为例讲解汽车发电机的拆卸方法，如图4-11所示。

❶ 首先拆下发动机装饰罩。

图4-11　汽车交流发电机拆装方法

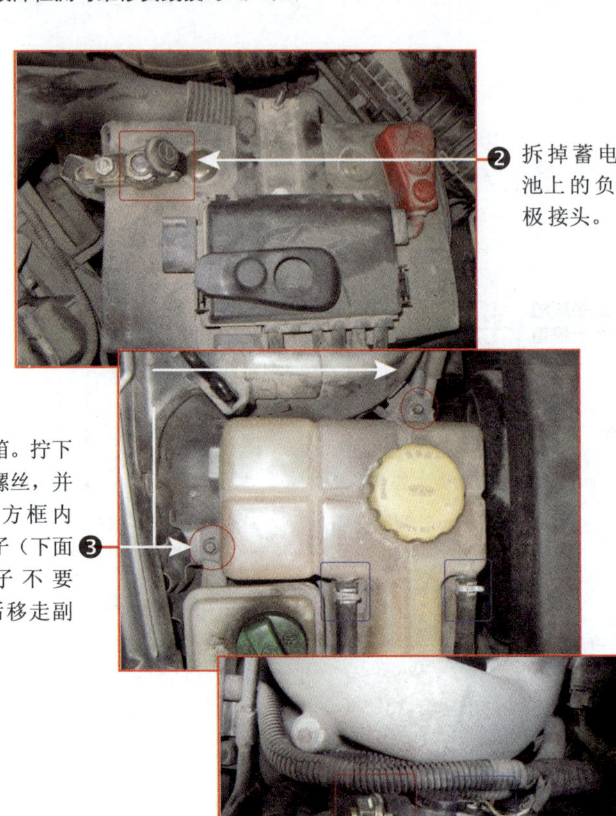

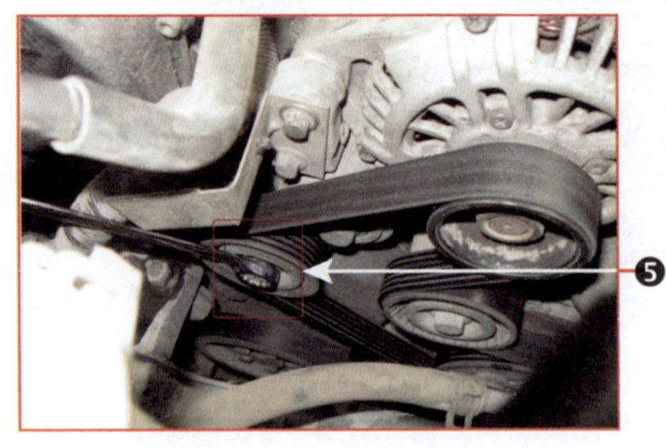

图4-11　汽车交流发电机拆装方法（续）

图4-11　汽车交流发电机拆装方法（续）

4.3.3　汽车交流发电机故障检测方法

汽车交流发电机故障通常是由于碳刷和铜环磨损接触不良、调节器损坏造成的，出现这个故障时的现象一般是发电量不足、不发电等。故障检测方法如图4-12所示。

方法一：万用表电压挡检测。将万用表旋钮旋至直流电压30V挡，然后将红表笔接发电机“电枢”接柱，黑表笔接外壳，让发动机运转在中速以上，12V电气系统的电压标准值应在14V左右，24V电气系统的电压标准值应在28V左右。若测得电压为蓄电池电压（标准值），则表明发电机不发电。

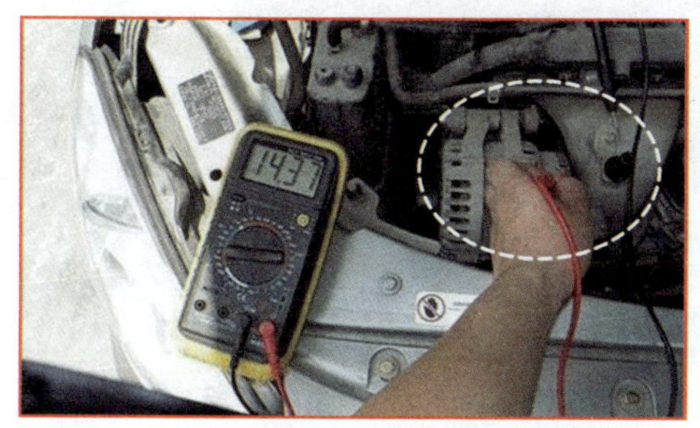

图4-12　交流发电机故障检测方法

方法二：拆下蓄电池搭铁看发动机（汽油机）是否工作法。当车上没有计算机控制电子装置时，可以用此种方法检测。把发动机控制在中速以上，拆下蓄电池搭铁线（一般是断开蓄电池搭铁线上的控制总开关），若发动机工作正常，说明发电机发电，否则发电机有故障。

图4-12　交流发电机故障检测方法（续）

4.4 汽车供电系统检测维修实战

4.4.1 威志汽车忘关车灯电瓶亏电无法启动故障维修实战

搭线打火
精彩视频　即扫即看

一台威志汽车，早上发现无法用遥控钥匙控制车门，手动打开车门后，发现插上钥匙后，仪表盘指示灯不亮，无法打火启动汽车。经检查发现汽车车灯忘关，估计电瓶的电被车灯放完了。此故障的维修方法如图4-13所示。

❶ 首先打开故障汽车发动机盖，然后将蓄电池正极的塑料盖掀开。

图4-13　蓄电池亏电无法启动故障维修

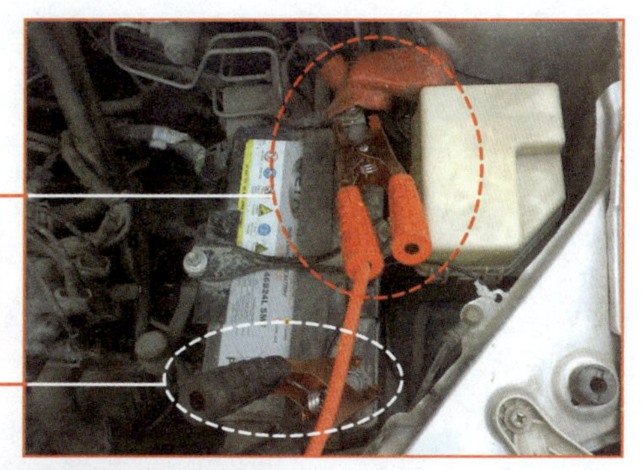

❷ 接着将搭线的红色接口夹在故障汽车蓄电池的正极，搭线黑色接口夹在电池负极。

❸ 同时将搭线的另一端的红、黑接头连接到救援汽车蓄电池的正负极。并将救援汽车打着火。

❹ 启动故障汽车，启动之后拆下搭线，并让发动机运行20分钟，给蓄电池充电。

❺ 在发动机熄火放置几个小时后，再次用万用表测量蓄电池的电压，电压为13.27V，电压正常。同时启动汽车，可以正常启动，故障排除。

图4-13　蓄电池亏电无法启动故障维修（续）

注意

（1）在给供电车型接上搭线之前，一定要先将发动机熄火。

（2）给供电车接上搭线之后，一定要注意不要让搭线的正负极有接触，短路很危险。

（3）拆搭线的时候要先拆下负极，再拆下正极。

4.4.2 天籁无法启动故障维修实战

一台天籁汽车，早上打火启动时，汽车发出“嗯……嗯……哒哒哒”的响声，无法启动。

根据故障现象分析，首先推断是由于蓄电池没电导致无法打火启动。导致蓄电池亏电的原因可能如下：

（1）发电机发电量不足或不发电。

（2）蓄电瓶性能下降。

（3）汽车有漏电现象。

（4）在熄火后，有用电设备长时间工作（如灯未关）。此故障的检测维修方法如图4-14所示。

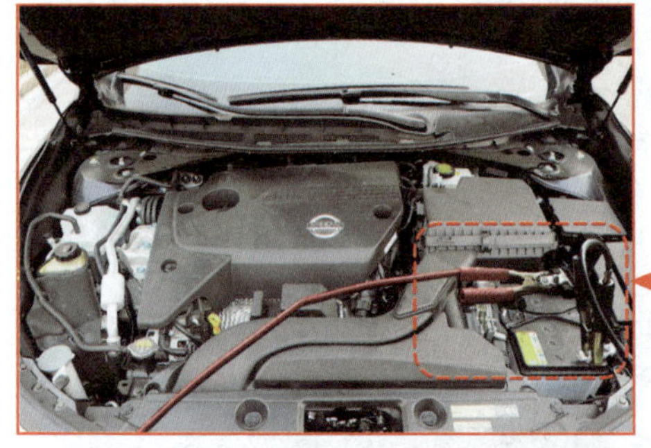

❶将电瓶搭线的红线接蓄电池的正极，黑线接蓄电池的负极。然后启动汽车。发动机可以正常启动，同时拆下搭线。让发动机运转十几分钟后将汽车熄火，然后重新打火，又无法打火启动了；说明汽车蓄电池没有充上电。

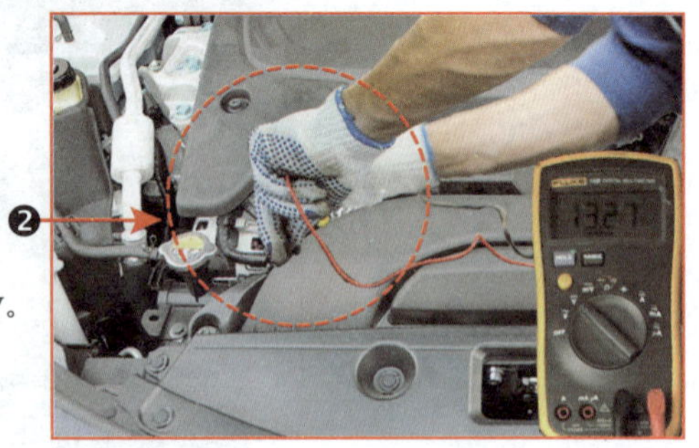

❷测量发电机。拆下发电机电枢塑料帽，然后用电瓶搭线重新启动发动机。之后将万用表量程调到直流电压挡，然后将红表笔接发电机的电枢，黑表笔接发电机外壳，测得发电机发电电压为13.27V。说明发电机工作正常。

图4-14 天籁汽车无法启动故障维修方法

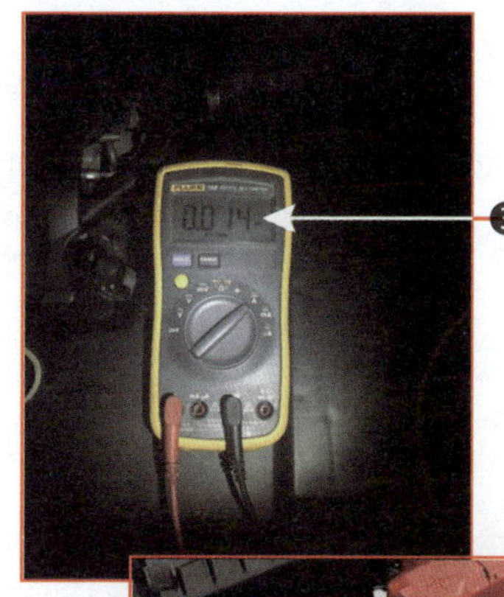

③ 开始检测汽车是否有漏电情况。将发动机关闭，并将车门锁上，30 分钟之后，将万用表挡位调到直流电流挡，将红表笔接蓄电池的正极，黑表笔接蓄电池的负极，测量蓄电池的锁门电流，测量的值为 0.014A。说明汽车没有漏电。故障是蓄电池问题引起，需要更换蓄电池。

④ 将蓄电池的负极和正极拆下，然后将蓄电池的压板螺丝拧下，开始拆下蓄电池，准备更换蓄电池。

⑤ 将一块新的电池安装到汽车中，并进行打火启动测试，汽车可以正常启动。几个小时之后，再次测试，启动正常，故障排除。

图4-14　天籁无法启动故障维修方法（续）

4.4.3　宝来汽车仪表盘电瓶指示灯亮故障维修实战

一台宝来汽车，在行驶中突然发现仪表盘电瓶指示灯亮起，客户一直开到维修站，中间没有熄火。此故障一般是由于蓄电池或发电机问题引起，重点检查这两个设备。

此故障的检测维修方法如图4-15所示。

更换发动机碳刷总成
精彩视频　即扫即看

❶ 首先测量故障车蓄电池的电压，电压为9.08V，明显偏低。接着用外接电源给电池充电（可以将另一辆无故障车通过搭线与蓄电池连接充电）。30分钟后再次测量故障车蓄电池电压。电压为13.12V，电压正常。

❷ 将发电机的电枢拔下，然后将万用表的红表笔接发电机电枢，黑表笔接发电机外壳。然后发动发动机测试发电机的输出电压。输出电压为0.08V，说明发电机有问题。

❸ 准备拆发电机进一步检查。首先将蓄电池的正、负极连接线拆下。

❹ 接下来拆下皮带和发电机的固定螺丝等，将发电机拆下。

图4-15 宝来汽车仪表盘电瓶指示灯亮故障维修

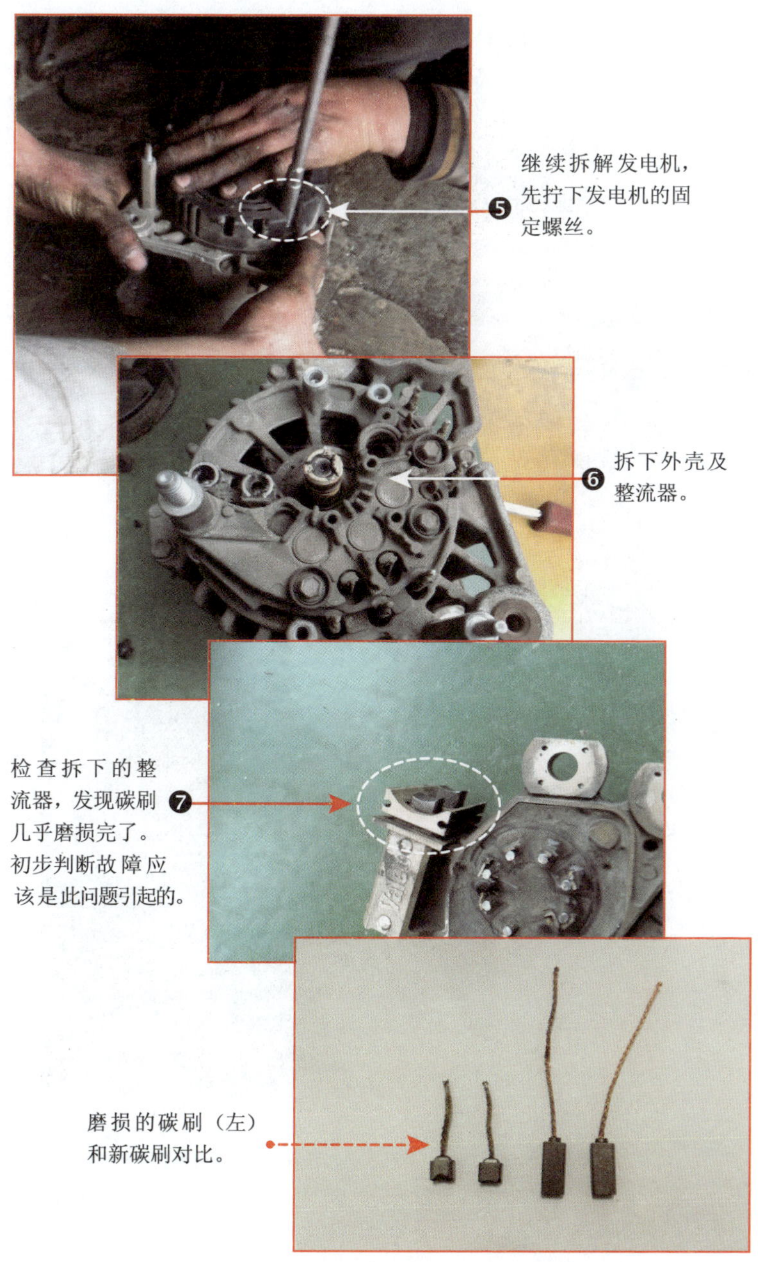

图4-15　宝来汽车仪表盘电瓶指示灯亮故障维修（续）

图4-15 宝来汽车仪表盘电瓶指示灯亮故障维修（续）

第 5 章

汽车起动系统故障检测方法与维修实战

汽车的主要动力都来自发动机，而发动机在运转之前，必须通过外力带动曲轴旋转，促使发动机缸内燃料发生爆燃，使发动机进入自行运转状态，这个过程就叫作发动机的启动过程。而发动机的启动过程目前主要通过起动系统来实现，接下来本章将重点讲解汽车起动系统常见故障的检测维修方法和实践。

5.1 看图识汽车起动系统

汽车起动系统主要由蓄电池、点火开关、起动机、启动继电器、发动机飞轮等几部分组成，如图5-1所示。

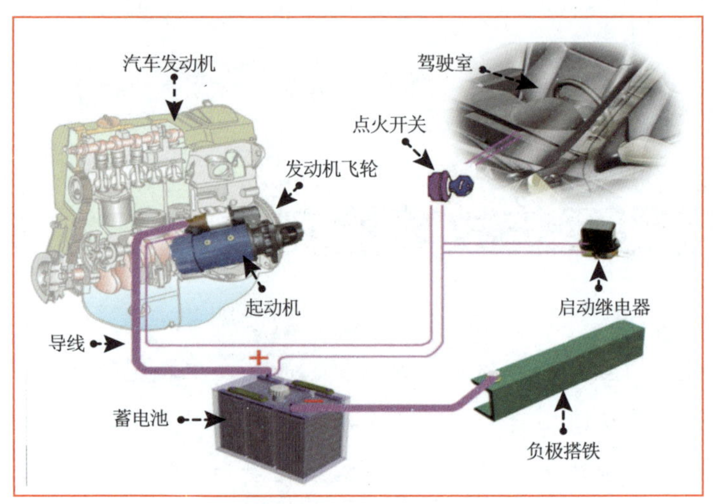

（a）汽车起动系统

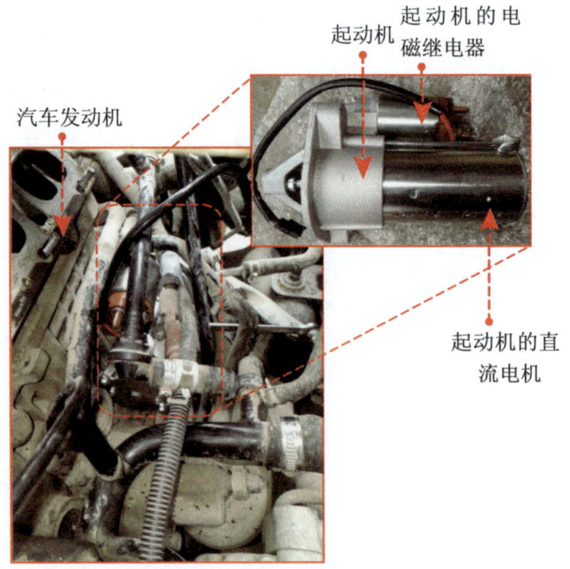

（b）起动机的安装部位

图5-1 汽车起动系统

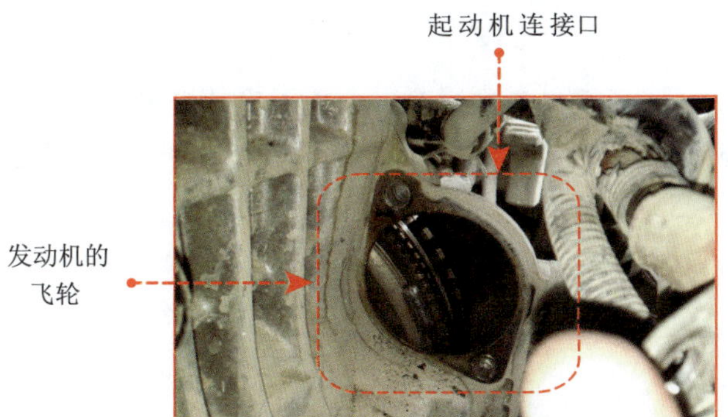

（b）起动机的安装部位（续）

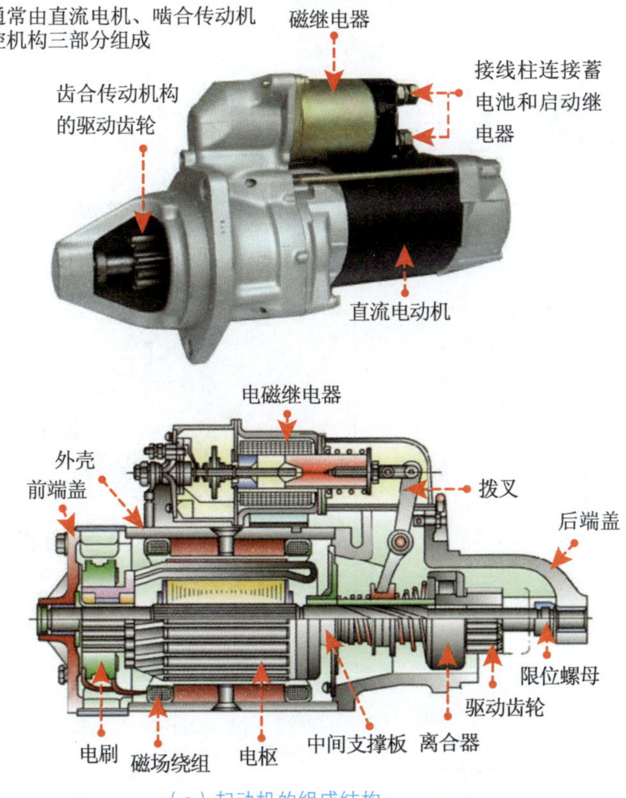

（c）起动机的组成结构

图5-1 汽车起动系统（续）

5.2 汽车起动系统故障检测方法

起动系统是汽车重要的系统之一，它起着启动汽车发动机的作用，如果起动系统出现故障，将会造成汽车发动机工作困难。接下来讲解起动系统工作原理和常见故障检测方法。

5.2.1 起动系统的工作原理

汽车起动系统的工作原理如图5-2所示。

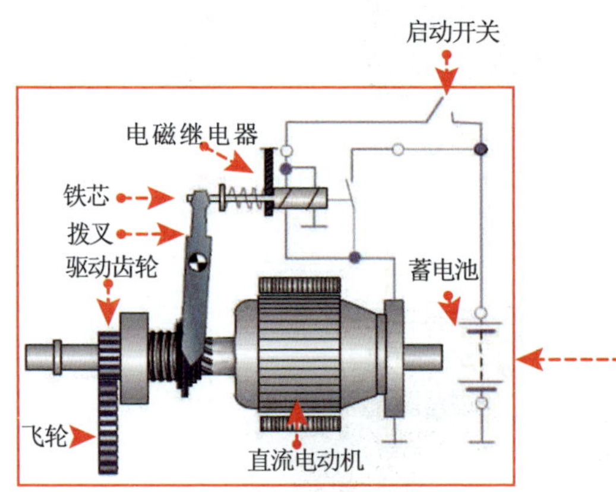

起动时，插入汽车钥匙，转动钥匙起动开关这时起动机电路通电，起动机中的电磁继电器的吸引线圈和保持线圈通电，产生很强的磁力，吸引铁芯左移，并带动驱动拨叉绕其销轴转动，使驱动齿轮移出与飞轮齿圈啮合。与此同时，在起动机通电后，起动机中的直流电机开始转动，带动驱动齿轮旋转，驱动齿轮再带动发动机飞轮和曲轴旋转，发动机开始工作。

当发动机起动后，松开启动开关，切断起动电源，起动机的电磁继电器线圈电路被切断，铁芯退磁，触点张开。此时，电磁继电器中的铁芯和接触盘在复位弹簧作用下退回原位，接触盘与两主接线柱触点脱开，切断了起动机主电路，同时，拨叉将传动机构拨回原位，使驱动齿轮脱离啮合，起动机停止工作。

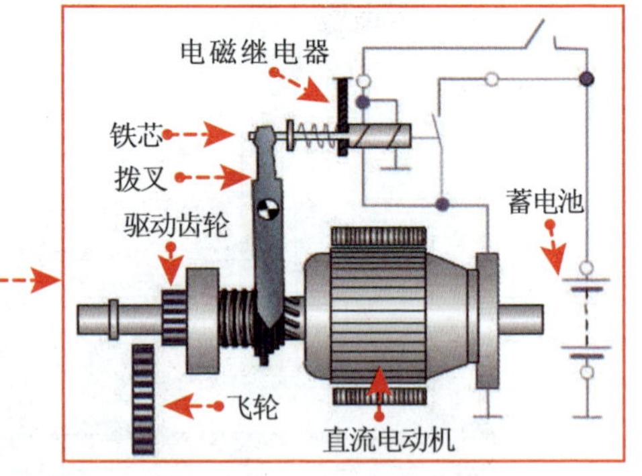

图5-2 汽车起动系统的工作原理

5.2.2 起动机的拆装技巧

检修汽车起动机时，先断开蓄电池电缆，将起动机从车上卸下，再分解起动机各部件。拆卸方法如图5-3所示（以奇瑞瑞麒G5汽车为例）。

❶ 首先拆下蓄电池搭铁线。

❷ 拆掉蓄电池桩头。

❸ 拆下起动机固定螺丝。

图5-3　起动机的拆装

❹ 用 16 号梅花扳手卡住张紧轮中间螺丝，尽全力向侧压住张紧轮，注意，这个需要力量比较大，压住张紧轮以后取皮带。

❺ 拆下发电机总成。

❻ 拆掉发电机侧面的两个固定螺丝，再拆掉主火线，拔掉发电机面励磁线圈插头，然后拆下发电机。

图5-3　起动机的拆装（续）

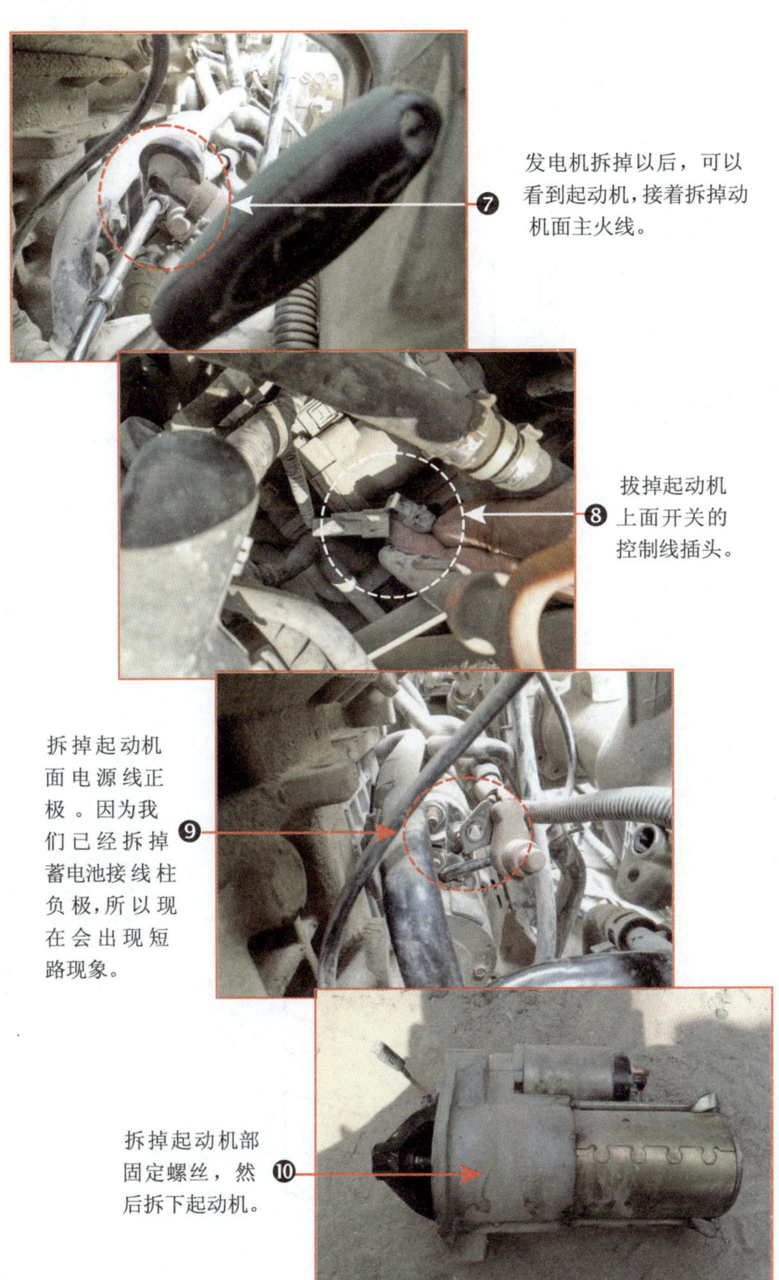
❼
发电机拆掉以后，可以
看到起动机，接着拆掉动
机面主火线。
❽
拔掉起动机
上面开关的
控制线插头。
❾
拆掉起动机
面电源线正
极 。因为我
们已经拆掉
蓄电池接线柱
负极，所以现
在会出现短
路现象。
❿
拆掉起动机部
固定螺丝，然
后拆下起动机。

图5-3　起动机的拆装（续）

5.2.3 起动机故障检测方法

起动机的主要故障包括：起动机不转、起动机起动无力、起动机空转等。

1. 起动机不转故障分析

造成起动机不转故障的原因如图5-4所示。

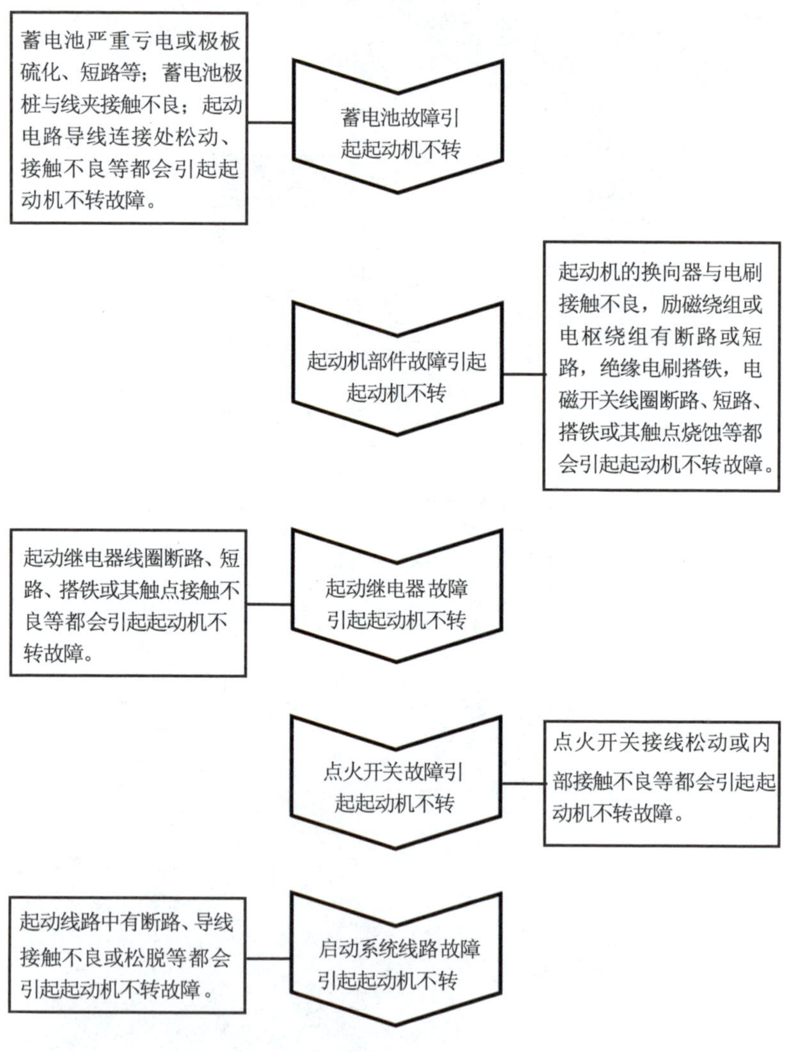

图5-4 造成起动机不转故障的原因

起动机不转故障检测方法如图5-5所示。

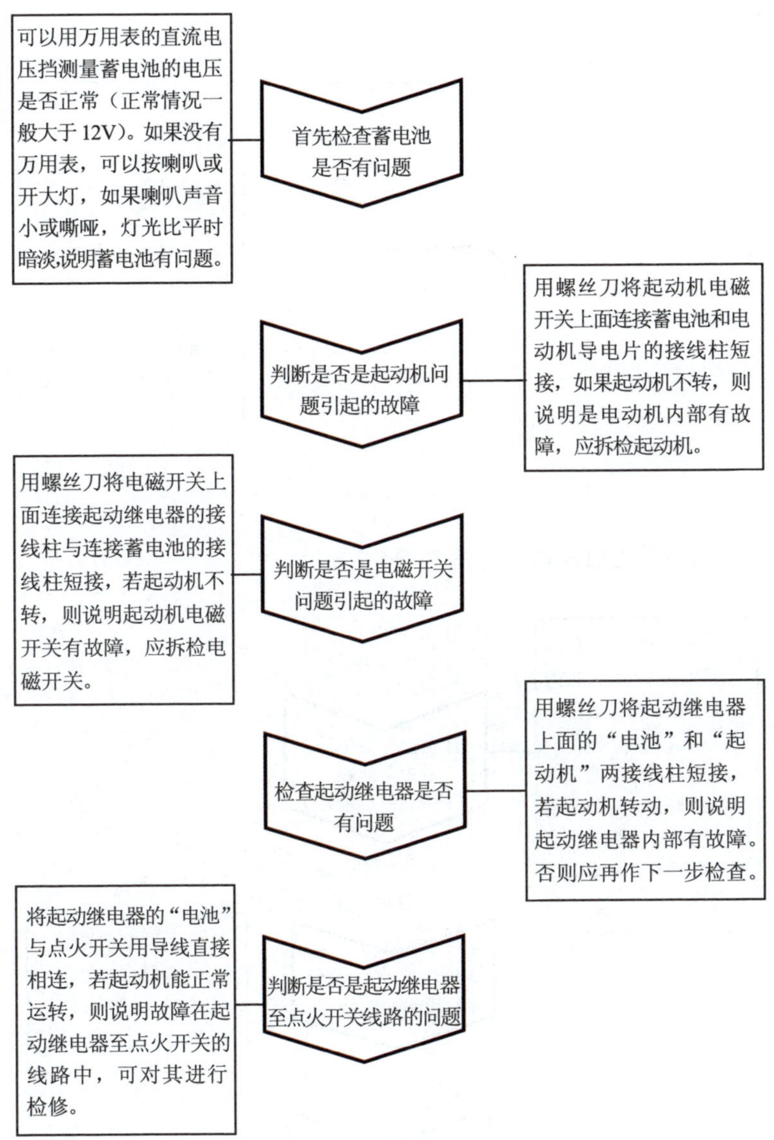

图5-5　起动机不转故障检测方法

2. 起动机起动无力故障分析

造成起动机起动无力故障的原因如图5-6所示。

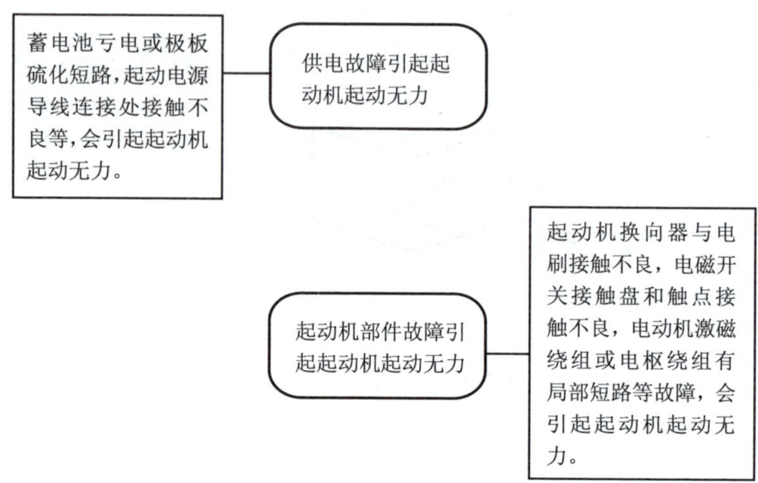

图5-6　造成起动机起动无力故障的原因

起动机起动无力故障检测方法如图5-7所示。

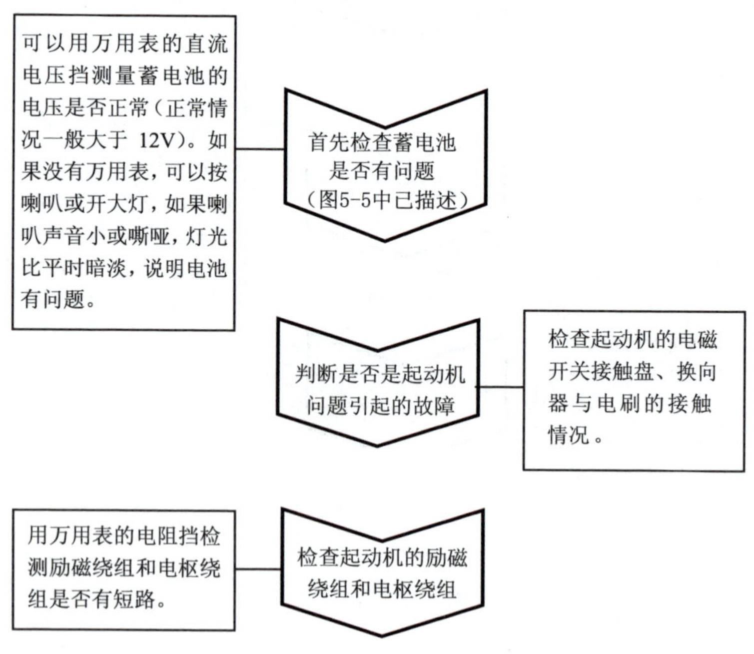

图5-7　起动机起动无力故障检测方法

3. 起动机空转故障分析

起动机控制故障是指接通起动开关后，只有起动机快速旋转而发动机曲轴不转。这种故障的原因主要在于起动机的传动装置和飞轮齿圈等部件有故障。

起动机空转故障的检测方法如图5-8所示。

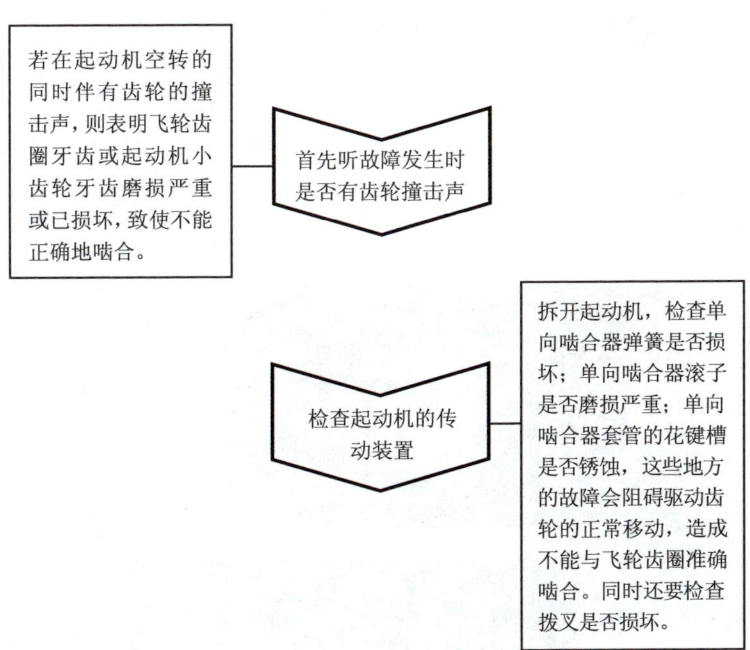

图5-8　起动机空转故障的检测方法

5.3 汽车起动系统检测维修实战

5.3.1　荣威550汽车起动机异响故障维修实战

一台荣威550汽车，最近几天早上打火时发现起动机有一声清脆的打齿的响声且热车不明显。根据故障现象分析，可能是起动机的驱动齿轮卡涩回位慢引起。需要拆下起动机进行检查。

更换起动机碳刷
精彩视频　即扫即看

起动机异响故障维修方法如图5-9所示。

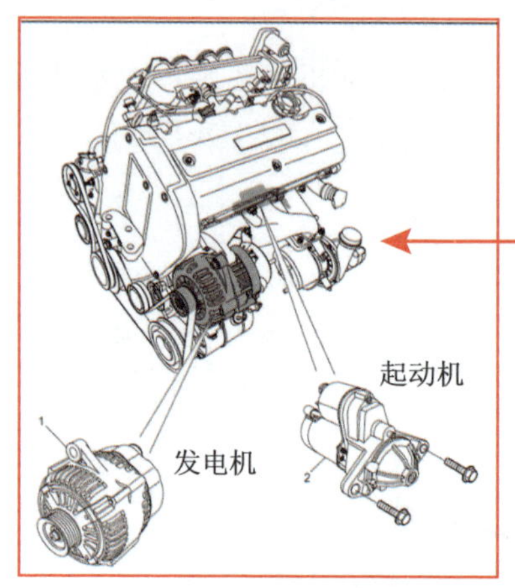

❶ 先来了解一下荣威550汽车的起动机。此款汽车的起动电机位于发动机的左后侧，由两个法兰面螺栓固定在变速器壳体上的螺纹孔。相对来说比较好拆。

❷ 打开前机箱盖。

❸ 用 M13 的套筒断掉蓄电池线的正极和负极。

电磁开关插头

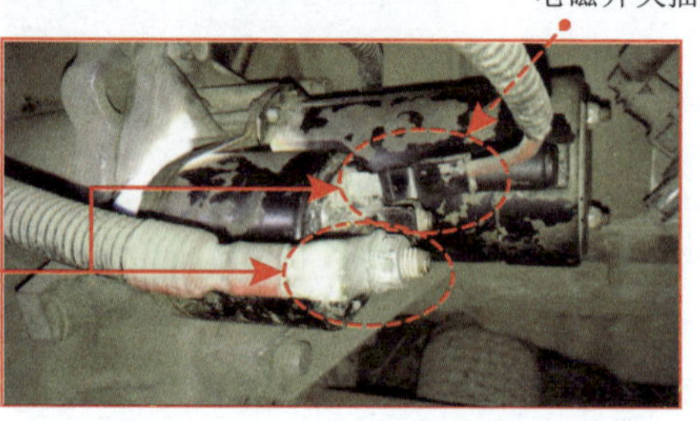

❹ 先用 M13 的套筒卸掉 30 线柱，然后拔掉电磁开关插头。

图5-9　起动机异响故障维修方法

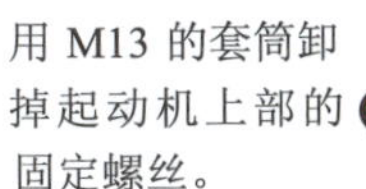

❺ 用 M13 的套筒卸掉起动机上部的固定螺丝。

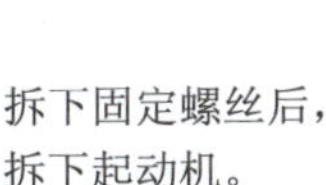

❻ 拆下固定螺丝后，拆下起动机。

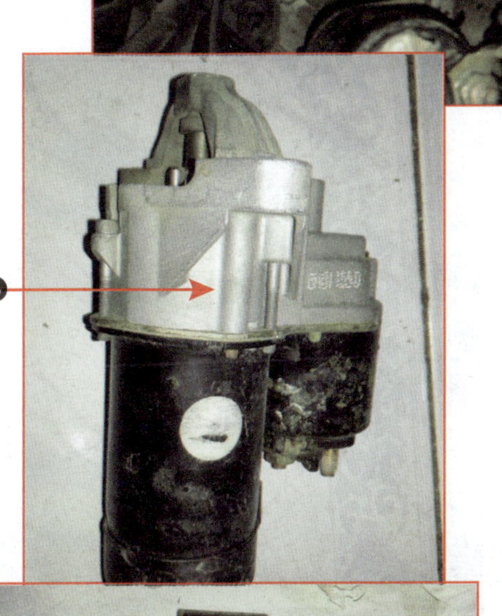

❼ 开始拆卸起动机，用内六方扳手卸掉3个固定螺丝和一个梅花螺丝。然后卸掉起动机前部外壳，可以看见齿轮、拨叉、电磁开关等。

❽ 去掉两个铆钉，拆下起动电机。然后把驱动齿轮拨到最上部，下面是斜齿轮，发现里面润滑油都干了，难怪卡涩。

图5–9　起动机异响故障维修方法（续）

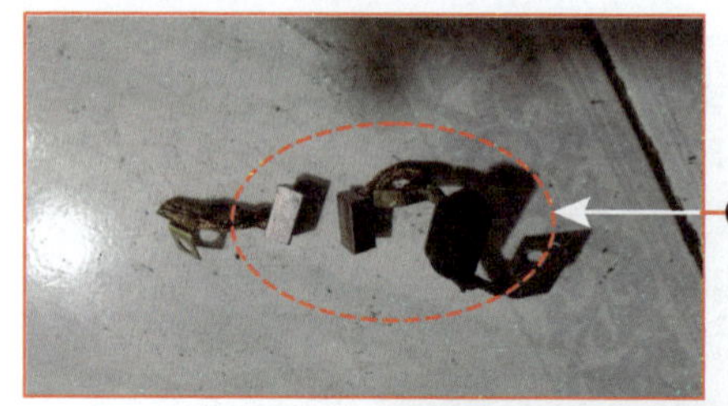

⑨ 接下来继续拆解起动机的电动机，检查电动机的电刷，电刷还可以正常使用。接下来将起动机的各个部件装好，然后进行测试。

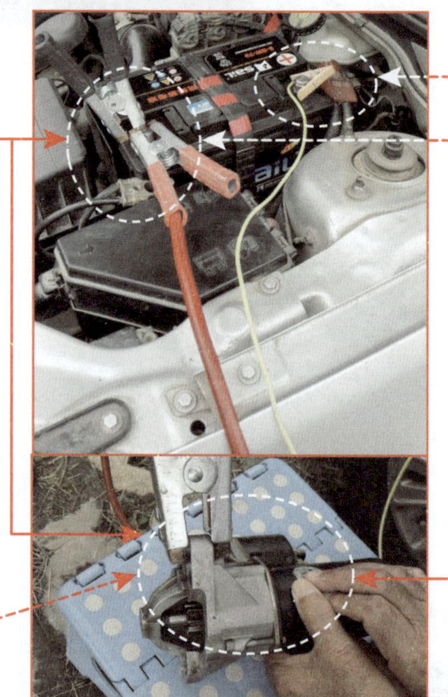

蓄电池的正极

蓄电池的负极

⑩ 首先在蓄电池的正极接根线到电磁开关接线插头（即50端子），然后从蓄电池的负极引两根线，一根接起动机外壳，一根接起动机的C端子。

起动机外壳

⑪ 观察电磁开关两个线圈未发现损坏；接电后驱动齿轮可以伸出并保持；断开起动机外壳和C端子接线，齿轮可以缩回。说明起动机工作正常。注意：测试时间要超过5秒。

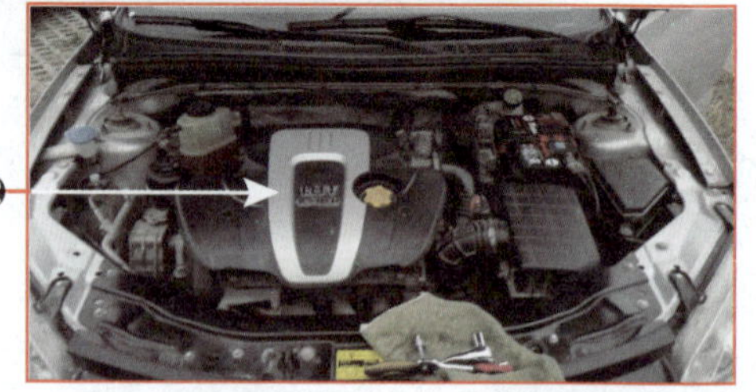

⑫ 最后将起动机安装回汽车，然后启动测试，异响消除，故障排除。

图5-9 起动机异响故障维修方法（续）

提示：（1）起动机电磁开关的接线柱介绍，如图5-10所示。

（2）测试起动电机转动时，先安装C 端子的电机进线和螺帽，蓄电池的正极引2根线，一根接起动机的50端子，另一根接蓄电池的30端子；负极引一根接电机外壳，观察驱动齿轮伸出并高速 转动，断开负极引线后，齿轮缩回并停止转动，说明起动机工作正常。

图5-10　起动机电磁开关接线柱介绍

5.3.2　雪铁龙凯旋汽车起动机转动无力故障维修实战

一台凯旋汽车，早上启动的时候，发现声音明显异常，粗狂但感觉无力，发动机无法正常启动。首先按汽车的喇叭，声音很响，说明供电正常，故障可能是起动机老化造成的，需要拆开起动机检查。此故障的维修方法如图5-11所示。

❶ 首先打开发动机舱盖。

❷ 将蓄电池的正负极线柱拆下。

图5-11　凯旋汽车起动机转动无力故障维修

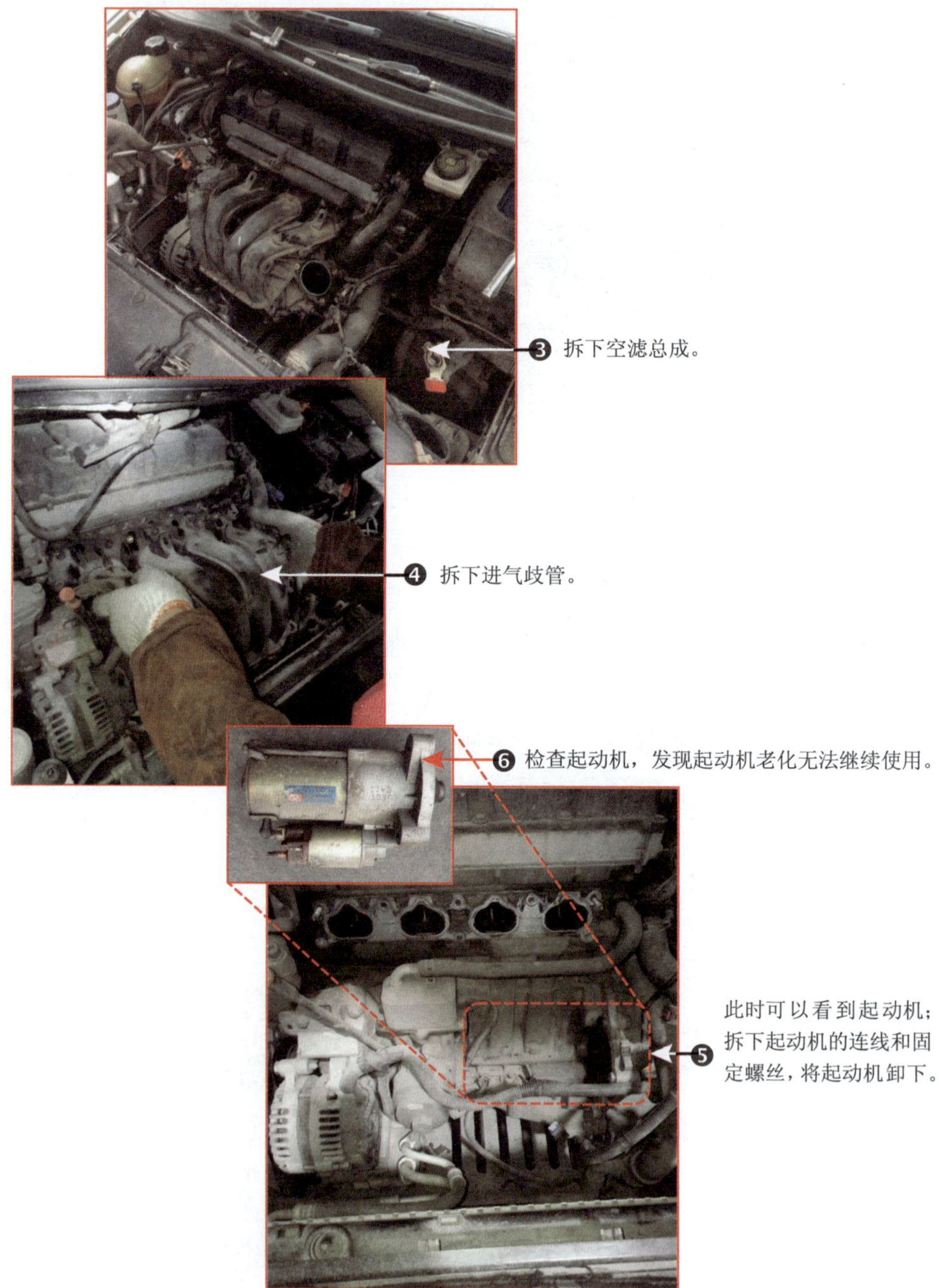

图5-11　凯旋汽车起动机转动无力故障维修（续）

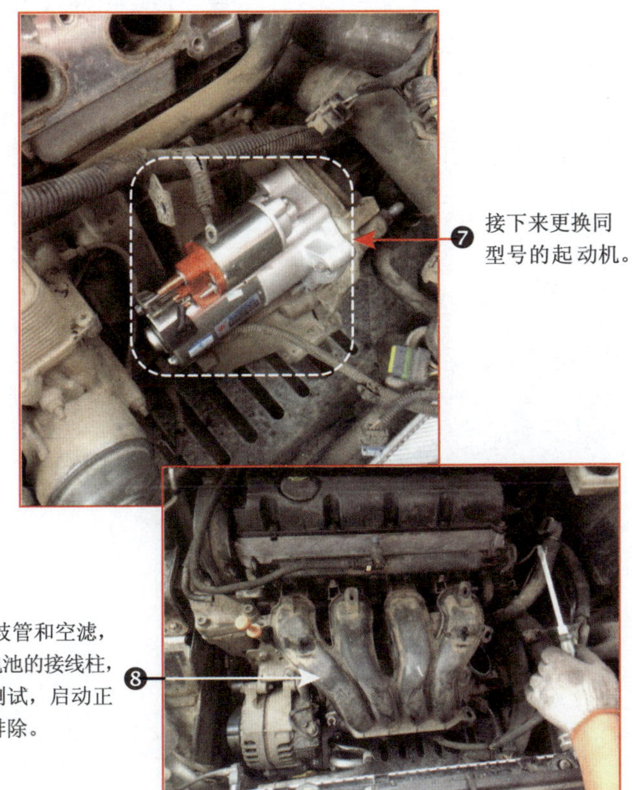

❼ 接下来更换同型号的起动机。

❽ 安装进气歧管和空滤，并接上蓄电池的接线柱，然后进行测试，启动正常，故障排除。

图5-11 凯旋汽车起动机转动无力故障维修（续）

第 6 章

汽车点火系统故障检测方法与维修实战

在汽车发动机中，发动机气缸内的可燃混合气是靠电火花点燃的，为此在汽油机的气缸盖上装有火花塞，火花塞头部伸入燃烧室内。能够按时在火花塞电极间产生电火花的全部设备称为点火系统，接下来本章将重点讲解汽车点火统常见故障的检测维修方法。

6.1 看图识汽车点火系统

汽车点火系统分为普通电子点火系统和微机控制点火系统。

1.传统电子点火系统

汽车传统电子点火系统主要由蓄电池、点火开关、分电器、点火线圈和火花塞等组成。如图6-1所示。

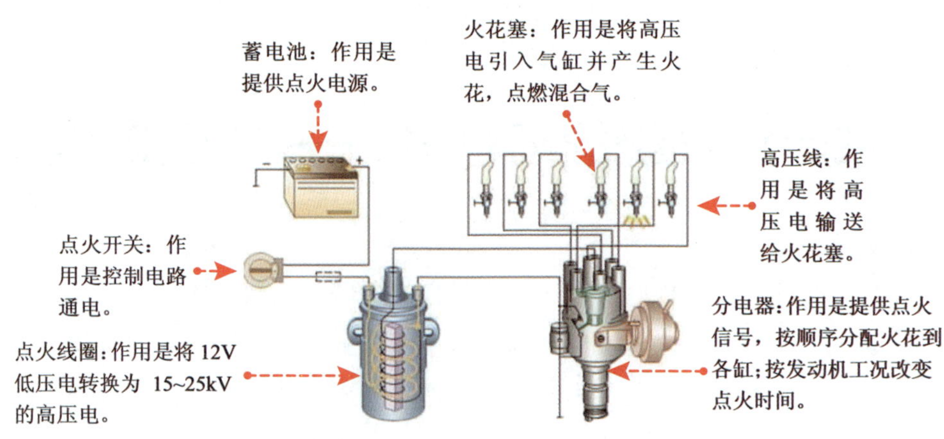

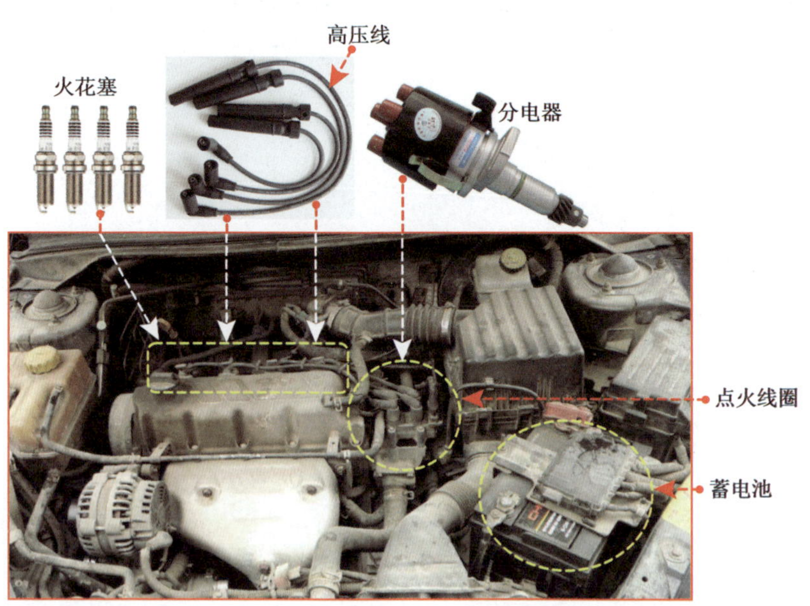

图6-1　汽车普通电子点火系统

2. 无分电器的微机控制点火系统

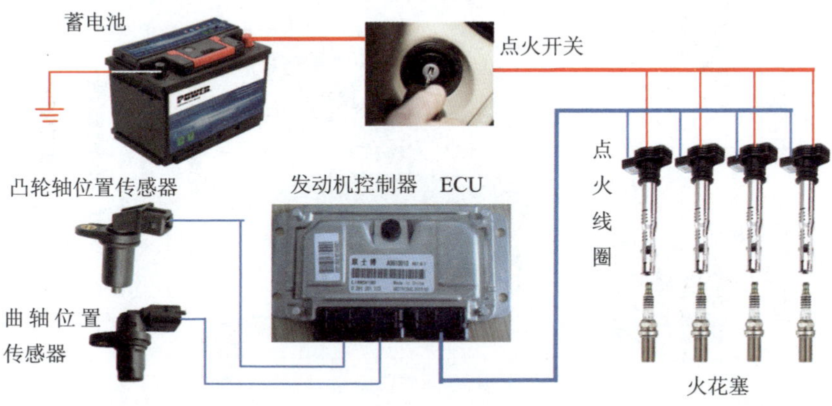

图6-2　无分电器的微机控制点火系统

3.有分电器的微机控制点火系统

有分电器的微机控制点火系统也是目前汽车普遍采用的点火系统之一。此点火系统主要由蓄电池、发动机控制器ECU、分电器、点火开关、传感器、点火线圈和火花塞等组成，如图6-3所示。

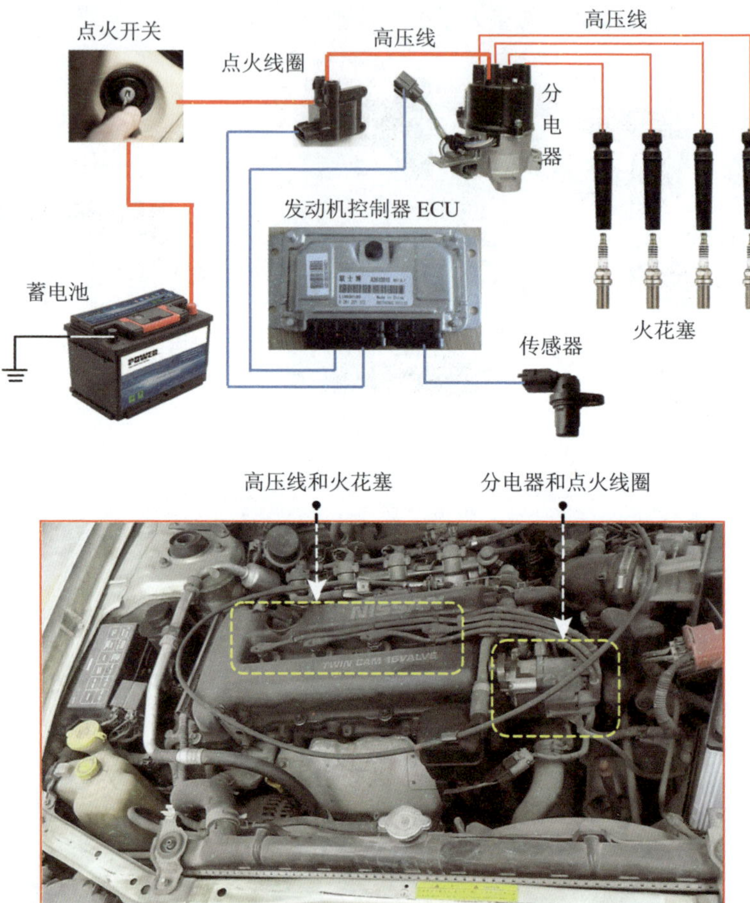

图6-3 有分电器的微机控制点火系统

6.2 汽车点火系统故障检测方法

汽车点火系统的工作性能，直接影响发动机的动力性和经济性。在汽车维修过程中，点火系统故障发生率相对较高。因此，本节将总结常见的汽车点火系统故障诊断和维修方法。

6.2.1　汽车点火系统的工作原理

1.点火线圈工作原理

点火线圈由初级绕组、次级绕组、铁芯、高低压接线柱等组成。两个绕组都绕在同一个铁芯上，次级绕组在内，初级绕组在外。次级绕组的匝数大于初级绕组的匝数，相当于一个变压器。如图6-4所示。

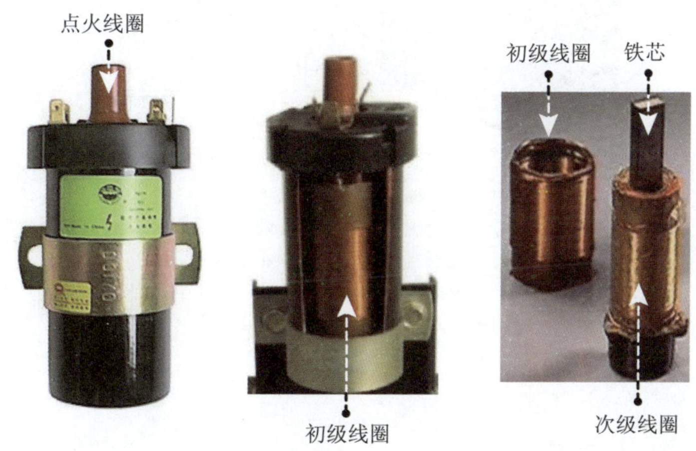

（a）开磁式点火线圈

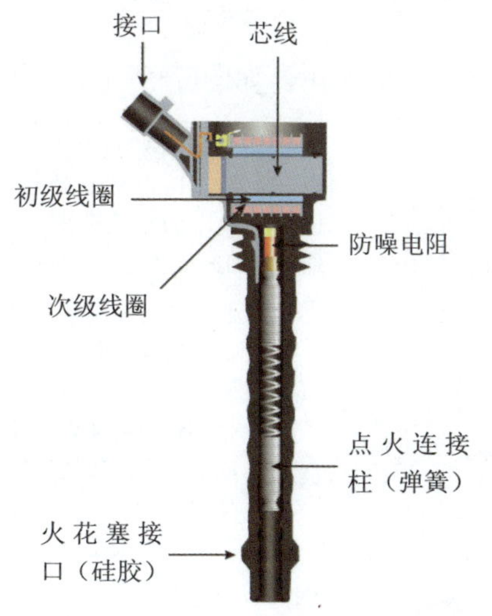

开磁式点火线圈一般为罐状结构，它以数片硅钢片叠合而成棒状铁芯，次级线圈和初级线圈分别绕在铁芯的外侧。闭磁式点火线圈的铁芯是封闭的，磁通全部经过铁芯内部，铁芯的导磁能力约为空气的一万倍。故开磁式点火线圈欲获得与闭磁式点火线圈相同的磁通，必须采用匝数较多，线径较大的初级线圈，这样就不易做到小型化。

（b）闭磁式点火线圈

图6-4　点火线圈的组成

点火线圈的工作原理如图6-5所示。

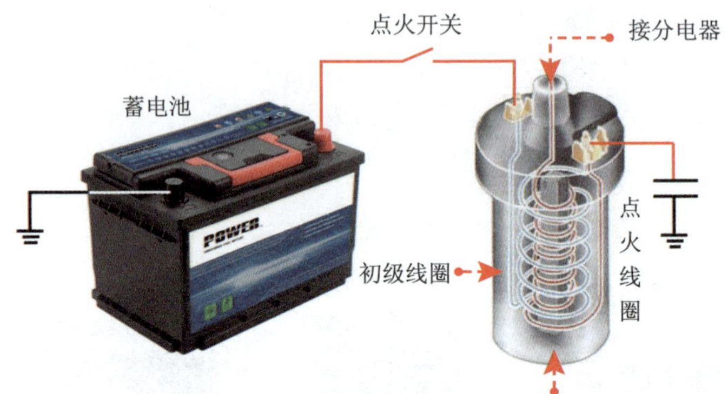

图6-5　点火线圈的工作原理

2.分电器工作原理

分电器是汽油机点火系统中按气缸点火次序定时地将高压电有效地流传至各气缸火花塞的一个部件。

我们先了解一下分电器的组成及各部门的作用，如图6-6所示。

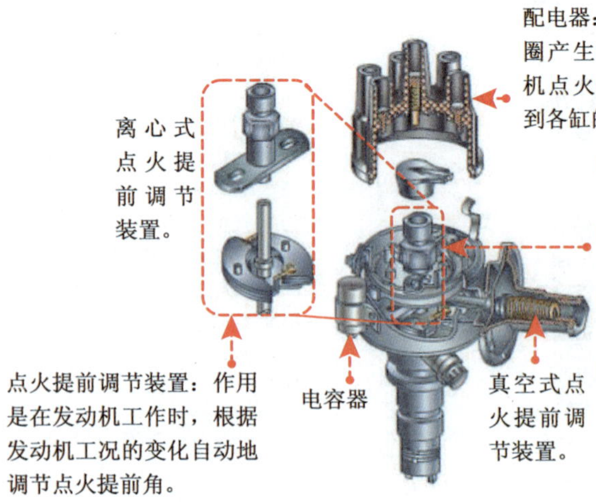

图6-6　分电器的组成

分电器的工作原理如图6-7所示。

在分电器中，通常将配电器和断电器做在同一轴上，并由配气凸轮轴进行驱动。它还带有点火提前角调整装置和电容器等。而断电器的断电臂用弹簧片能有效地使触点闭合，利用断电凸轮使触点进行相关的开启，开启间隙为0.30～0.45mm。断电凸轮的凸起数与气缸数相同。

当触点在有效进行开启时，分电器的分电臂是正好对准相应的侧电极，能感应到产生的高压电由次级线圈经过分电臂、侧电极、高压导线传至相应气缸的火花塞。在使用不同辛烷值的汽油时，可进行手动调整初置点火提前角。

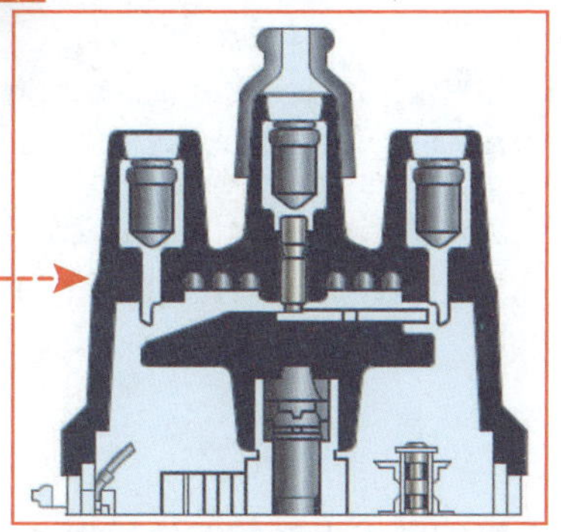

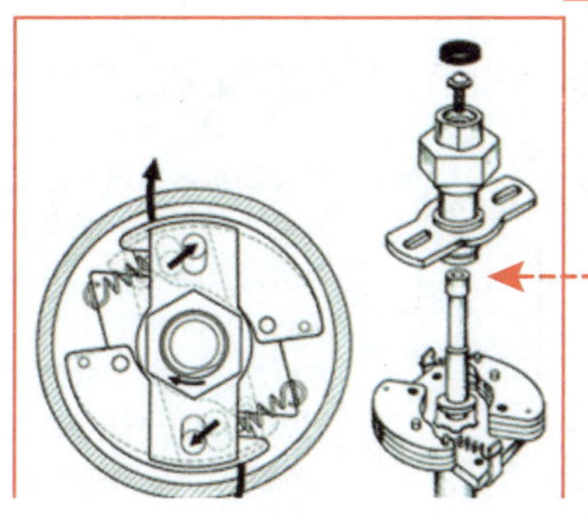

当内燃机转速上升时，离心式点火提前角调节装置使点火提前，反之则点火后延。内燃机负荷降低时，进气总管中的真空度加大，通过连接管传到真空式点火提前角调节装置，使点火提前。这样的调节可以保证内燃机在适当的点火提前角下运转。

图6-7 分电器的工作原理

3.传统点火系统工作原理

传统点火系统工作原理如图6-8所示。

接通点火开关，发动机开始运转。发动机运转过程中，断电器凸轮不断旋转，使断电器触点不断地打开、闭合。当断电器触点闭合时，蓄电池的电流从蓄电池正极出发，经点火开关、点火线圈的初级绕组、断电器活动触点臂、触点、分电器壳体搭铁，流回蓄电池的负极。当断电器的触点被凸轮顶开时，初级电路被切断，点火线圈初级绕组中的电流迅速下降到零，线圈周围和铁芯中的磁场也迅速衰减以至消失，因此在点火线圈的次级绕组中产生感应电压，其电压高达300V。它将在火花塞的电极间产生强烈的电火花，点燃油气混合物。

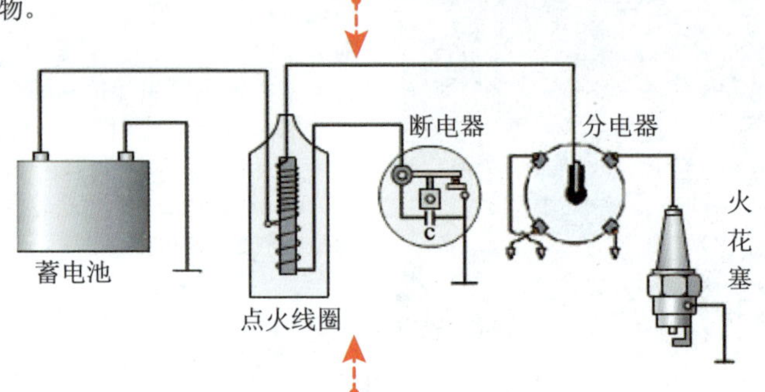

由于在断电器触点分开、初级电流下降的瞬间，自感电流的方向与原初级电流的方向相同，其电压高达300V，这会使触点迅速氧化、烧蚀，影响断电器正常工作，同时使初级电流的变化率下降，次级绕组中感应的电压降低，火花塞间隙中的火花变弱，以致难以点燃混合气。为了消除自感电压和电流的不利影响，在断电器触点之间并联有电容器C。在触点分开瞬间，自感电流向电容器充电，可以减小触点之间的火花，加速初级电流和磁通的衰减，并提高了次级电压。

图6-8　传统点火系统工作原理

4.微机控制点火系统工作原理

微机控制点火系统工作原理如图6-9所示（以大众朗逸汽车为例）。

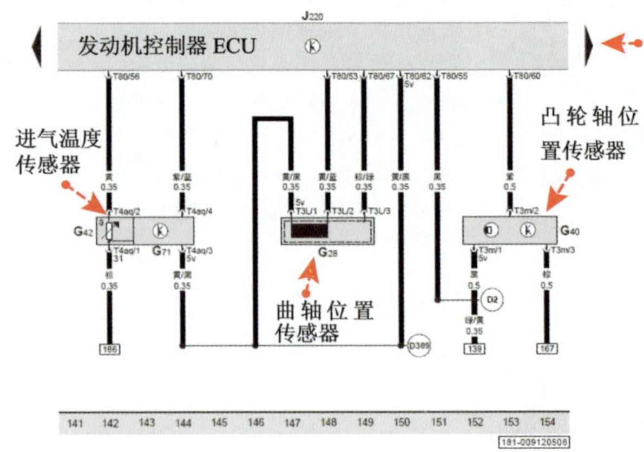

当发动机运行时，ECU不断地采集发动机的转速、负荷、冷却水温度、进气温度等信号，并根据存储器ROM中存储的有关程序与有关数据，确定出该工况下最佳点火提前角和初级电路的最佳导通角，并以此向点火控制模块发出指令。

图6-9　微机控制点火系统工作原理

此外，在带有爆燃传感器的点火提前角闭环控制系统中，ECU还可根据爆燃传感器的输入信号来判断发动机的爆燃程度，并将点火提前角控制在轻微爆燃的范围内，使发动机能获得较高的燃烧效率。

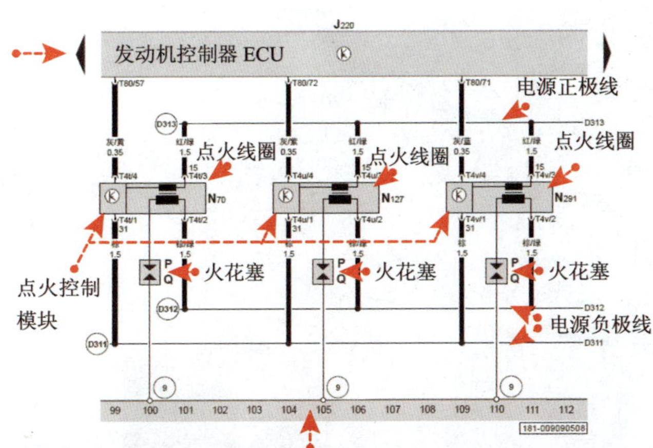

点火控制模块根据ECU的点火指令，控制点火线圈初级回路的导通和截止。当电路导通时，有电流从点火线圈中的初级线圈通过，点火线圈此时将点火能量以磁场的形式储存起来。当初级线圈中电流被切断时，在其次级线圈中将产生很高的感应电动势（15～20kV），经分电器送至工作气缸的火花塞，点火能量被瞬间释放，并迅速点燃气缸内的混合气，发动机完成做功过程。

图6-9　微机控制点火系统工作原理（续）

6.2.2 汽车点火系统主要部件的拆装技巧

1.拆卸点火线圈和火花塞

汽车点火线圈和火花塞的拆卸方法如图6-10所示。

更换火花塞

精彩视频　即扫即看

❶首先拆下发动机罩。

图6-10　汽车火花塞的拆卸方法

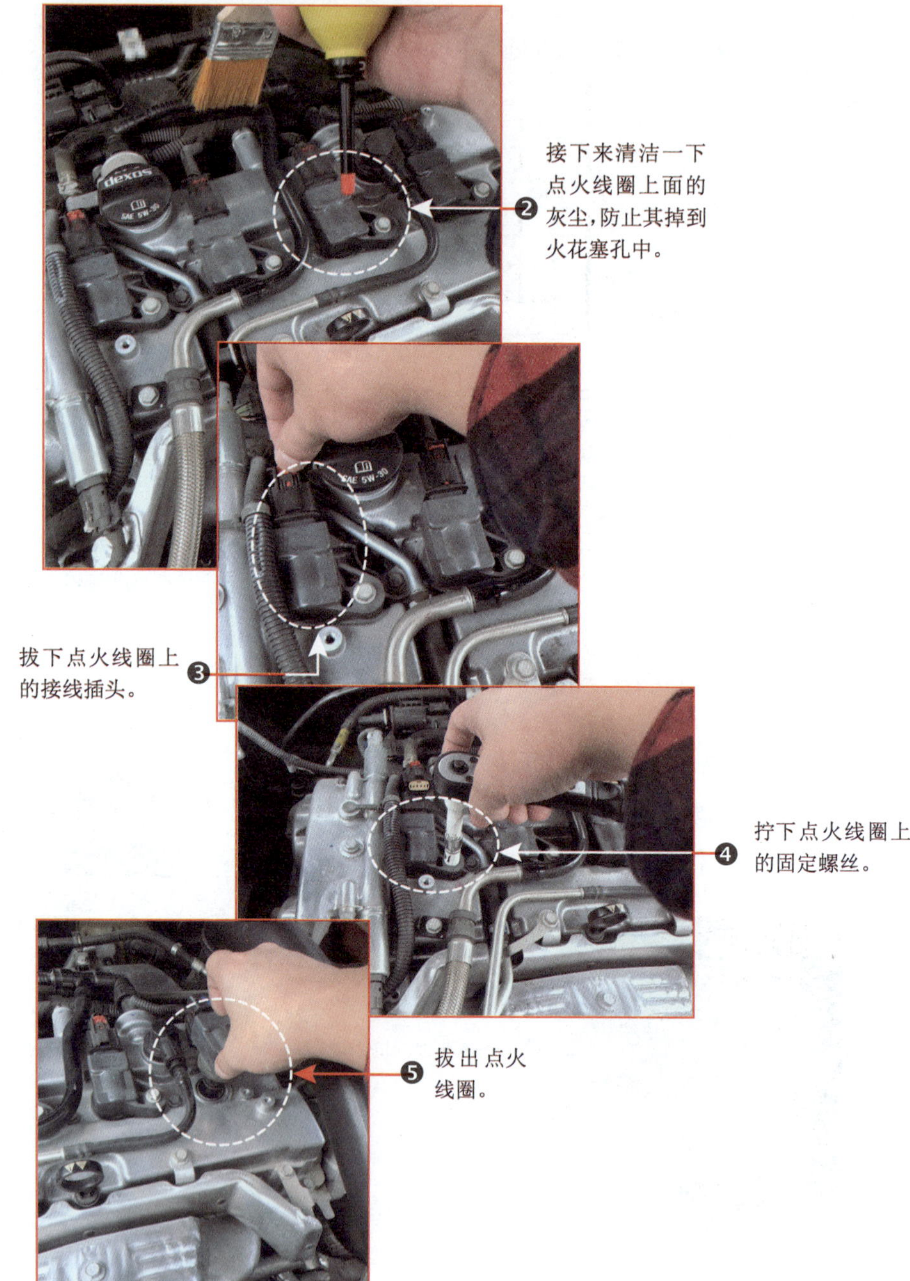

图6-10　汽车火花塞的拆卸方法（续）

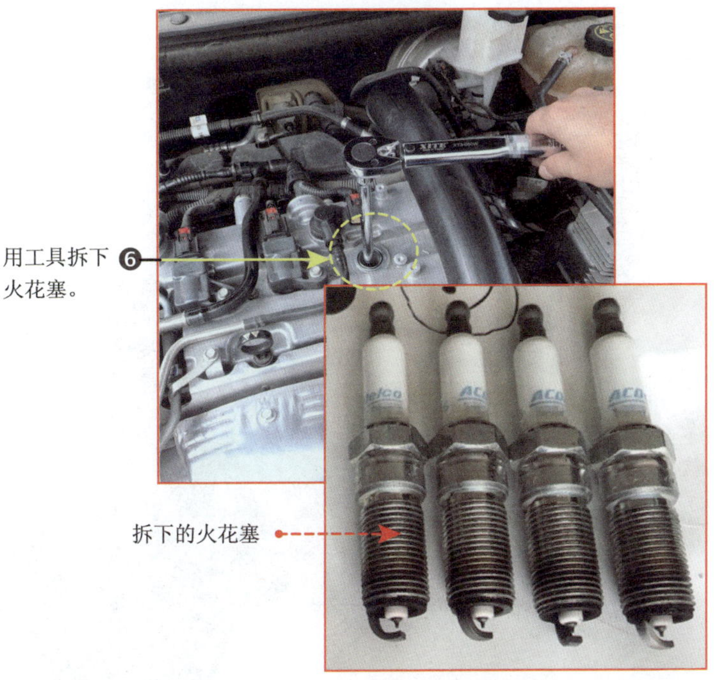

图6-10 汽车火花塞的拆卸方法（续）

2.拆卸分电器帽

汽车分电器帽的拆卸方法如图6-11所示。

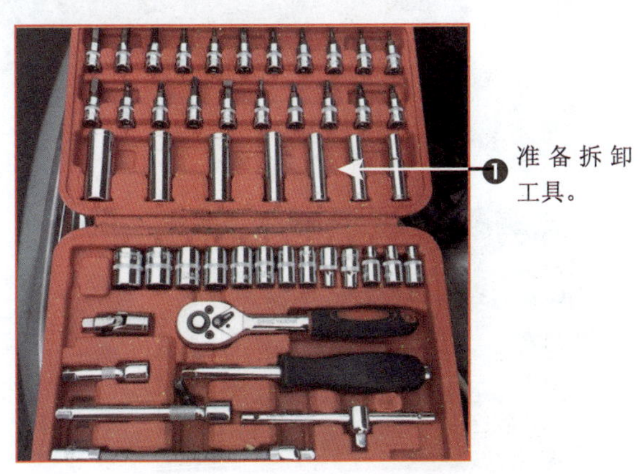

图6-11 汽车分电器帽的拆卸方法

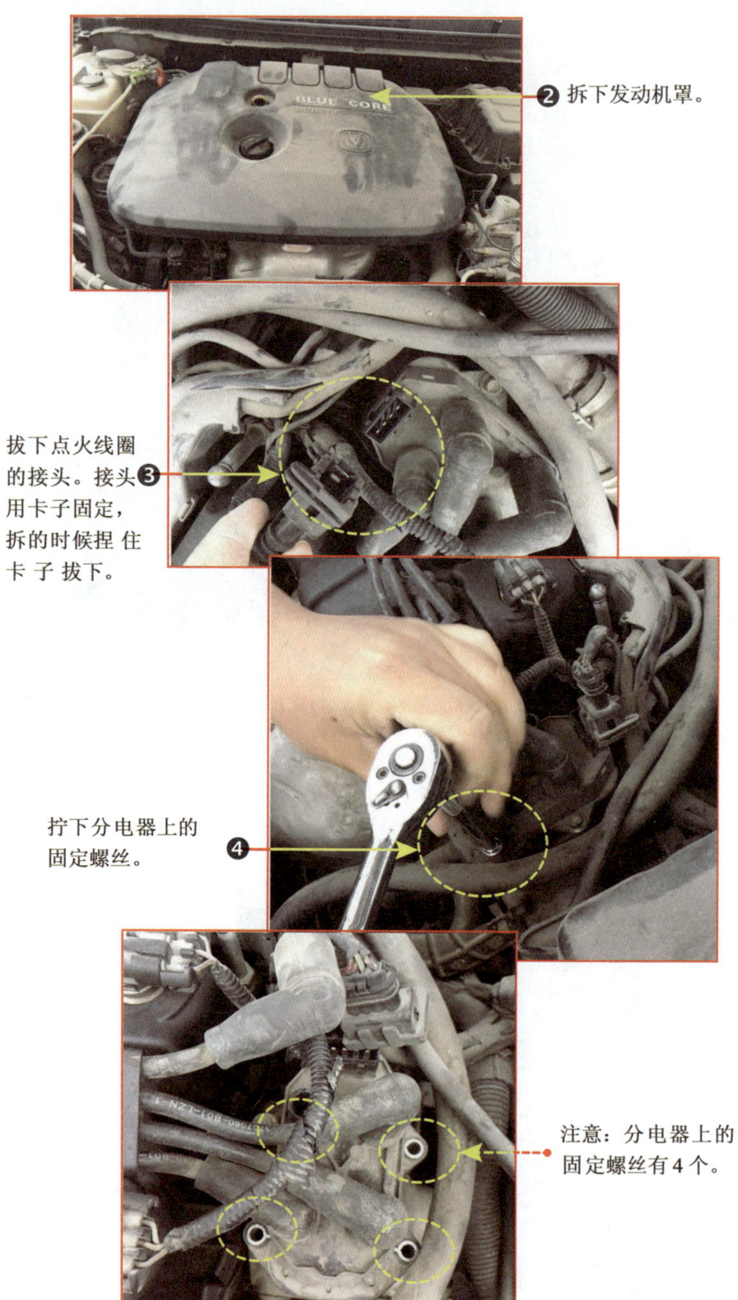

图6-11 汽车分电器帽的拆卸方法（续）

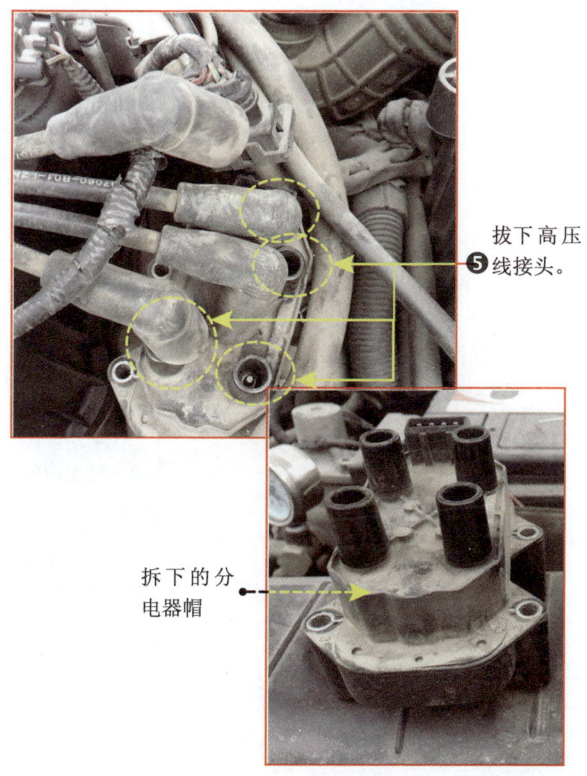

图6-11　汽车分电器帽的拆卸方法（续）

6.2.3　点火系统故障检测方法

汽车点火系统故障常见的有：点火正时不准、点火系统无高压火、点火系统缺火等。点火系统故障总体检测方法如图6-12所示。

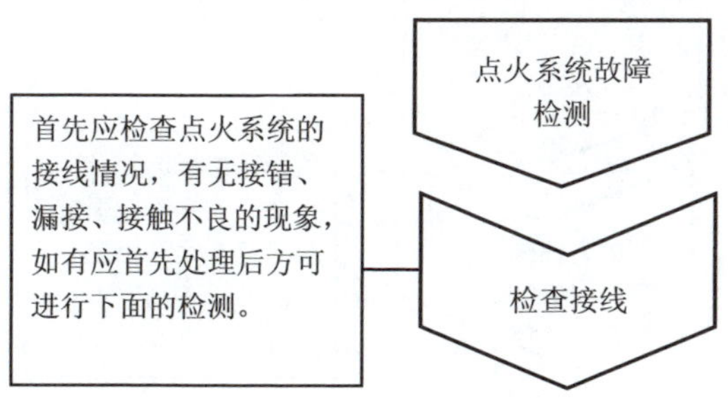

图6-12　点火系统故障总体检测方法

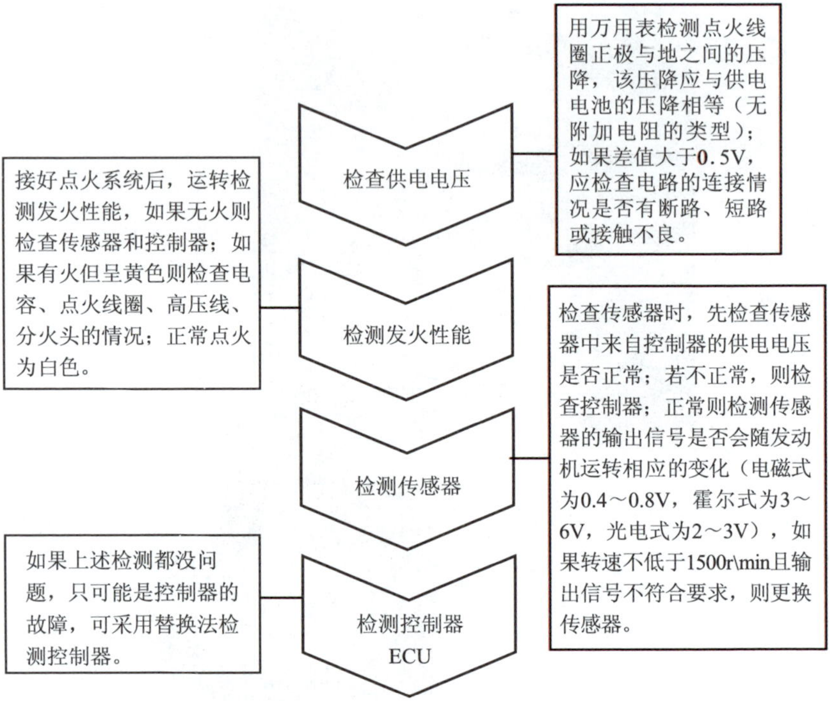

用万用表检测点火线圈正极与地之间的压降，该压降应与供电电池的压降相等（无附加电阻的类型）；如果差值大于0.5V，应检查电路的连接情况是否有断路、短路或接触不良。
检查供电电压
接好点火系统后，运转检测发火性能，如果无火则检查传感器和控制器；如果有火但呈黄色则检查电容、点火线圈、高压线、分火头的情况；正常点火为白色。
检测发火性能
检查传感器时，先检查传感器中来自控制器的供电电压是否正常；若不正常，则检查控制器；正常则检测传感器的输出信号是否会随发动机运转相应的变化（电磁式为0.4～0.8V，霍尔式为3～6V，光电式为2～3V），如果转速不低于1500r\min且输出信号不符合要求，则更换传感器。
检测传感器
如果上述检测都没问题，只可能是控制器的故障，可采用替换法检测控制器。
检测控制器
ECU

图6-12　点火系统故障总体检测方法（续）

1. 点火正时不准故障检测方法

出现点火正时不准故障时，发动机不易起动，怠速不稳；发动机动力不足，水温偏高；发动机易爆震。这种故障的原因一般是曲轴位置传感器不良或安装位置不正确造成的。

点火正时不准故障检测方法如图6-13所示。

点火正时不准
故障检测
检查曲轴位置
传感器
检查传感器的信号转子是否有变形、歪斜，信号采集与输出部分安装有无不当，装置的间隙是否合适。

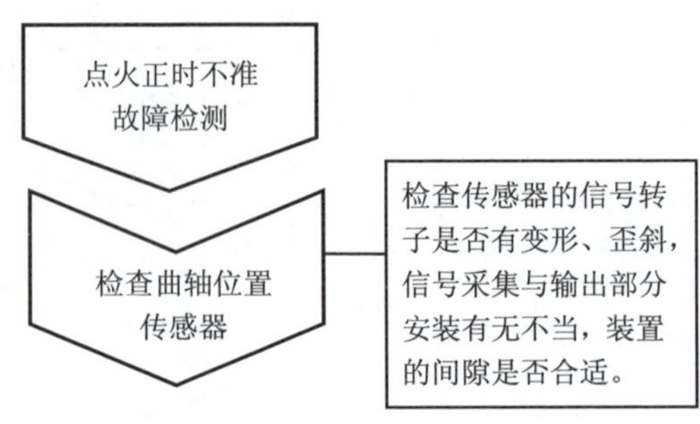

图6-13　点火正时不准故障检测方法

2. 点火系统无高压火故障检测方法

出现点火系统无高压火故障时，接通点火开关，起动机能带动发动机曲轴运转，点火系统无高压火。这种故障通常是由于：

（1）曲轴位置传感器连接电路短路或断路；

（2）曲轴位置传感器工作性能不良；

（3）点火控制模块失效或连接线束松脱、短路或断路；

（4）点火线圈的初级绕组断路；

（5）点火线圈的次级绕组断路；

（6）高压线断路；

（7）火花塞工作不良等原因造成。

点火系统无高压火故障的检测方法如图6-14所示。

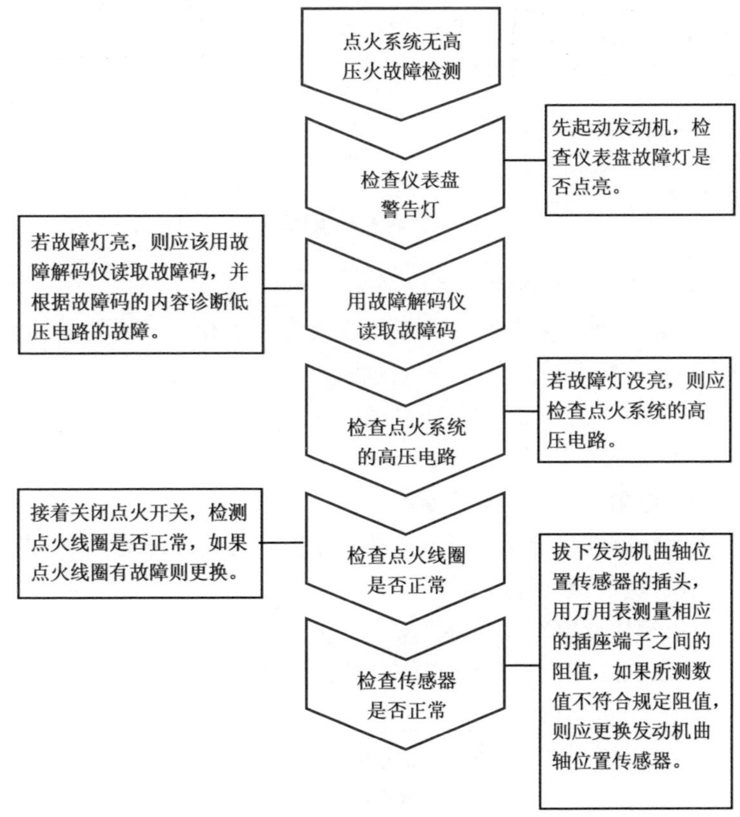

图6-14　点火系统无高压故障检测方法

3.火花塞故障检测方法

火花塞的故障率较高。当火花塞出现问题时，会造成发动机缺火或不能工作、点火性能下降或断火等故障。这种故障通常是由于火花塞绝缘体起皱、破裂、电极烧蚀、融化等原因，导致火花塞漏电或击穿电压升高；或者火花塞有沉积物，使火花塞漏电或击穿电压升高；或者火花塞间隙过大或过小。

火花塞故障检测方法如图6-15所示。

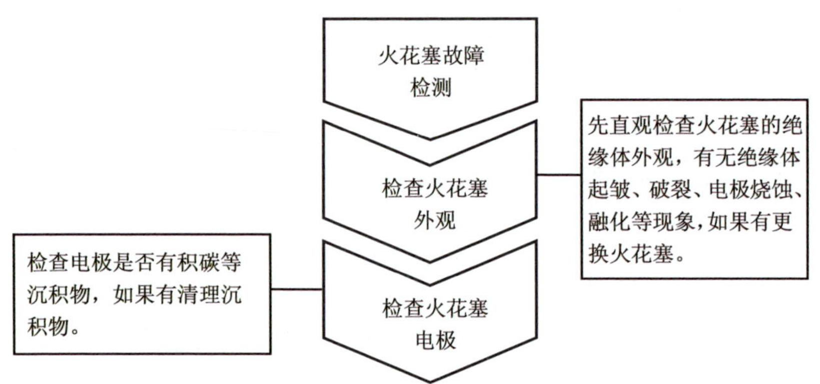

图6-15　火花塞故障检测方法

4.点火系统缺火故障检测方法

出现点火系统缺火故障时，汽车会在发动车后出现发动机怠速抖动的问题。这种故障一般是由于：

（1）线圈初级端无电压或电压过低；

（2）点火线圈不牢；

（3）点火电阻过高、分缸线断路；

（4）点火线圈初级绕组负极侧搭铁回路没有受到点火模块的通断控制；

（5）曲轴位置传感器损坏；

（6）点火模块或ECU损坏等。

点火系统缺火故障检测方法如图6-16所示。

图6-16　点火系统缺火故障检测方法

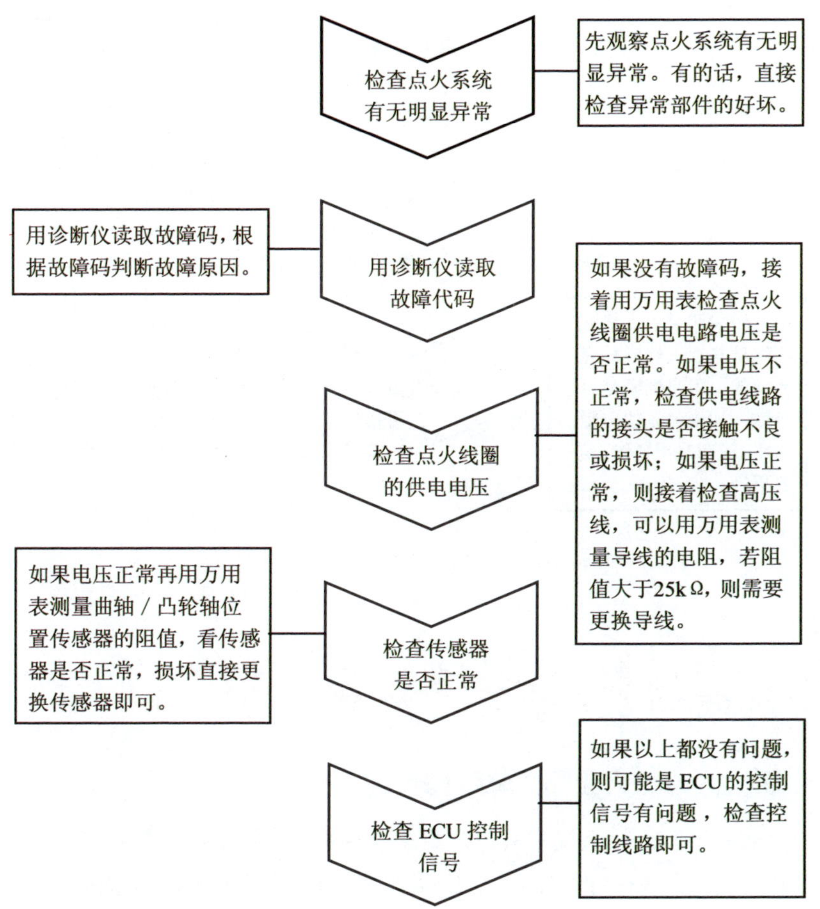

图6-16　点火系统缺火故障检测方法（续）

5.点火线圈的故障检测方法

当点火线圈出现故障时，会造成发动机不能点火、发动机不易起动、怠速不稳、功率下降、排气污染增加等故障这种故障一般是由点火线圈的初级绕组、次级绕组断路。或匝间短路，或绕组搭铁，或绝缘老化、漏电，或内部导线连接点接触不良等原因。造成无次级电压产生，或次级电压太低或点火能量不足而出现高速断火、缺火。。

点火线圈的故障检测方法如图6-17所示。

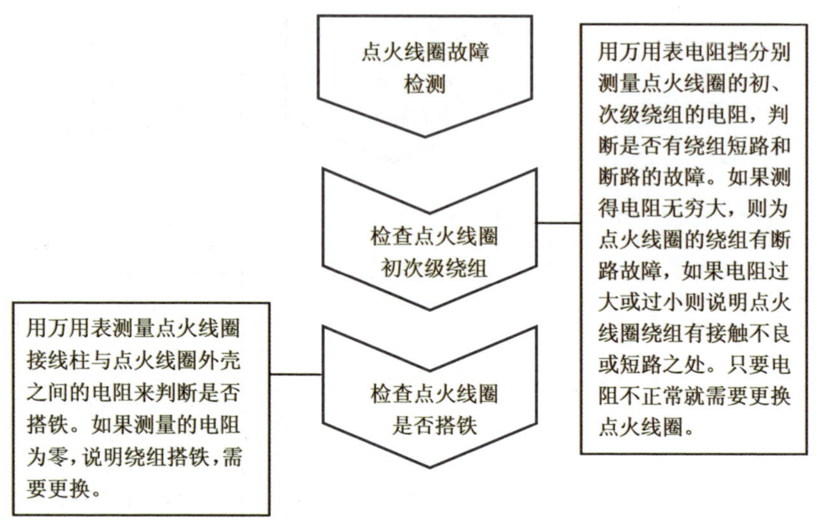

图6-17　点火线圈的故障检测方法

6.3 汽车点火系统检测维修实战

6.3.1 明锐汽车点火线圈故障维修实战

一辆明锐汽车，早上发车后，发现车子有明显的抖动，排气管声音异常，发出“突突”的声音，在行走200米左右后，发现仪表盘显示发动机故障灯亮了。

根据故障现象分析，有点像缺缸的故障。此故障的维修方法如图6-18所示。

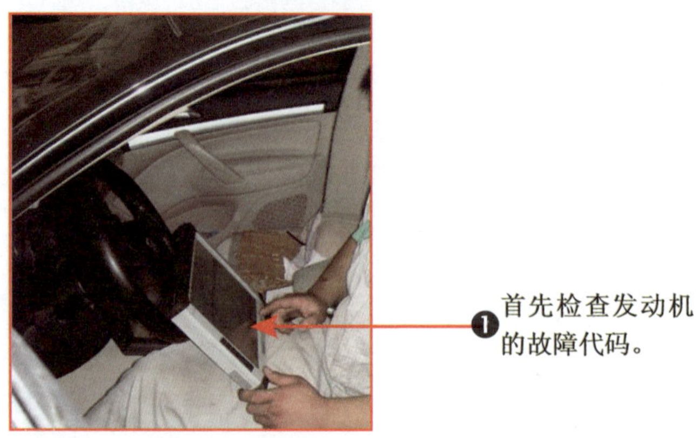

图6-18　明锐汽车点火线圈故障维修

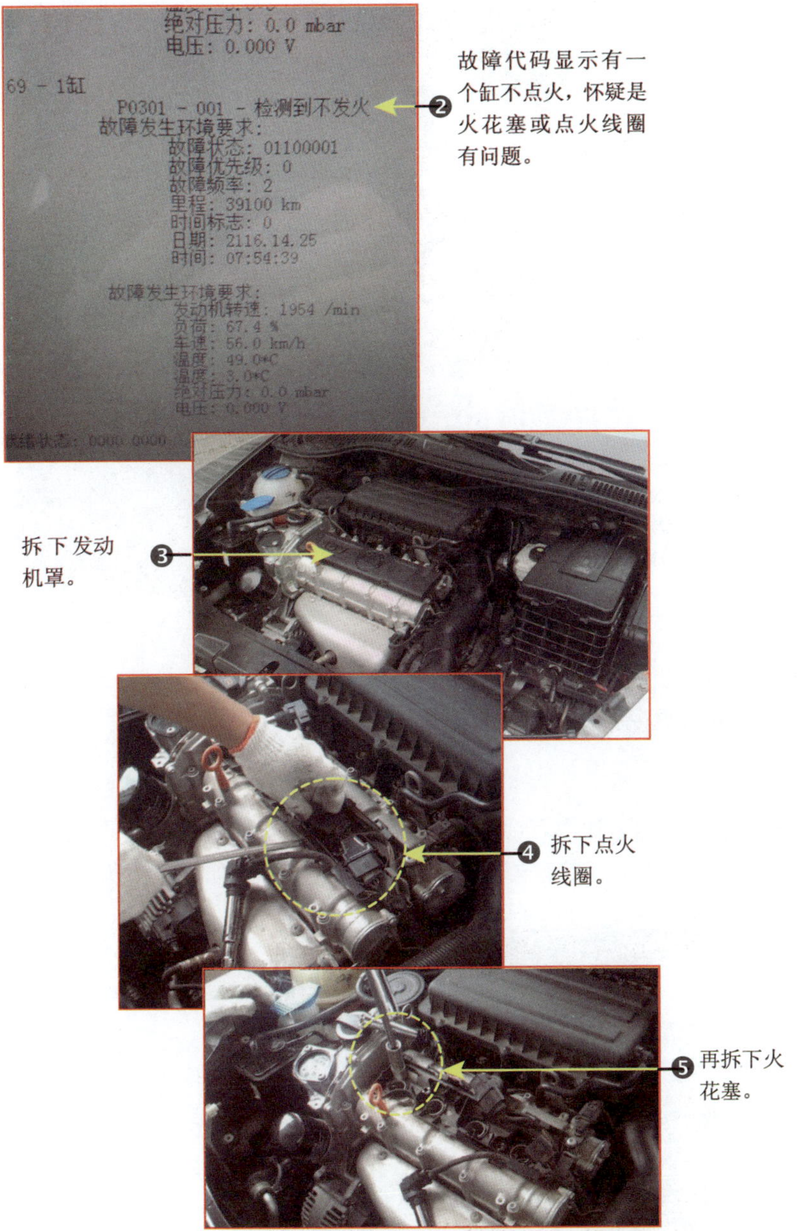

图6-18　明锐汽车点火线圈故障维修（续）

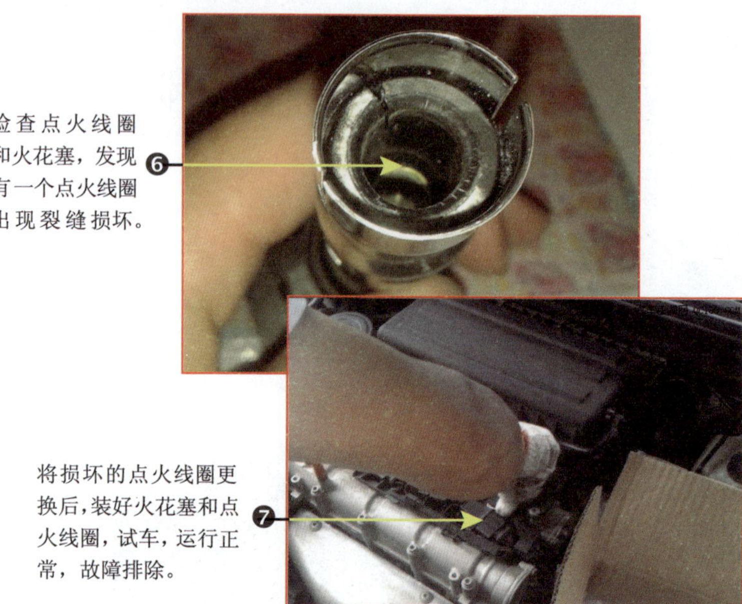

图6-18 明锐汽车点火线圈故障维修（续）

6.3.2 汉兰达汽车发动机抖动有哒哒哒响声故障维修实战

一辆汉兰达汽车，运行时，有抖动且发动机有“哒哒哒”的响声。根据换故障现象分析：行车里程已经跑了5万多公里，而且车主没有更换过火花塞，怀疑是火花塞问题引起的故障。此故障维修检测方法如图6-19所示。

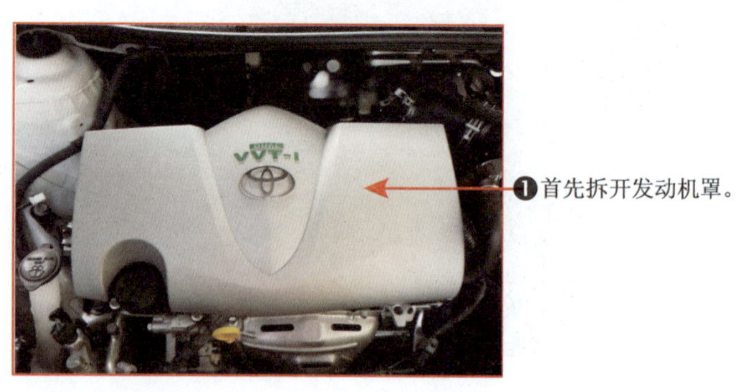

图6-19 汉兰达汽车发动机抖动有“哒哒哒”响声故障维修

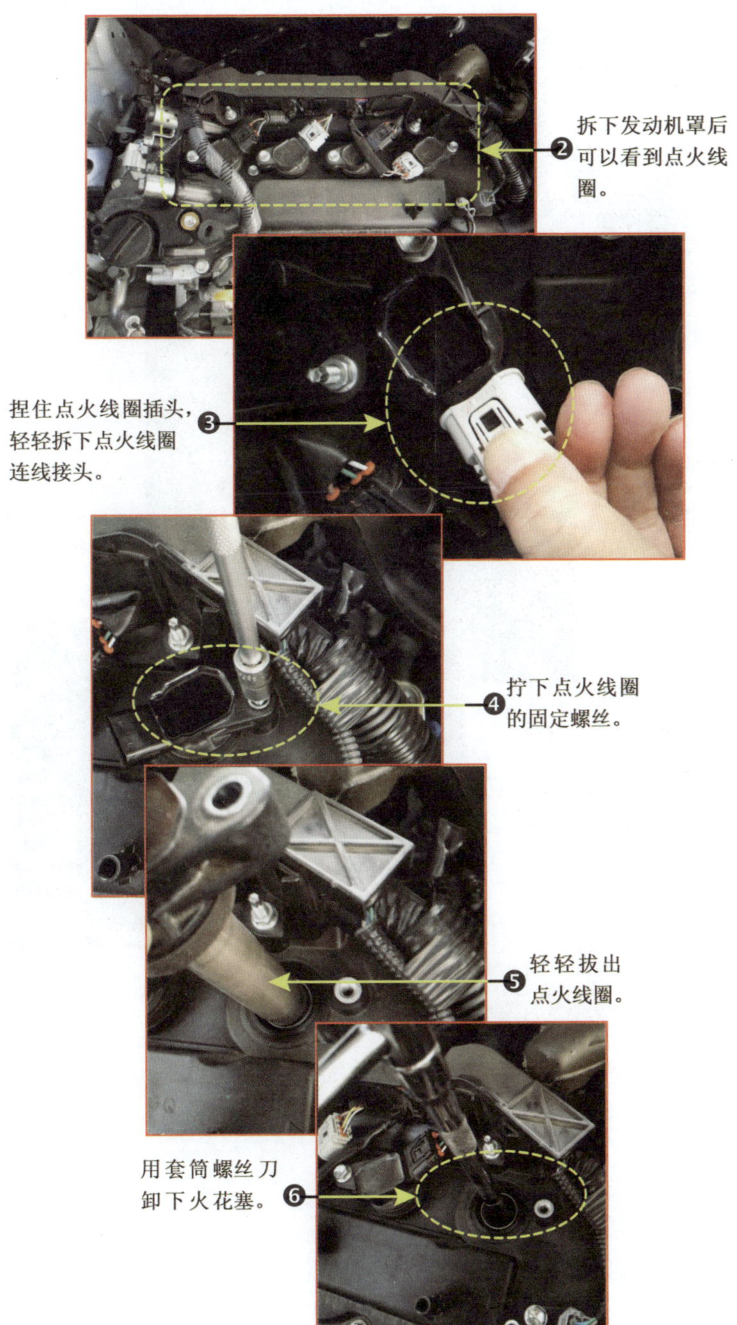

图6-19　汉兰达汽车发动机抖动有"哒哒哒"响声故障维修（续）

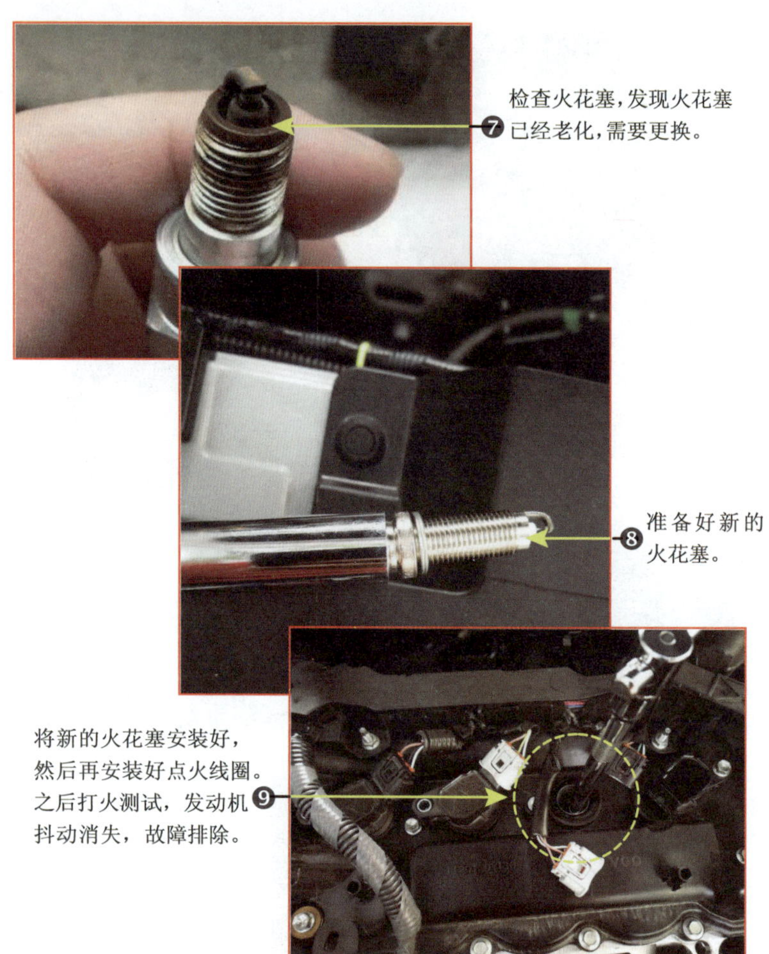

图6-19 汉兰达汽车发动机抖动有“哒哒哒”响声故障维修（续）

第 7 章

汽车照明系统故障检测方法与维修实战

为了保障行车安全，汽车上装有多种照明及信号设备。汽车照明及信号装置构成了汽车电气设备中一个独立电路系统。一般轿车有 15 ~ 25 个外部照明灯和 40 多个内部照明灯。汽车的照明系统出现问题，如何来检修呢？接下来本章将重点讲解汽车照明系统常见故障的检测维修方法。

7.1 看图识汽车照明系统

汽车照明系统由电源（包括蓄电池和发电机）、照明装置（包括各种灯）及其控制部分（包括灯光开关和保险丝）组成。如图7-1所示。

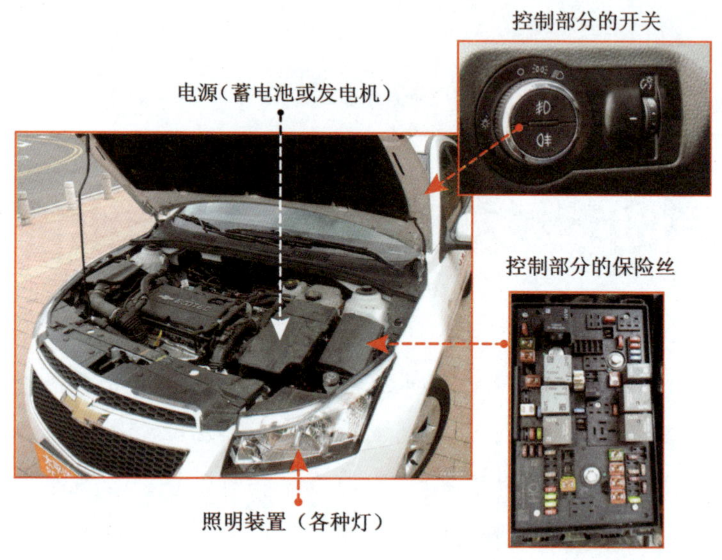

（a）汽车中的照明系统

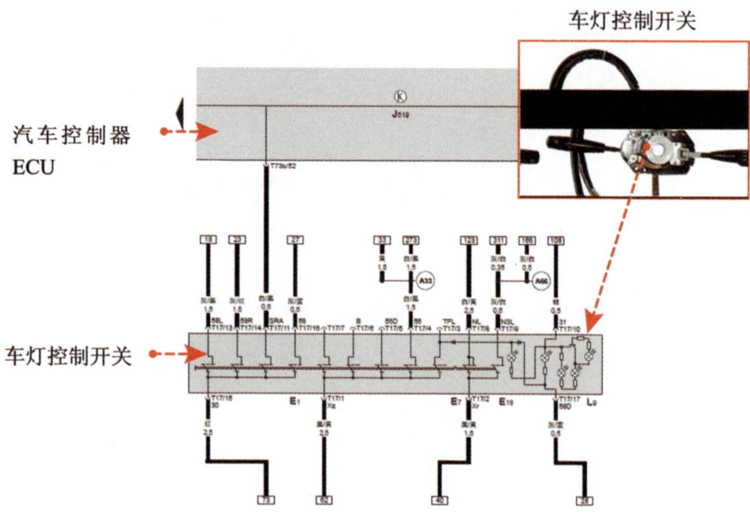

图7-1　汽车照明系统

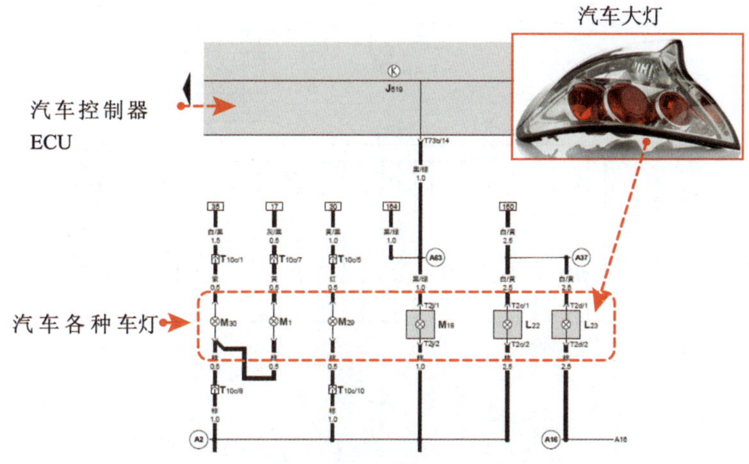

（b）汽车照明系统电路图

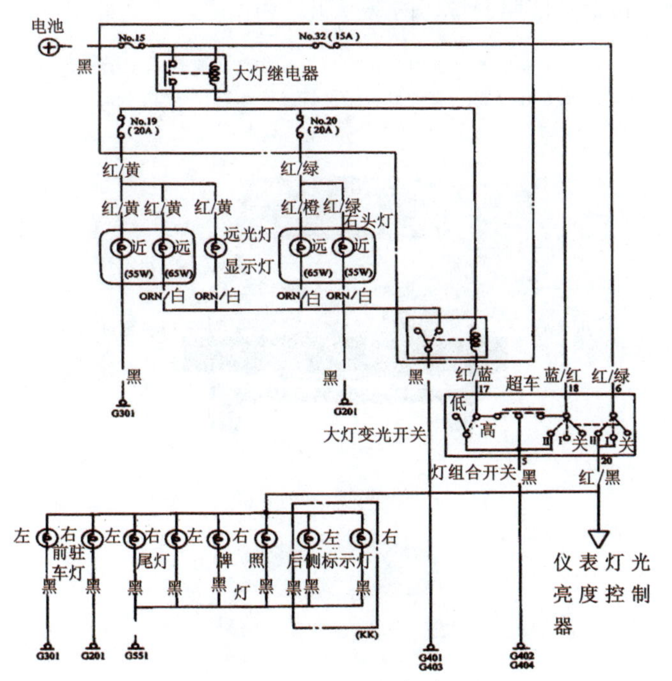

（c）雅阁照明系统电路图

图7-1　汽车照明系统（续）

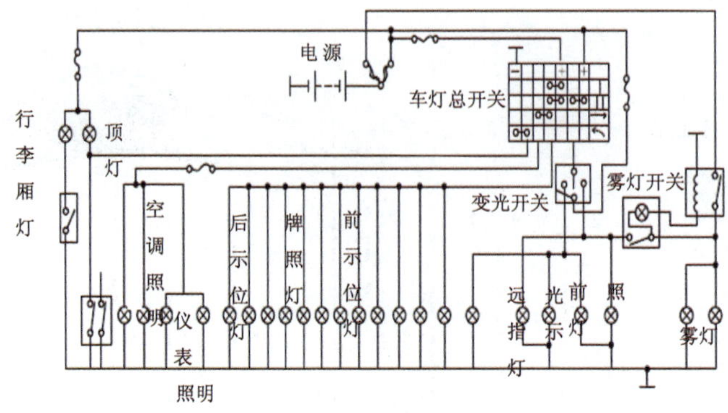

（d）切诺基照明系统电路图

图7-1 汽车照明系统（续）

照明装置包括外部照明灯、内部照明灯和仪表灯等。如图7-2所示。

常见的外部照明灯有前照灯、转向灯、雾灯、制动灯、倒车灯、牌照灯、示位灯、停车灯、示宽灯等。

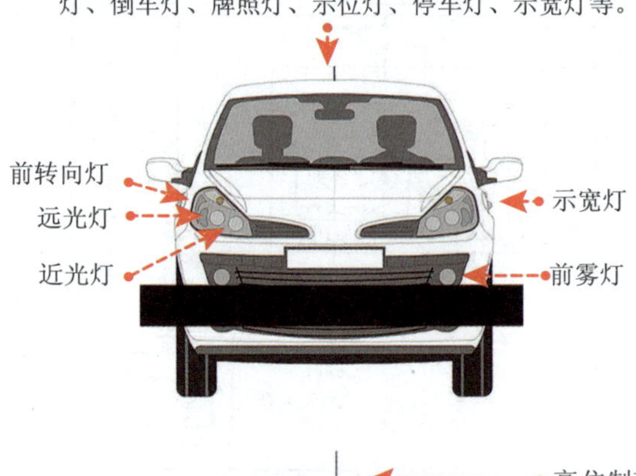

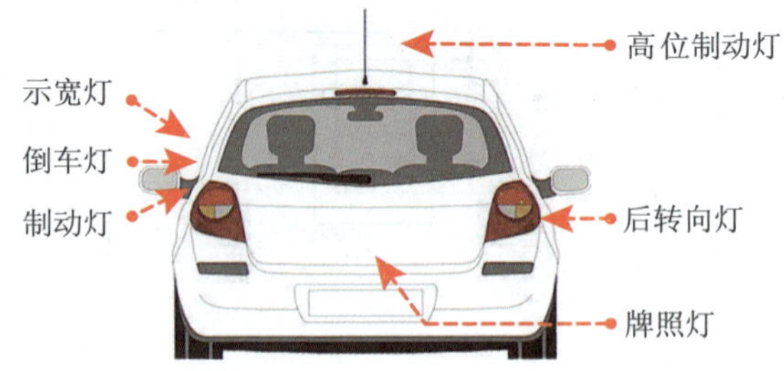

图7-2 照明装置常用灯

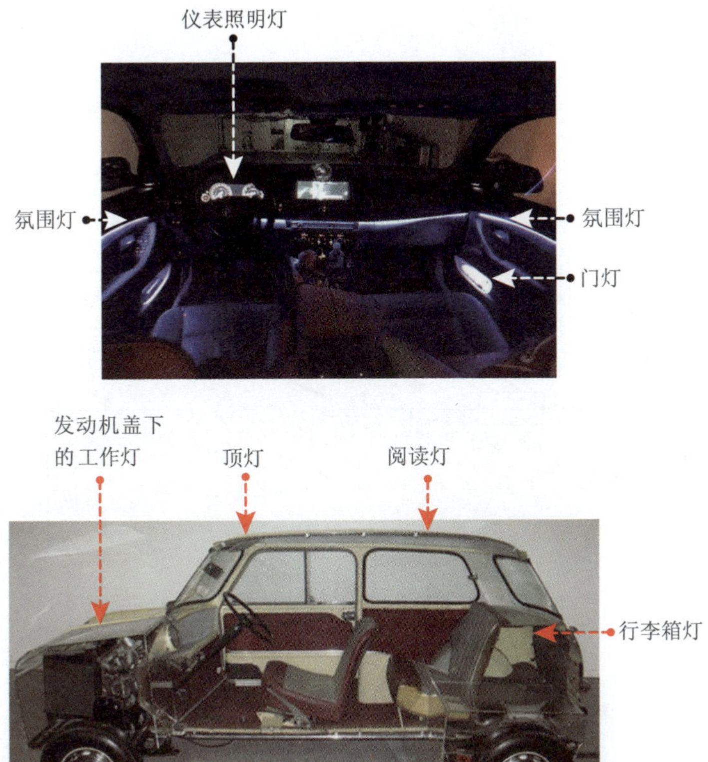

图7-2 照明装置常用灯（续）

7.2 汽车照明系统故障检测方法

现代汽车的照明系统使用了几十个不同类型的灯泡和若干线束。每条电路上又使用着各种保护器、继电器、开关、接插器等部件，电控汽车上还加入了电子控制单元（ECU）的控制和传感器的监控，可以说是一个十分庞大的电路系统。当某一个系统出现问题时，就会导致相应的车灯不亮。

7.2.1 照明系统的工作原理

汽车的照明系统和仪表警示灯系统的电路相比发动机电路要简单很多，根据汽车电路的特点，可以视作电路都是由蓄电池正极出发，经过保险装置、开关、用电器（这里是灯泡），到负极搭铁结束，如图7-3所示。

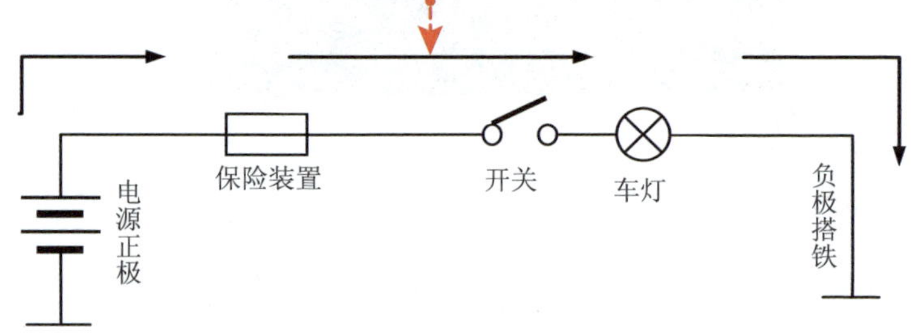

图7-3 汽车电路的分析方法

我们以一个简单的汽车照明电路，来进行分析，如图7-4所示。

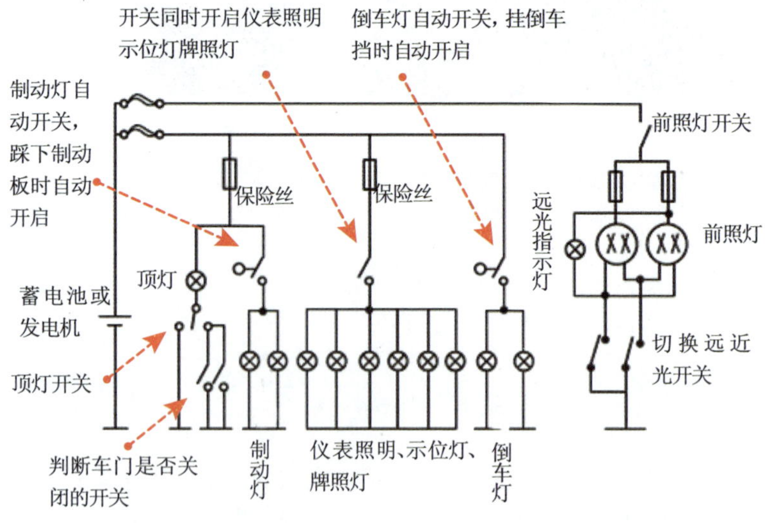

图7-4 汽车照明电路图

我们试着分析其中一条电路，比如前照灯电路。电流从蓄电池正极出发经过熔断保护器，经过前照灯开关，来到近光（左）远光（右）灯泡保险时电路分成两路，经过保险来到近光和远光灯泡及远光指示灯，然后经过近光远光切换开关，最后来到负极搭铁电路结束。

分析近光远光和远光指示灯三条电路，当照明灯开关闭合，切换开关近光灯侧闭合时，近光灯电路导通，近光灯亮起。同时远光灯和远光指示灯电路都处于断开状态，所以远光灯及远光指示灯熄灭。当切换开关远光灯侧闭合时，近光灯电路断开，近光灯熄灭，远光灯和远光指示灯电路导通，远光灯及远光指示灯亮起。

其他灯光电路都可以通过这种分析方法进行分析。

下面让我们看看其他几种常见品牌汽车的照明电路图，读者可以试着分析一下电路图中的各条电路，看看各开关是如何控制各灯泡的亮灭的。

7.2.2 照明系统主要部件的拆装技巧

1.前大灯拆卸技巧

汽车前大灯拆卸方法如图7-5所示（以中华H330汽车为例）。

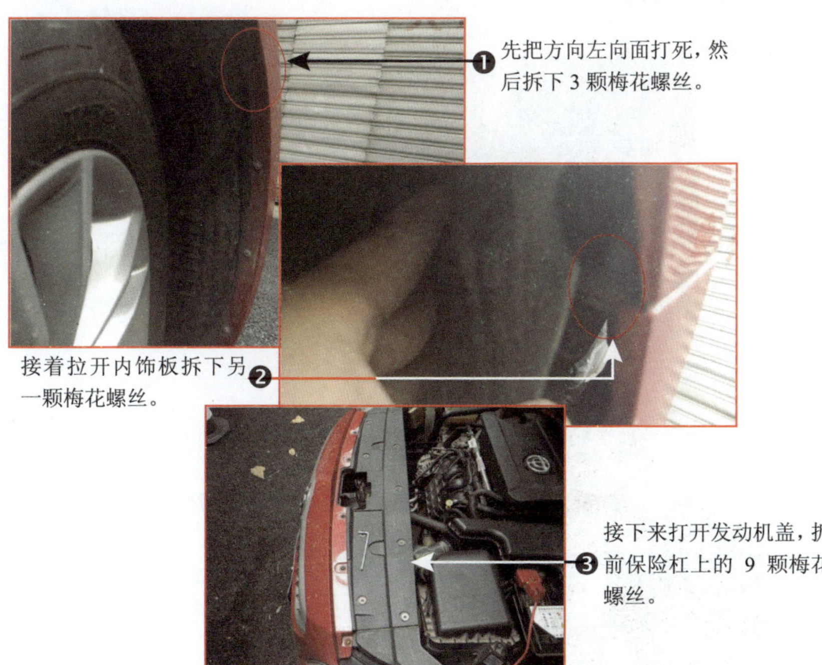

图7-5 汽车前大灯拆卸方法

图7-5 汽车前大灯拆卸方法（续）

2.拆卸大灯组合开关

大灯组合开关拆卸方法如图7-6所示。

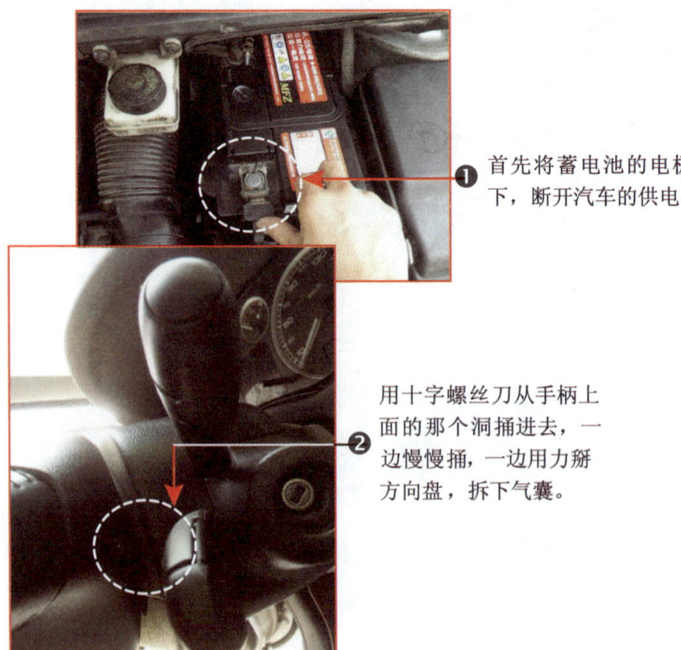

图7-6 大灯组合开关拆卸方法

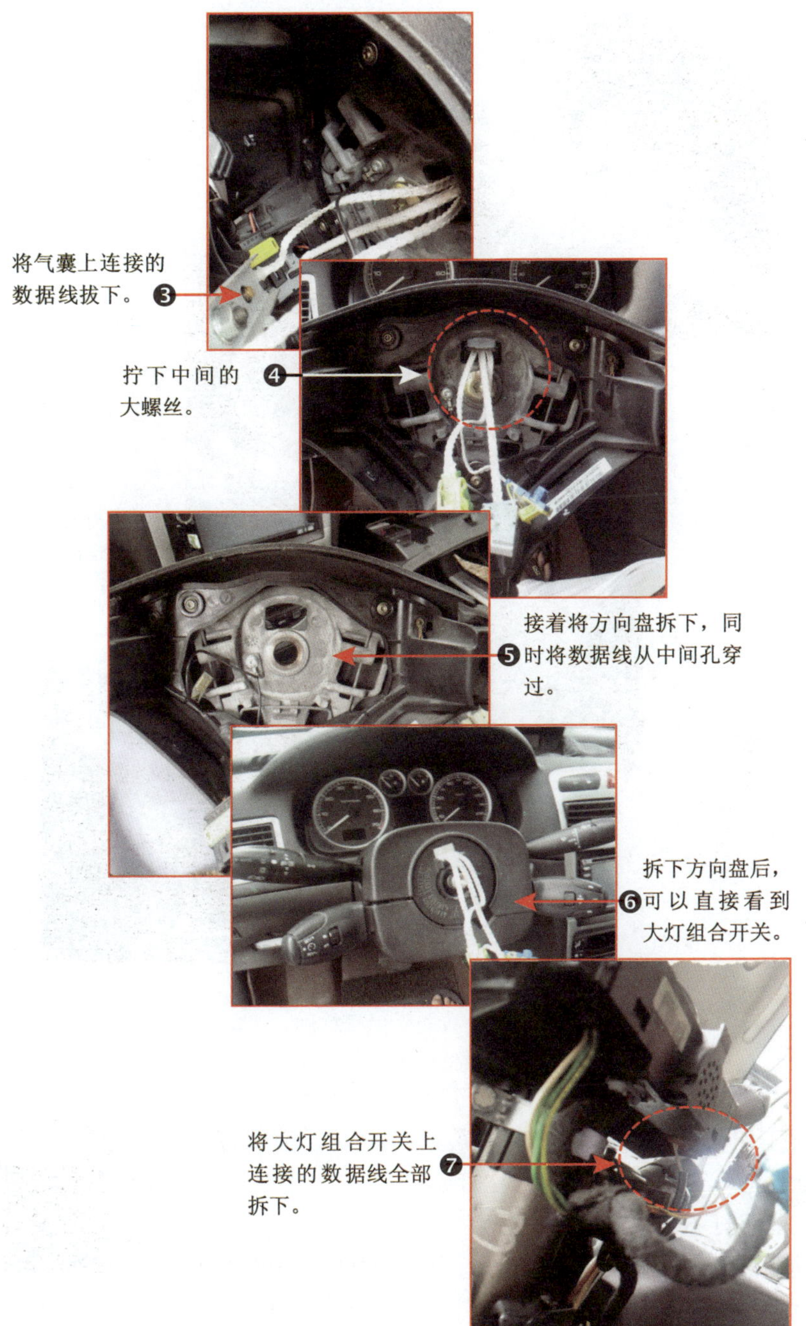

图7-6　大灯组合开关拆卸方法（续）

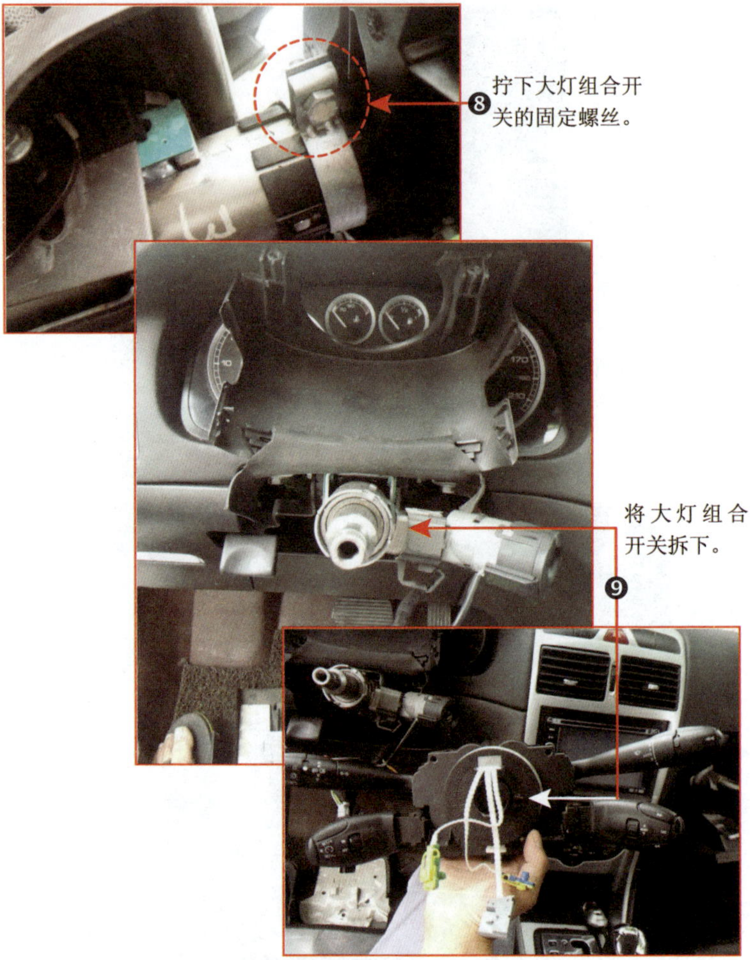

❽ 拧下大灯组合开关的固定螺丝。

❾ 将大灯组合开关拆下。

图7-6　大灯组合开关拆卸方法（续）

7.2.3　照明系统故障检测方法

汽车照明系统故障主要有，前照灯不亮、前照灯暗淡、前照灯丝经常烧坏、小灯/尾灯/仪表灯均不亮等。

1.前照灯不亮故障检测方法

前照灯不亮故障原因一般是由于保险丝烧断、电源线松动或脱落、搭铁线搭铁不良、插接件接触不良、车灯开关或变光开关有故障等引起，此故障检测方法如图7-7所示。

汽车大灯不亮故障检测

精彩视频　即扫即看

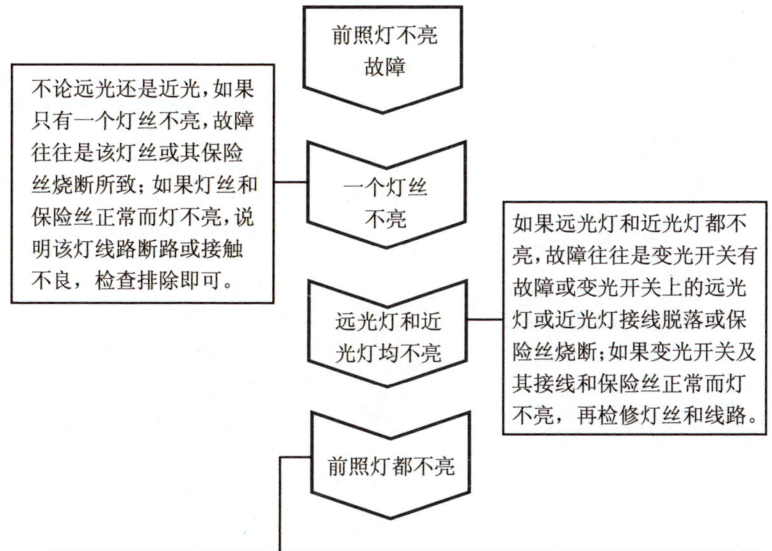

图7-7　前照灯不亮故障检测方法

2. 前照灯光暗淡故障检测方法

前照灯故障暗淡故障一般是由于蓄电池容量不足、端电压降低、发电机不发电或发电量不足，输出电压低、散光玻璃或反射镜上有尘埃、电线接头松动和锈蚀使电阻增大、灯丝蒸发功率降低等引起。此故障检测方法如图7-8所示。

3. 前照灯丝经常烧坏故障检测方法

前照灯丝经常烧坏故障一般是由于电压调节器有故障或线路连接错误导致发电机输出电压过高引起的。对于此故障重点检测发电机的输出电压，检查发电机在各种情况下输出电压是否超过规定值。

4.小灯/尾灯/仪表灯均不亮故障检测方法

小灯/尾灯/仪表灯均不亮故障一般是由于灯光开关破坏、线路断路、熔断器熔断、插接器松脱、灯炮灯丝断等引起。此故障检测方法如图7-9所示。

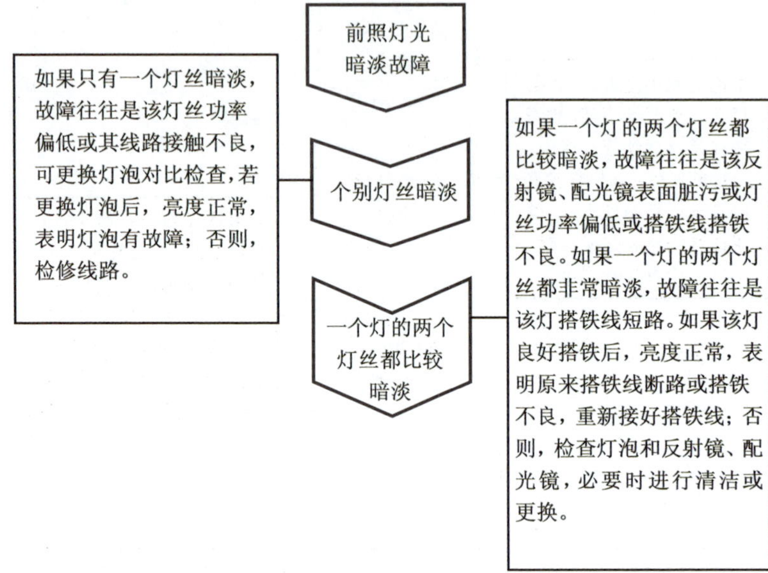

图7-8　前照灯光暗淡故障检测方法

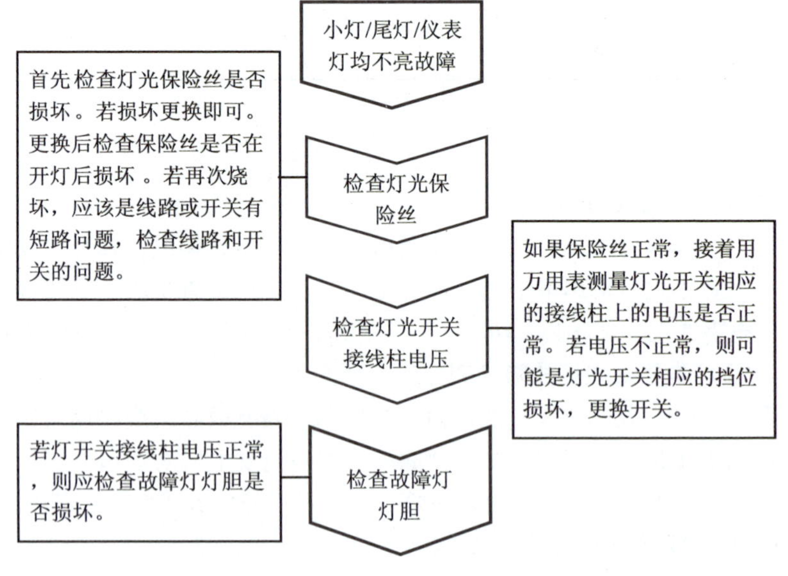

图7-9　小灯/尾灯/仪表灯均不亮故障检测方法

7.3 汽车照明系统检测维修实战

7.3.1 夏利灯光控制组合开关故障维修实战

一辆夏利故障车，当灯光控制组合开关旋转到前大灯亮位置时，远光灯总是亮，不能倒换到近光。根据故障现象分析，此故障应该是灯光控制组合开关问题引起的。此故障的维修检测方法如图7-10所示。

图7-10　夏利灯光控制组合开关故障维修

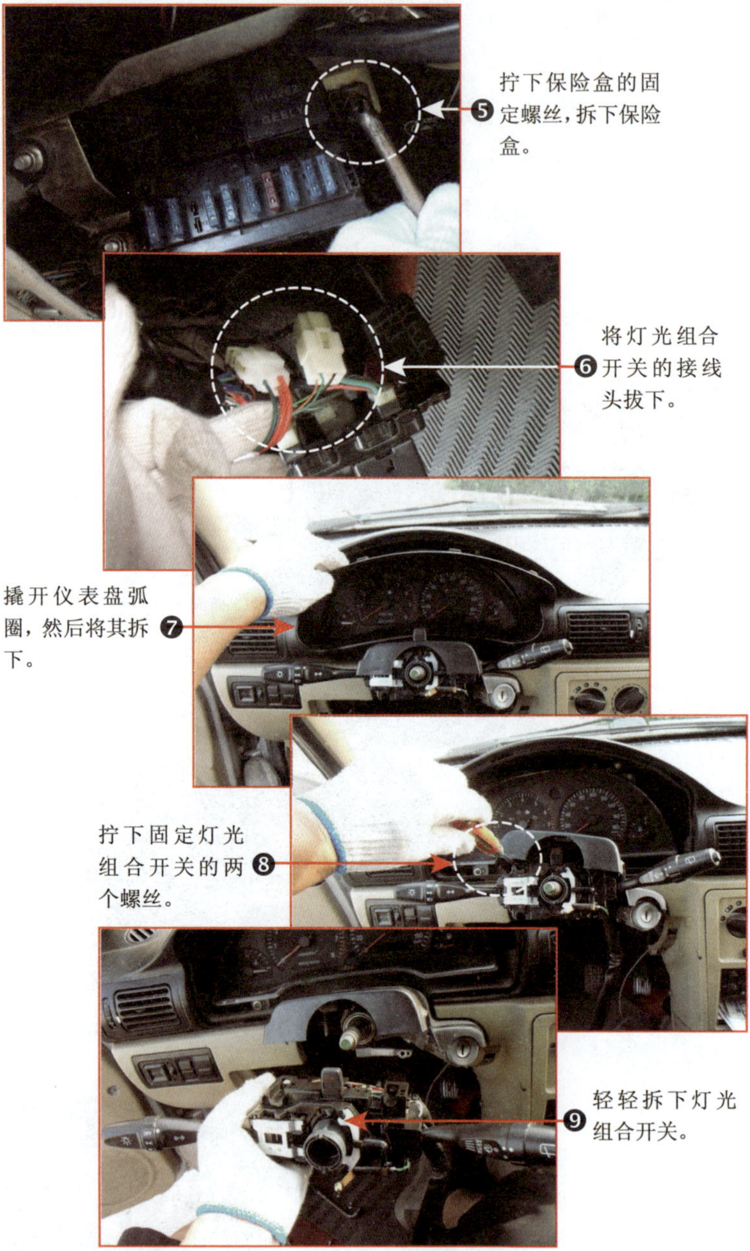

❺ 拧下保险盒的固定螺丝，拆下保险盒。

❻ 将灯光组合开关的接线头拔下。

❼ 撬开仪表盘弧圈，然后将其拆下。

❽ 拧下固定灯光组合开关的两个螺丝。

❾ 轻轻拆下灯光组合开关。

图7-10　夏利灯光控制组合开关故障维修（续）

⑪ 剪一块厚度约半毫米的塑料片，用两面胶粘在簧片下面，为了保险，又贴了两层塑料胶纸，然后试了一下，接触良好。

⑩ 检查组合开关，发现组合开关的塑料耐磨性不够，用一段时间后，零件间隙增加，旷量增大，造成远光灯触电无法顶开。

⑫ 将灯光组合开关装好，然后对远光灯进行测试，远光灯控制正常，故障排除。

图7-10　夏利灯光控制组合开关故障维修（续）

7.3.2　绅宝汽车阅读灯不亮故障维修实战

一辆绅宝D550故障车，车内阅读灯全部不亮了。根据故障现象分析，由于所有阅读灯都不亮，怀疑是线路或保险丝问题引起的。此故障的检测方法如图7-11所示。

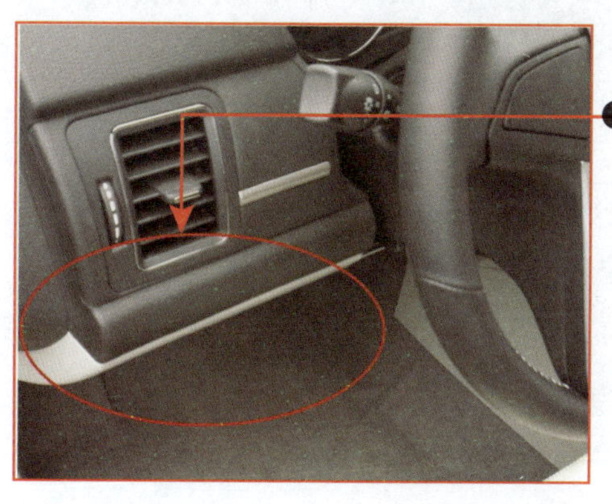

❶ 首先将蓄电池的正极线柱拆下，然后找到阅读灯保险丝的位置。

图7-11　绅宝汽车阅读灯不亮维修

图7-11　绅宝汽车阅读灯不亮维修（续）

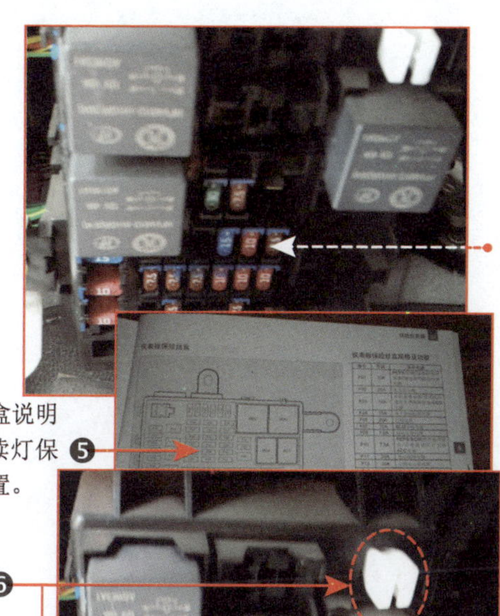

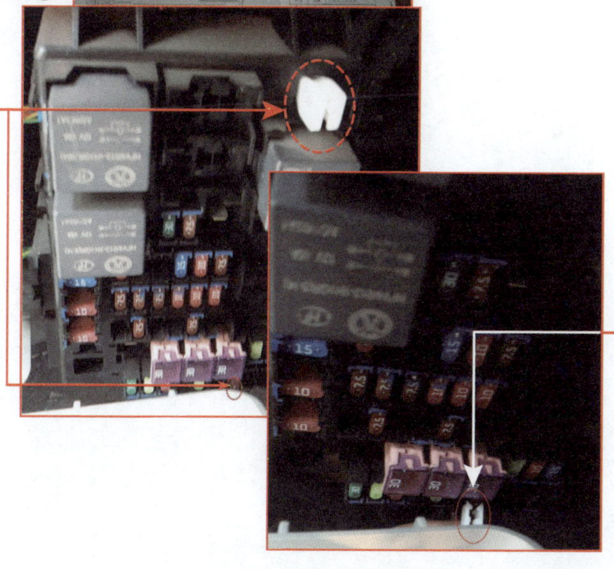

图7-11　绅宝汽车阅读灯不亮维修（续）

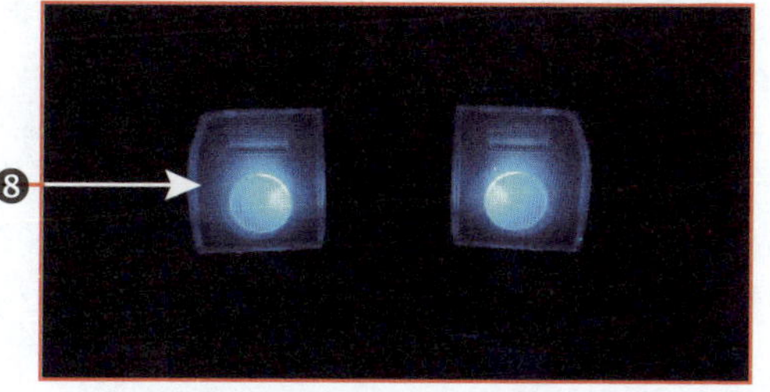

图7-11　绅宝汽车阅读灯不亮维修（续）

第 8 章

汽车空调系统故障检测方法与维修实战

汽车空调系统是实现对车厢内空气进行制冷、加热、换气和空气净化的装置。它可以为乘车人员提供舒适的乘车环境，降低驾驶员的疲劳程度，提高行车安全。除此之外，空调系统还可以去除玻璃上的雾、霜和结冰等，是保证行车安全和人员健康的重要设备，接下来本章将重点讲解汽车空调系统常见故障的检测维修方法。

8.1 看图识汽车空调系统

汽车空调系统主要由压缩机、蒸发器、膨胀阀、贮液干燥器、鼓风机及冷凝器组成。如图8-1所示。

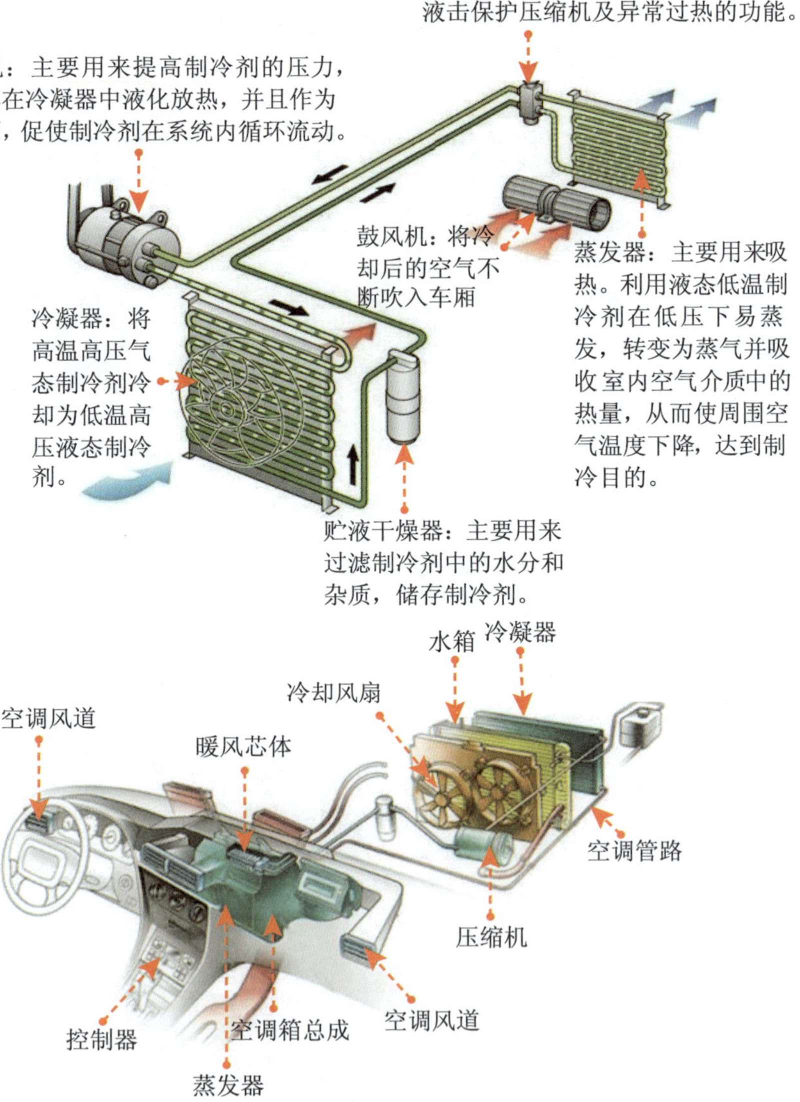

图8-1 汽车空调系统

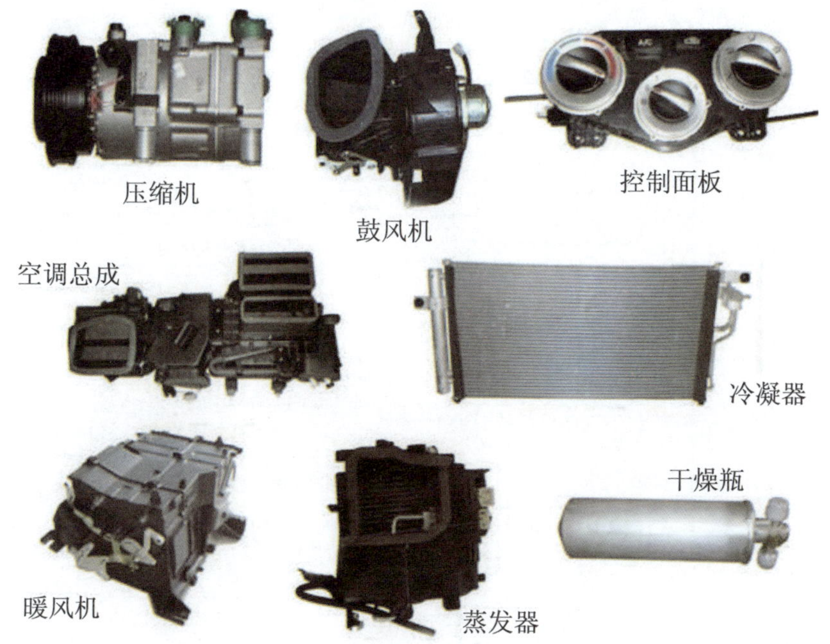

图8-1　汽车空调系统（续）

8.2 汽车空调系统故障检测方法

汽车空调系统的检查维修内容主要包括空调制冷剂量、制冷剂的泄漏、压缩机故障、空调怠速、鼓风机问题、膨胀阀问题等。为了更好地理解和分析空调的检查维修方法，我们先了解汽车空调系统的工作原理。

8.2.1 汽车空调系统的工作原理

汽车空调系统用于把汽车车厢内的温度、湿度、空气清洁度及空气流动调整控制在最佳状态。空调系统主要由五个系统组成，如图8-2所示。

1. 汽车空调的制冷系统工作原理

汽车空调制冷系统工作时，制冷剂以不同的状态在这个密闭系统内循环流动，每个循环有四个基本过程，如图8-3所示。

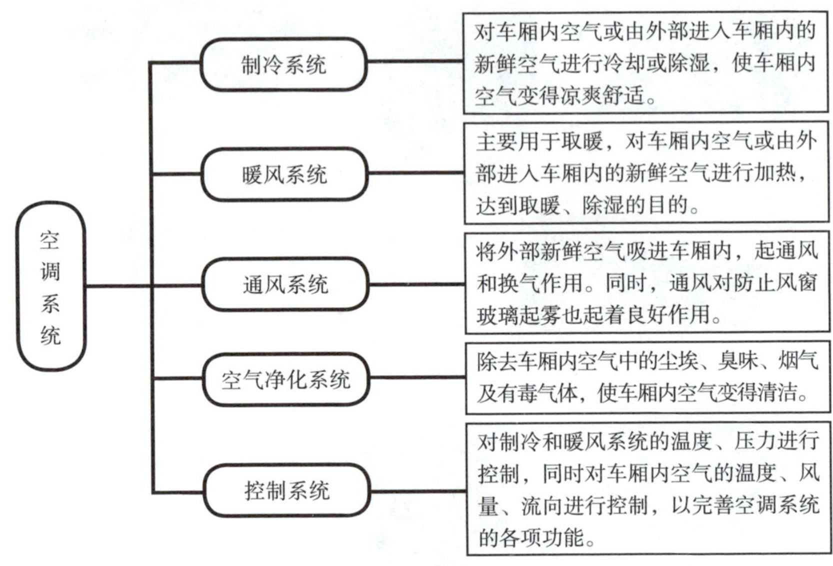

图8-2 空调系统的五大系统

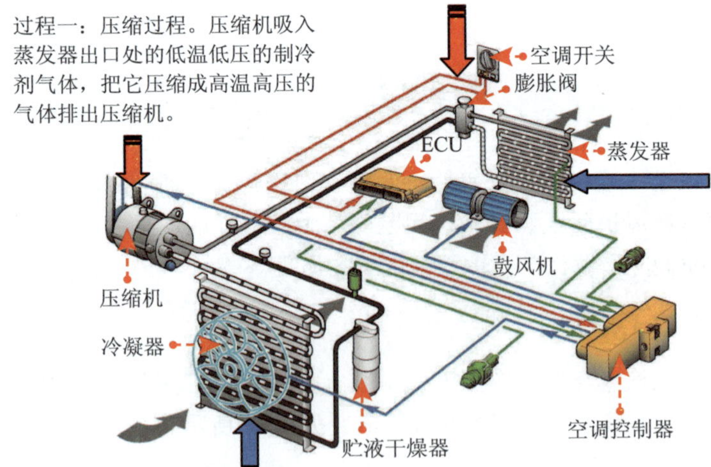

图8-3 汽车空调的制冷系统工作原理

上述四个周而复始的循环，鼓风机将蒸发器周围的冷空气不断地吹向车厢，从而降低车内温度。从汽车空调器的工作过程来看，可以概括为压缩、放热、节流、吸热四个过程。如图8-4所示。

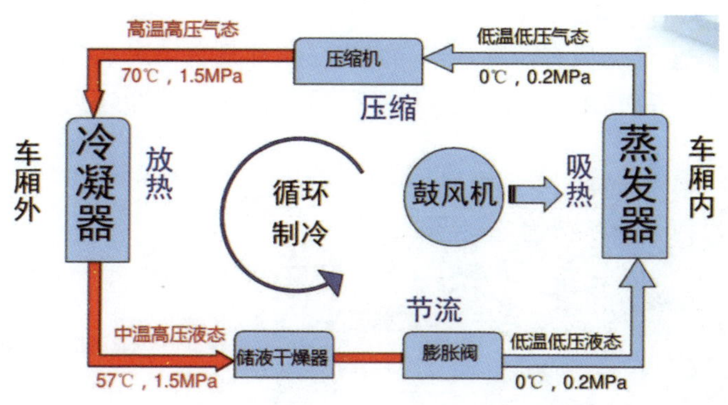

图8-4　空调的工作过程

2. 汽车暖风系统工作原理

汽车的暖风系统可以将车内的空气或从车外吸入车内的空气加热，提高车内的温度。汽车的暖风系统有许多类型，按热源的不同可分为热水取暖系统、燃气取暖系统、废气取暖系统等，目前小车上主要采用热水取暖系统，大型车辆上主要采用燃气取暖系统。汽车空调暖风系统工作原理如图8-5所示。

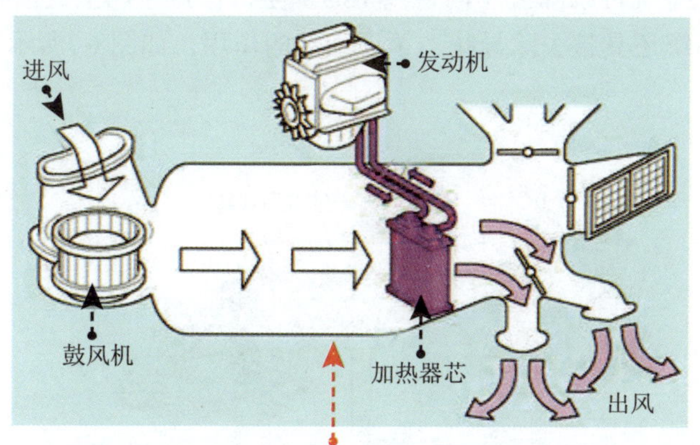

热水取暖系统的热源通常采用发动机的冷却水，使冷却水流过一个加热器芯，再使用鼓风机将冷空气吹过加热器芯加热空气，使车内的温度升高。

图8-5　汽车暖风系统工作原理

3. 汽车通风系统工作原理

通风系统的作用是将车外的新鲜空气引入车内，将车内的污浊空气排出车外，同时通风系统还具有对风窗进口除霜的作用。通风系统可使车内的空气保持新鲜，提高车辆的舒适性。

目前汽车上的通风有两种基本的方式，一种是利用汽车行驶中产生的动压进行通风；另一种利用车上的鼓风机进行强制通风，如图8-6所示。

动压通风：利用汽车在行驶时在汽车的各个部位所产生的不同压力进行通风。这种通风方式不需要另加动力，比较经济，但汽车在行驶速度较低时，通风的效果较差。

强制通风：利用鼓风机进行通风，在进风口安装一台鼓风机将车外的空气吸入车内，车内的空气从排风口排出。这种通风方式不受车速的限制，通风效果较好，目前汽车通常都是利用空调系统的鼓风机进行强制通风。

图8-6 汽车空调的通风系统工作原理

4. 汽车空气净化系统工作原理

空气净化系统可以除去车内空气中的灰尘，保持车内空气清新，部分车辆的空气净化系统还具备去除异味、杀灭细菌的作用，如图8-7所示。

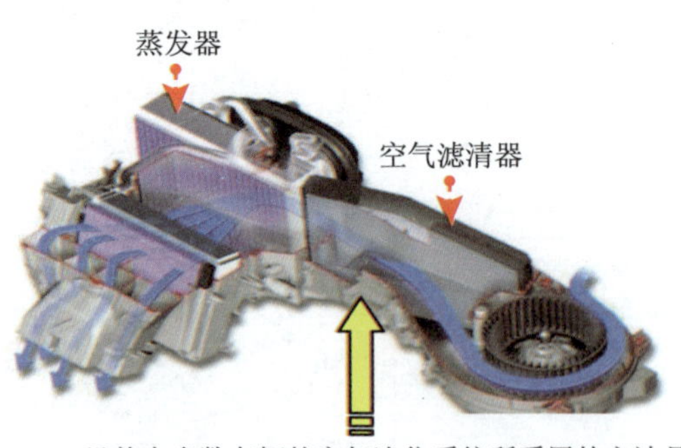

目前大多数车辆的空气净化系统所采用的方法是在空调系统的进气系统中安装空气滤清器，通过滤清器滤除空气中的尘埃，使车内的空气保持清新。

图8-7 汽车空气净化系统工作原理

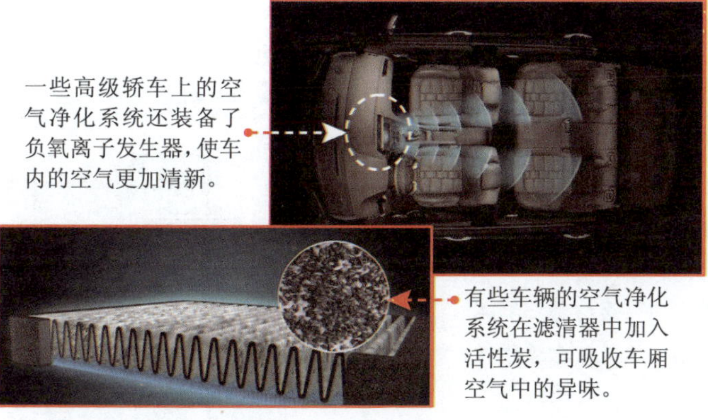

图8-7 汽车空气净化系统工作原理（续）

5. 汽车空调控制系统的工作原理

汽车空调控制系统的功能是保证空调制冷系统正常运转，同时也要保证空调系统工作时发动机的正常运转。空调控制系统主要是通过控制压缩机电磁离合器的结合与分离实现温度控制与系统保护，通过控制电路对传感器和鼓风机的转速等控制调节制冷负荷。

（1）电磁离合器的控制

电磁离合器安装在压缩机上，其作用是控制发动机与压缩机的动力传递，空调制冷系统工作时，使发动机能驱动压缩机运转，制冷系统停止运行时，切断发动机到压缩机的动力传递，如图8-8所示。

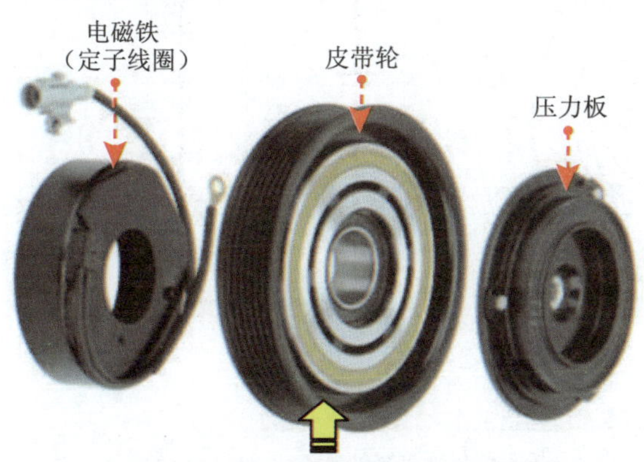

电磁离合器主要包括压力板、皮带轮和定子线圈等主要部件，压力板与压缩机轴相连，皮带轮通过轴承安装在压缩机的壳体上，皮带轮通过皮带由发动机驱动，定子线圈也安装在压缩机的壳体上。

图8-8 电磁离合器的控制系统

电磁离合器继电器触点闭合

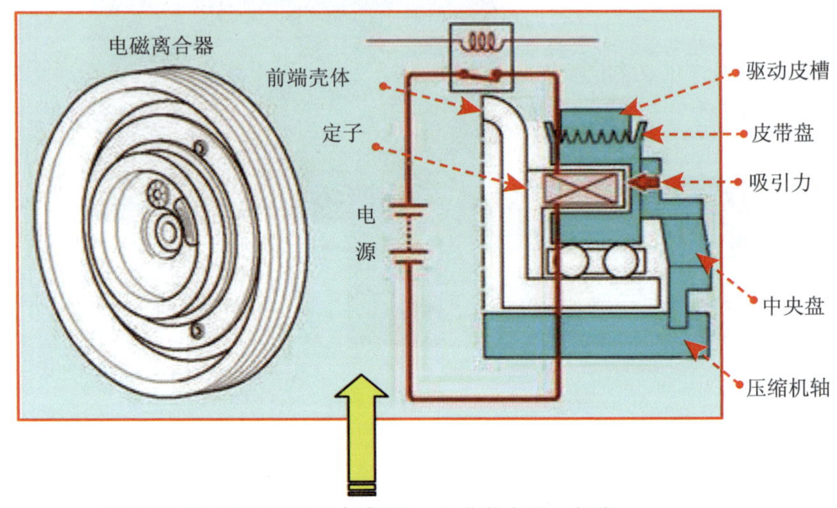

当接通空调开关使空调制冷系统进入工作状态时，电磁离合器的定子线圈通电，线圈通电后产生磁力，将压力板吸向皮带轮，使两者结合在一起，发动机的动力便通过皮带轮传递到压力板，带动压缩机运转。

电磁离合器继电器触点断开

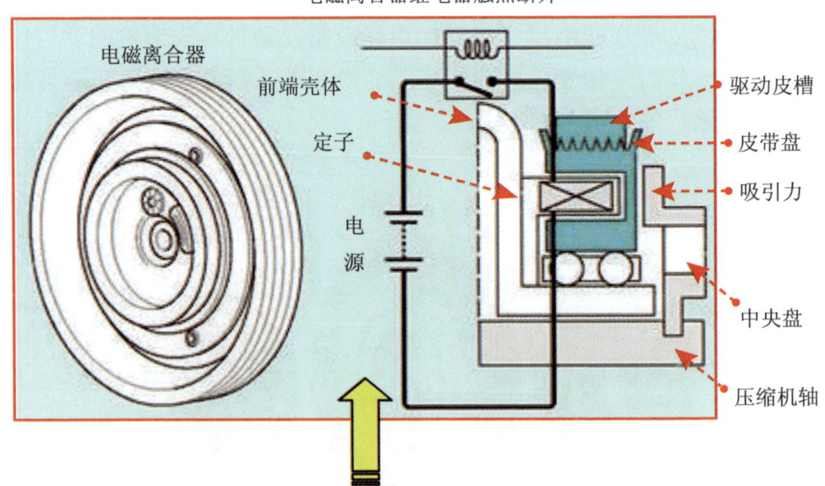

当空调制冷系统停止工作时，电磁离合器的定子线圈断电，磁力消失，压力板与皮带轮分离，此时皮带轮通过轴承在压缩机的壳体上空转，压缩机停止运转。

图8-8　电磁离合器的控制系统（续）

（2）空调控制电路

空调控制电路如图8-9所示。

信号输入 3：压力开关信号电路空调控制单元→空调控制单元端子 E28→压力开关→A/C 开关→鼓风机调速开关→G401 /G402 接地。

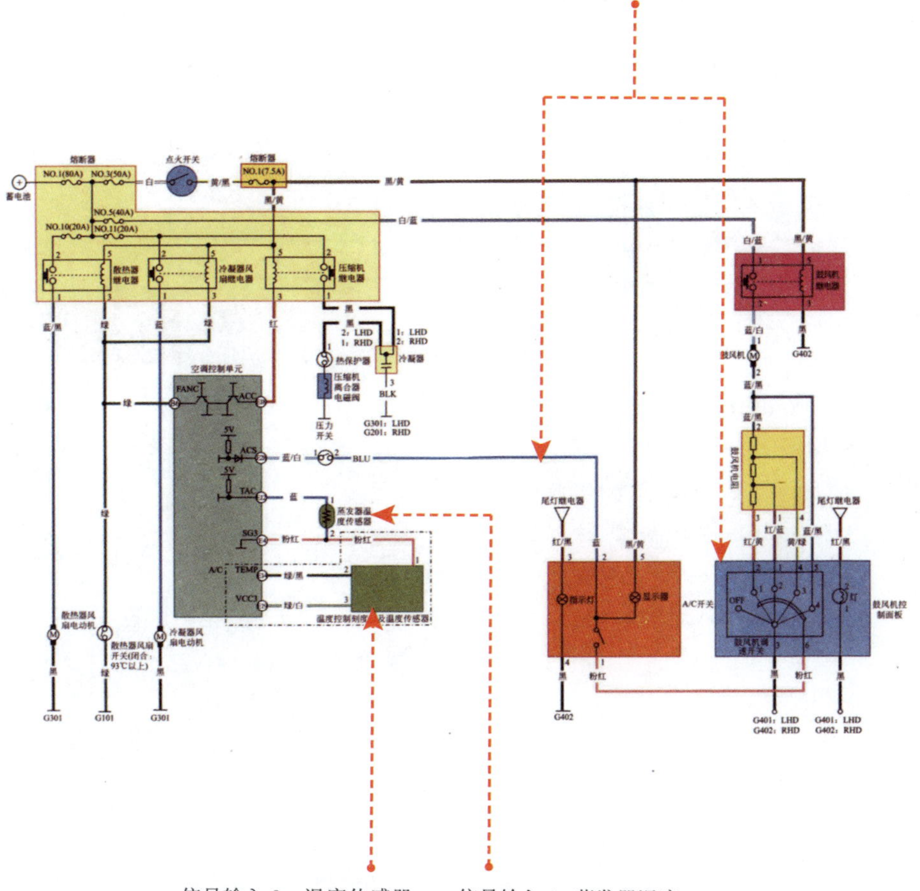

信号输入 2：温度传感器信号电路空调控制单元→空调控制单元端子E14→温度控制刻度盘及温度传感器→空调控制单元端子E4→空调控制单元。

信号输入 1：蒸发器温度传感器信号电路空调控制单元→空调控制单元端子 E12→蒸发器温度传感器→空调控制单元端子E4→空调控制单元。

图8–9　空调控制电路

（3）鼓风机电路

鼓风机电路如图8-10所示。

鼓风机继电器电路：蓄电池“＋”→熔断器NO. 1（80A）→熔断器NO.3（50A）→点火开关触点→熔断器NO. 1（7.5A）→鼓风机继电器线圈→G402接地。此时，鼓风机继电器线圈得电，鼓风机继电器端子1、2接通。

鼓风机“4”挡工作时的电路：蓄电池“＋”→熔断器NO.1（80A）→熔断器NO.5（40A）→鼓风机继电器触点1→鼓风机继电器触点2→鼓风机调整开关触点4→G401接地。

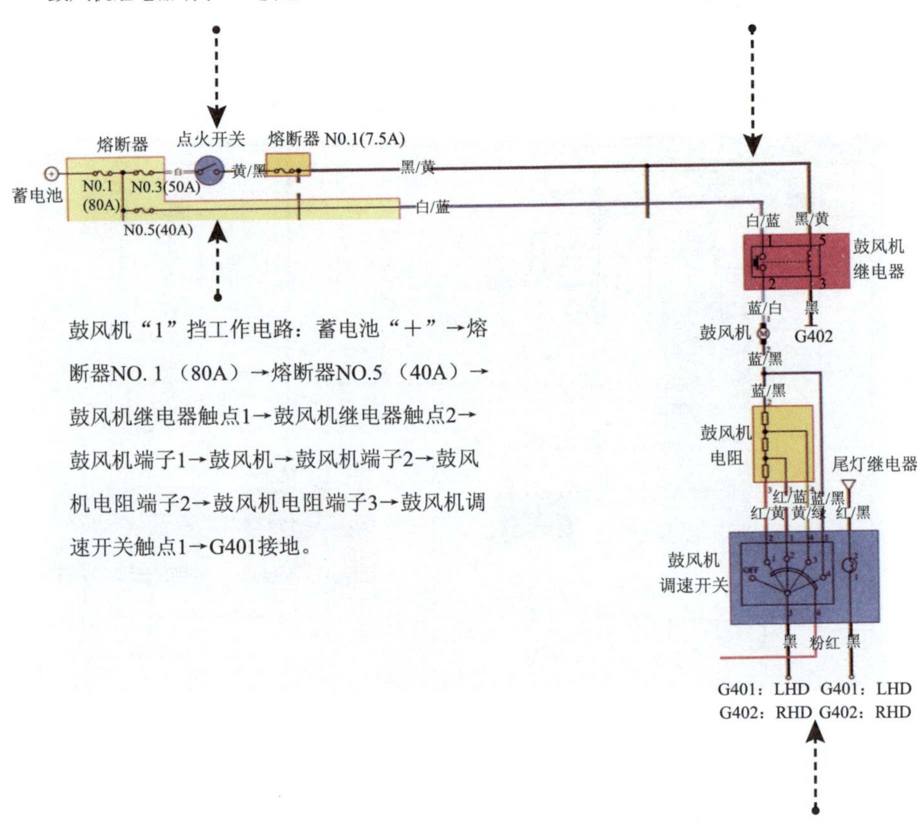

鼓风机以“2”挡、“3”挡工作时的电路与“1”挡工作时的电路相比，鼓风机电阻串入电路的电阻依次减小。

图8-10　鼓风机电路

（4）压缩机离合器电磁阀电路

压缩机离合器电磁阀电路如图8-11所示。

压缩机离合器电磁阀控制电路：蓄电池“＋”→熔断器NO. 1 （80A） →熔断器 N0.3 （50A）→点火开关→熔断器 NO. 1 （7.5A）→压缩机继电器线圈→空调控制单元端子 E18→空调控制单元。

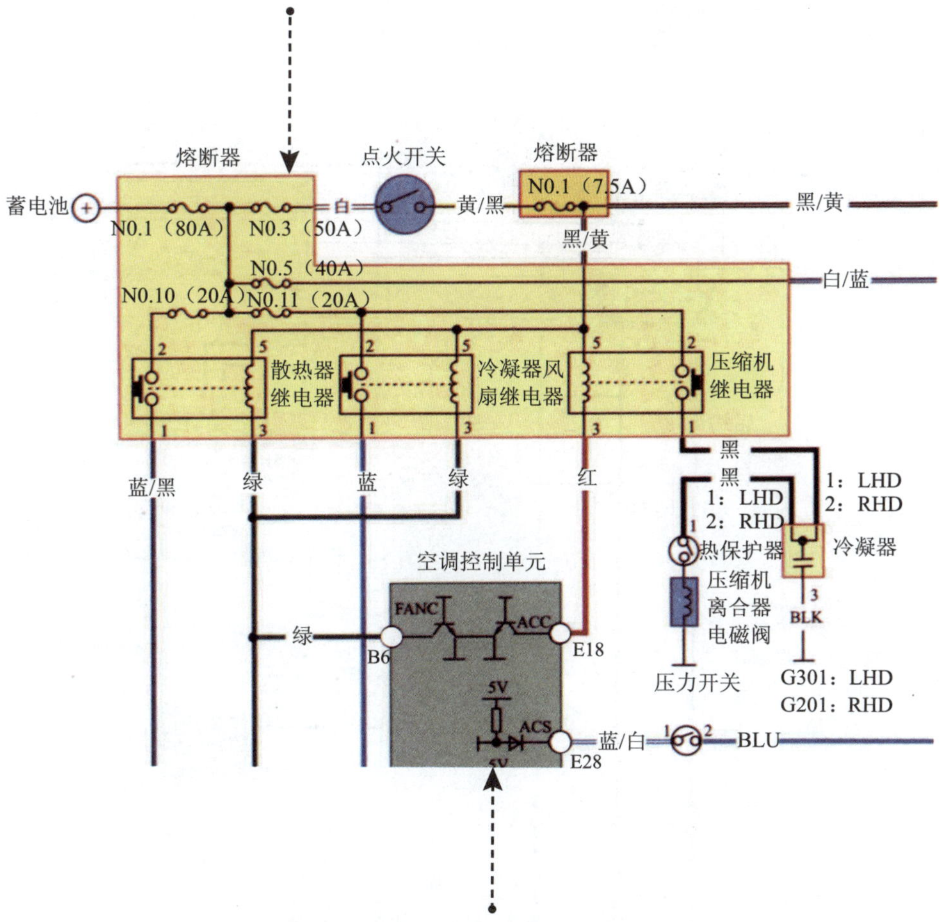

压缩机离合器电磁阀工作电路：蓄电池“＋”→熔断器NO. 1 （80A）→熔断器 NO. 11 （20A）→压缩机继电器触点 2→压缩机继电器触点 1→热保护器→压缩机离合器电磁阀→接地。

图8-11 压缩机离合器电磁阀电路

（5）冷凝器风扇电动机电路

冷凝器风扇电动机电路如图8-12所示。

冷凝器风扇电动机控制电路：蓄电池“+”→熔断器 NO. 1(80A）→熔断器 NO.3（50A）→点火开关→熔断器 NO.1（7.5A）→冷凝器风扇继电器线圈→空调控制单元端子 B6→空调控制单元散热器风扇开关→G101 接地。

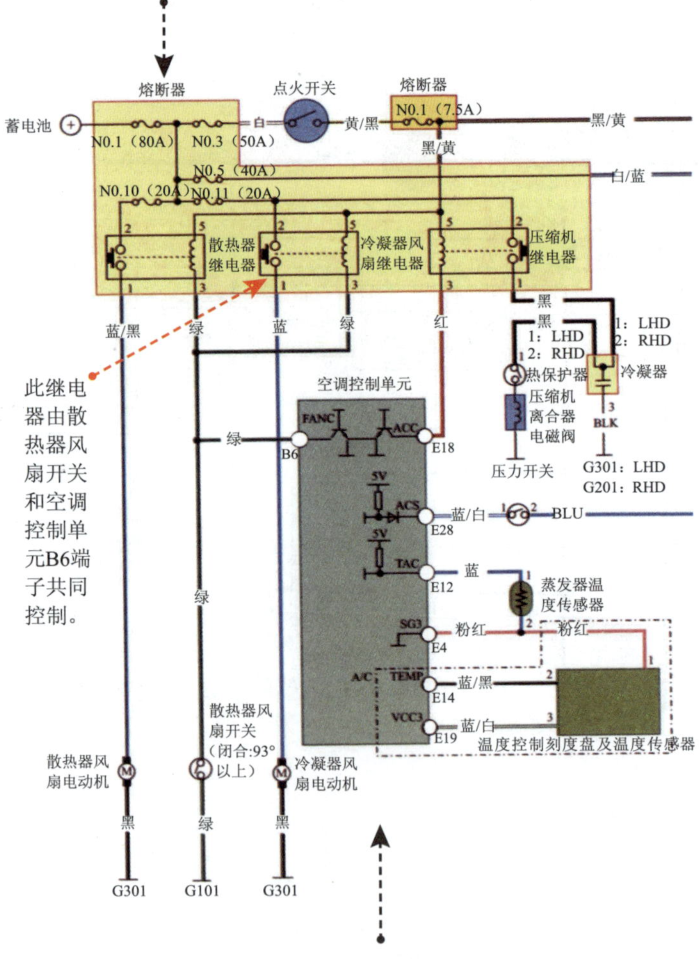

冷凝器风扇电动机工作电路：蓄电池“+”→熔断器 NO. 1(80A）→熔断器 NO. 11(20A）→冷凝器风扇继电器端子 2→冷凝器风扇继电器端子 1→冷凝器风扇电动机→G301 接地。

图8-12 冷凝器风扇电动机电路

（6）散热器风扇电动机电路

散热器风扇电动机电路如图8-13所示。

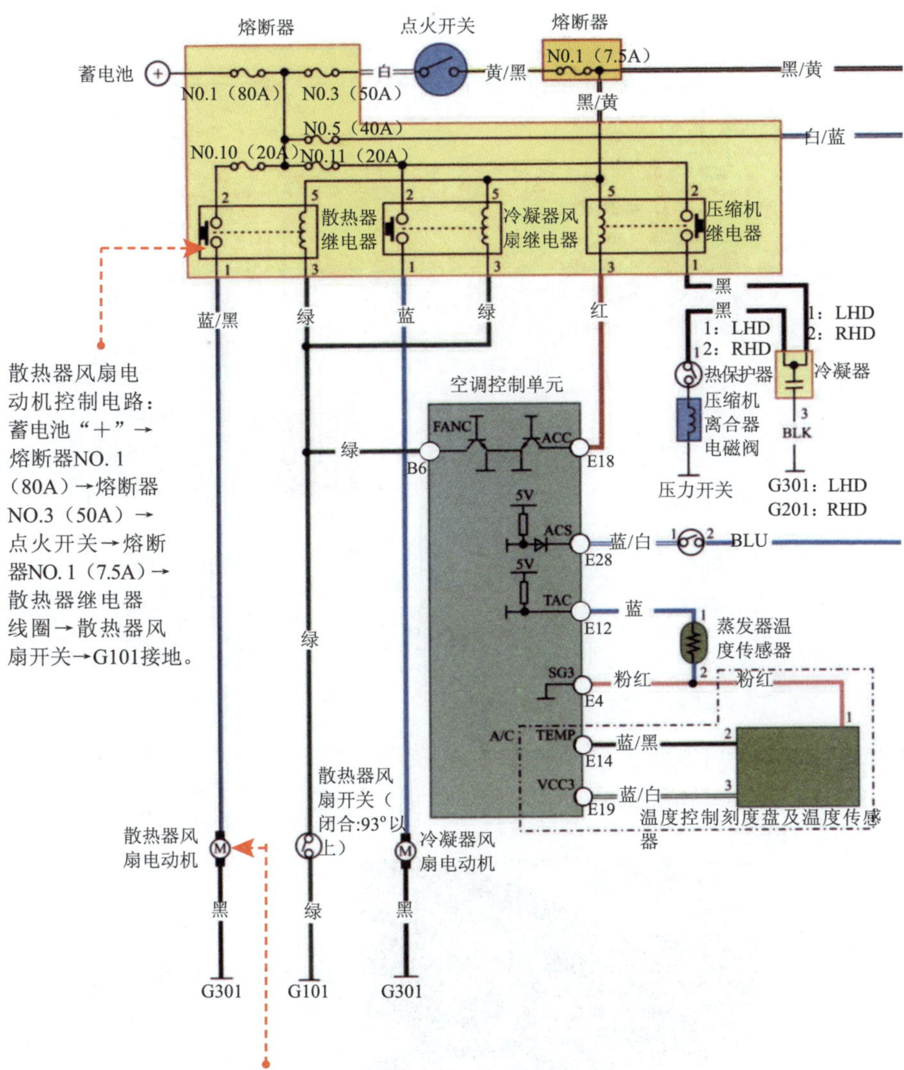

图8-13　散热器风扇电动机电路

（7）A/C开关显示器电路

A/C开关显示器电路如图8-14所示。

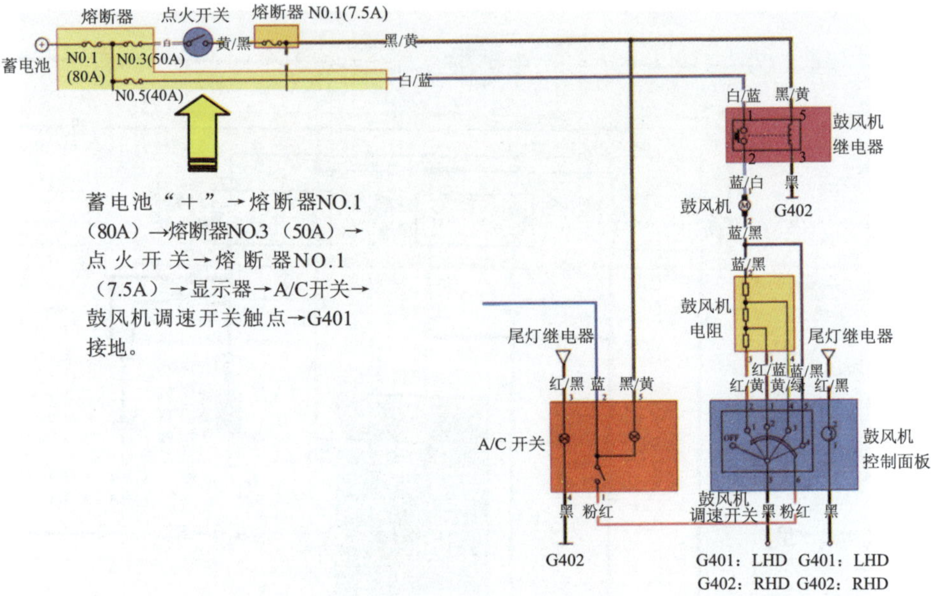
熔断器
点火开关
熔断器 N0.1(7.5A)
蓄电池
N0.1
(80A)
N0.3(50A)
N0.5(40A)
黄/黑
黑/黄
白/蓝
白/蓝 黑/黄
鼓风机
继电器
蓝/白 黑
鼓风机
G402
蓝/黑
蓝/黑
鼓风机
电阻
蓄电池“＋”→熔断器NO.1（80A）→熔断器NO.3（50A）→点火开关→熔断器NO.1（7.5A）→显示器→A/C开关→鼓风机调速开关触点→G401接地。
尾灯继电器
尾灯继电器
红/黑 蓝 黑/黄
红/蓝 蓝/黑
红/黄 黄/绿 红/黑
A/C 开关
鼓风机
控制面板
OFF
黑 粉红
鼓风机
调速开关 黑 粉红 黑
G402
G401：LHD G401：LHD
G402：RHD G402：RHD

图8-14 A/C开关显示器电路

8.2.2 汽车空调系统主要部件的拆装技巧

汽车空调系统主要部件的拆装技巧如图8-15所示（以奔腾B50为例）。

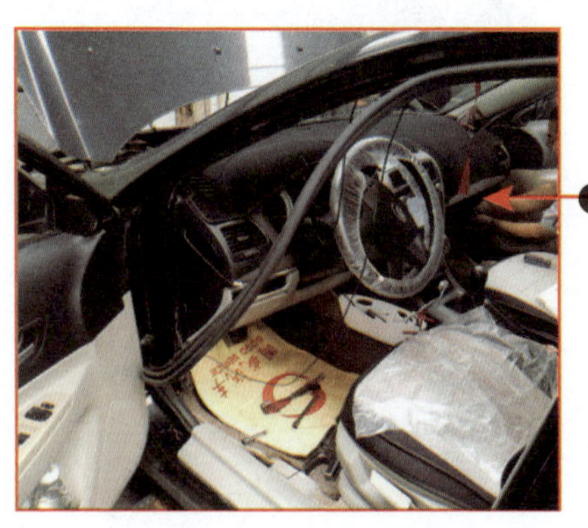

❶ 首先将蓄电池的正极的线柱拆下。然后拆卸中控台的手套箱。

图8-15 汽车空调系统主要部件的拆装技巧

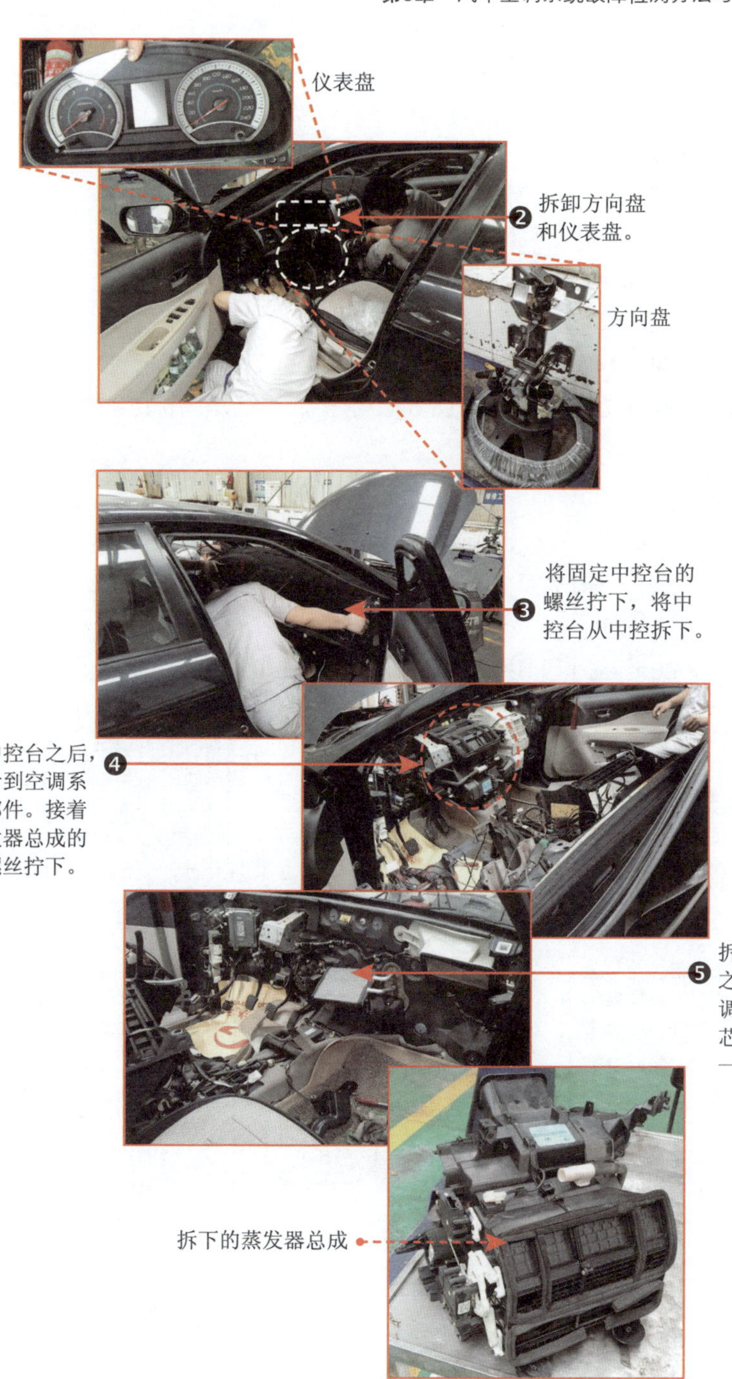

图8–15　汽车空调系统主要部件的拆装技巧（续）

8.2.3 汽车空调系统主要部件故障检测方法

汽车空调常见故障主要有：空调制冷较慢或完全不制冷、空调冷气时有时无、空调有异响等故障。

空调故障一般是由于压缩机故障、冷凝器故障、蒸发器故障、膨胀阀故障、制冷剂泄漏、控制电路故障、传感器故障等引起的。

1. 汽车空调系统压力检测判断方法

当空调制冷运行，鼓风机速度处于“高”位，打开车门，发动机保持在1500r/min，这时汽车空调的正常的工作压力如下：R134a制冷剂：低压为0.15~0.25MPa，高压为1.3~1.5 MPa。R12制冷剂：低压为0.15~0.2MPa，高压为1.45~1.5 MPa。

汽车空调系统压力检测判断方法如图8-16所示。

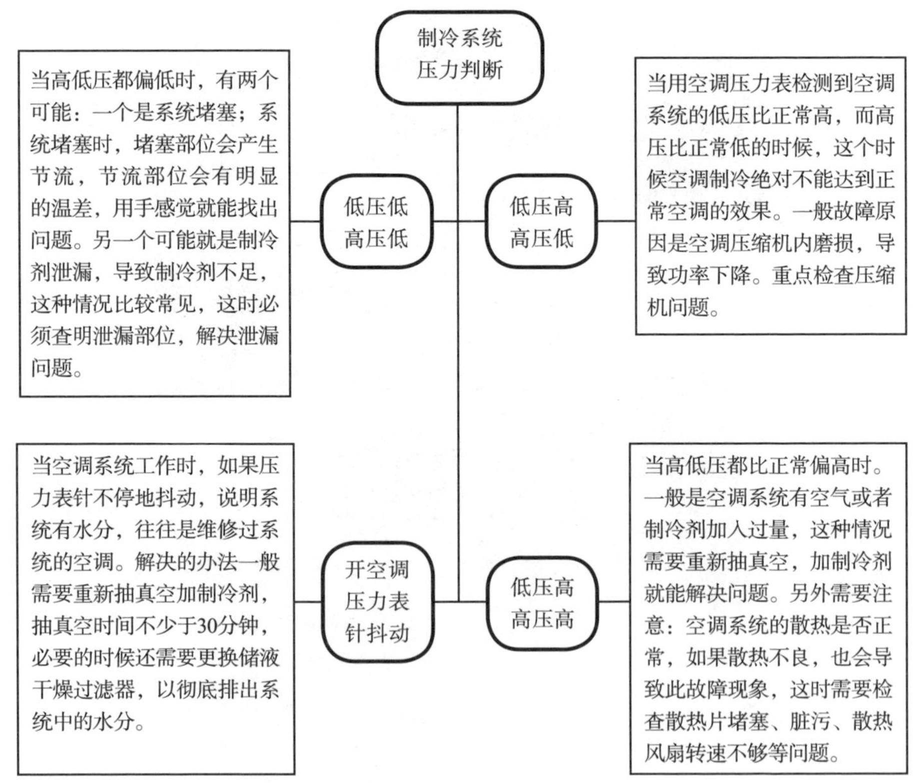

图8-16 汽车空调系统压力检测判断方法

2. 空调系统完全不制冷故障检测方法

制冷功能丧失是空调系最常见的现象，造成这一故障的主要原因主要包括：制冷剂泄漏、管路堵塞、压缩机问题等。其中压缩机问题主要有：压缩机卡死或内部损坏、压缩机缸和压缩机垫窜气、进排气阀损坏、压缩机电磁离合器线圈短路等均能造成压缩机不能压缩制冷液或压缩不良等。

空调系统完全不制冷故障检测方法如图8-17所示。

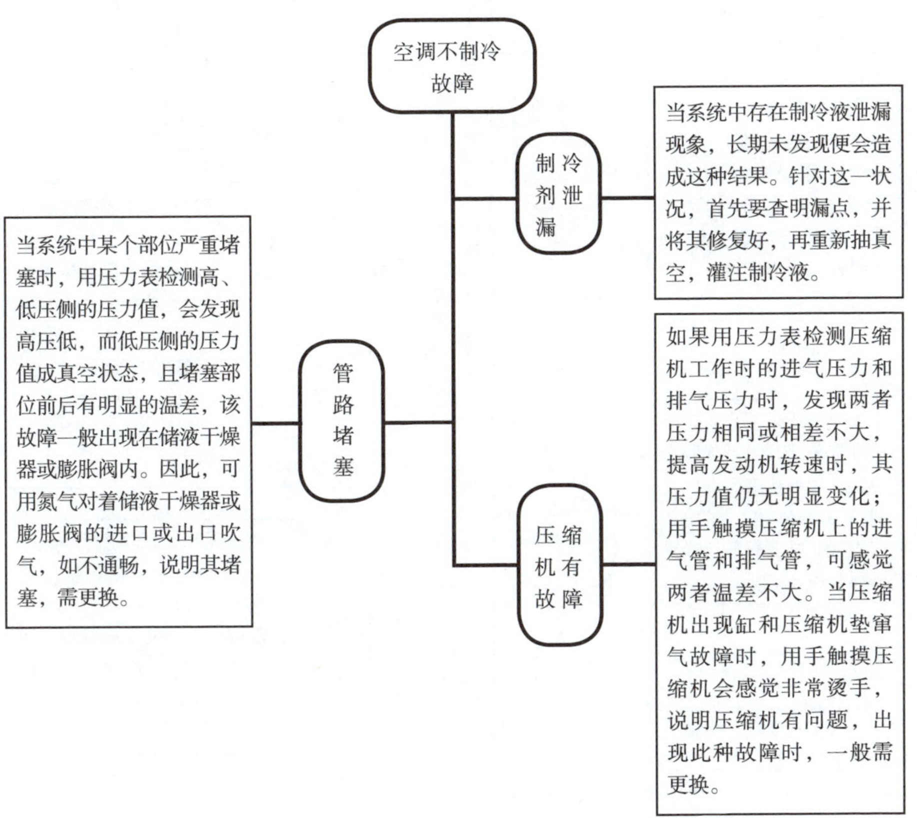

图8-17　空调系统完全不制冷故障检测方法

3. 制冷效果不佳故障检测方法

造成汽车空调制冷效果不佳的原因主要包括：制冷剂不足、制冷剂添加过量、系统中有空气、制冷剂与冷冻机油内含杂质过多、空调制冷液中有水分渗入、压缩机驱动带过松、冷凝器散热能力下降等。

制冷效果不佳故障检测方法如图8-18所示。

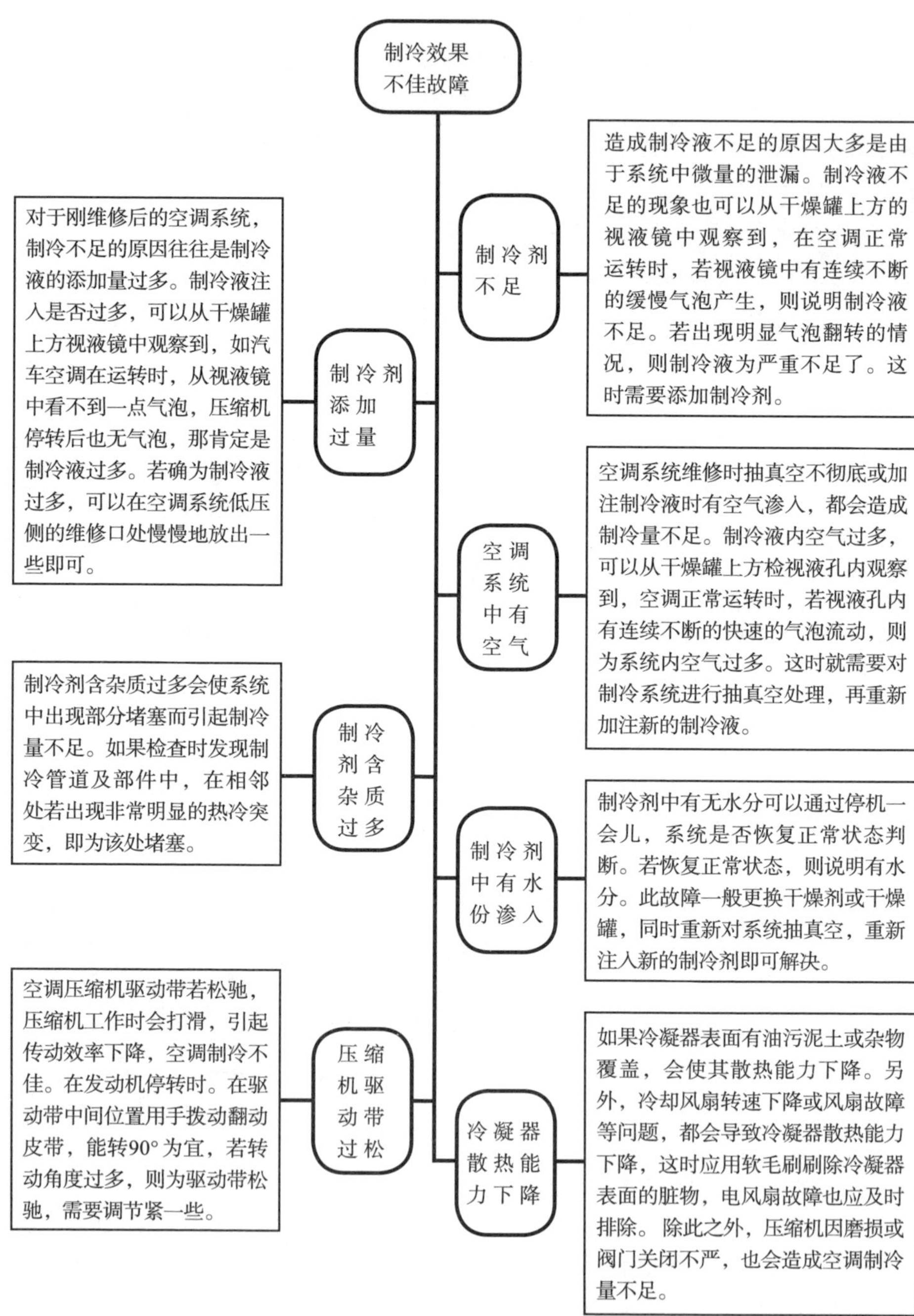

图8-18 制冷效果不佳故障检测方法

4. 冷气时有时无故障检测方法

造成冷气输出时有时无的原因，通常是控制电路部分故障，如电路开关、风机开关、风机电机故障，或压缩机线圈和电磁阀断路、接地不良或连接松动；也有可能是压缩机连接装置松动和蒸发器阻塞引起的。可以利用万用表检查电路开关、风机开关、风机电机是否正常；检查压缩机皮带的松紧和电磁离合器线圈是否良好。

5. 压缩机不能正常自动停转故障检测方法

造成压缩机不能正常自动停转的常见原因有低压（或低温）保护开关损坏、高压压力开关损坏、温控器失灵、电线短路等。

压缩机不能正常自动停转故障检测方法如图8-19所示。

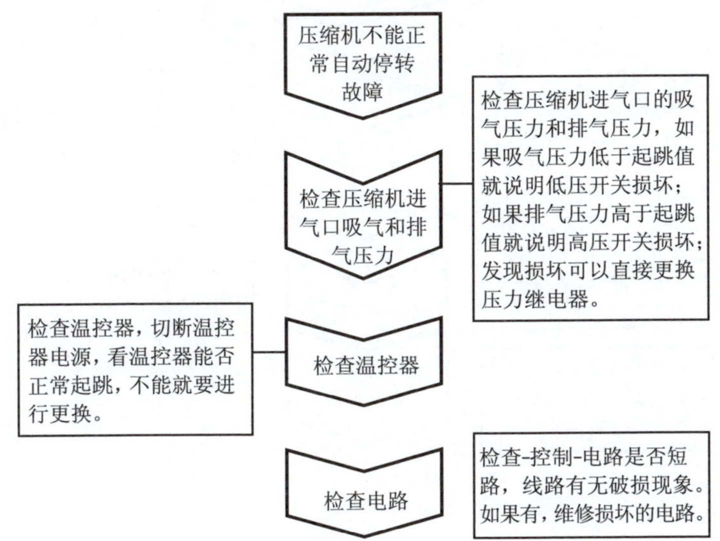

图8-19　压缩机不能正常自动停转故障检测方法

6. 空调系统运行时有噪声故障检测方法

空调系统运行时有噪声故障的原因主要是：压缩机冷冻机油不足引起干摩擦或压缩机内部磨损，制冷液过多或不足，冷冻油过多，传动带松弛或磨损，冷却电机风扇碰到其他部件，鼓风电机机械摩擦，电机轴承无油等引起。

空调运行中如发出异响，此时应马上判断大致从何处发出，然后停机检查。首先检查压缩机传动带是否过松或磨损，必要时进行调整或更换；经试运转发现风扇电机的风叶与其他部件碰擦时给予调整或校正；最后检查电机轴承是否缺油，有条件时可拆开，添加润滑油（脂），否则应更换压缩机。

7. 汽车空调系统加制冷剂流程

汽车空调系统加制冷剂流程如图8-20所示。

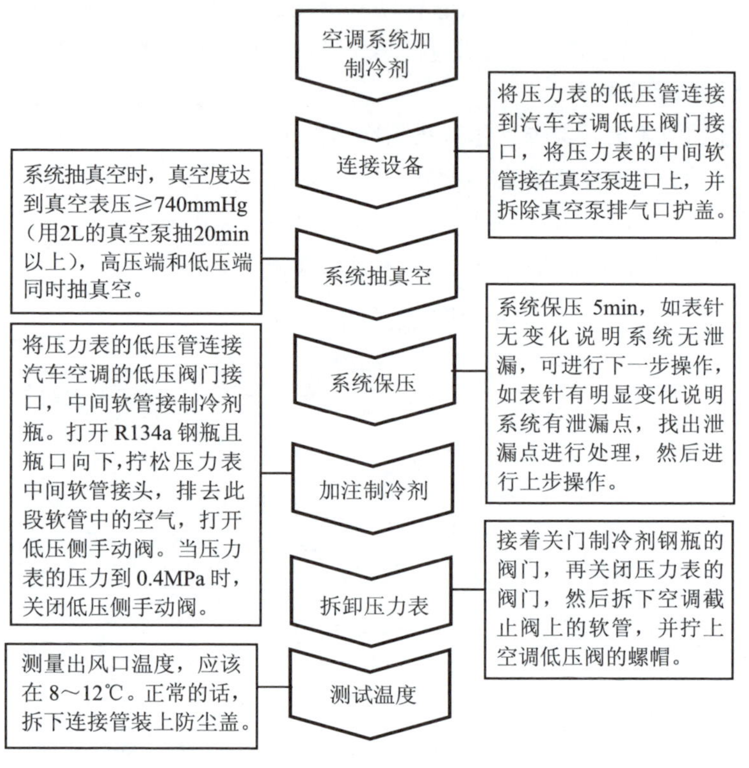

图8-20 汽车空调系统加制冷剂流程

8.3 汽车空调系统检测维修实战

8.3.1 宝马320汽车空调不凉故障维修实战

一台宝马320故障车，开启空调后，不制冷，吹出来的风没什么凉气。根据故障现象分析，此故障可能是管道堵塞，或冷凝器有泄漏点，或蒸发器有泄漏点，或压缩机有故障等引起。

此故障维修方法如图8-21所示。

汽车空调加制冷剂操作
精彩视频　即扫即看

❶ 首先用分断测漏设备分段测试空调的几个主要设备，发现测试蒸发箱压力时，压力表压力有下降，表明蒸发器有泄漏点。接下来拆下蒸发器进一步测试。

❷ 将蓄电池的正极的线柱拆下。然后将空调中的制冷剂抽出，准备拆卸空调系统。

❸ 拆卸方向盘

❹ 拆下灯光控制开关

图8-21　宝马320汽车空调不凉故障维修

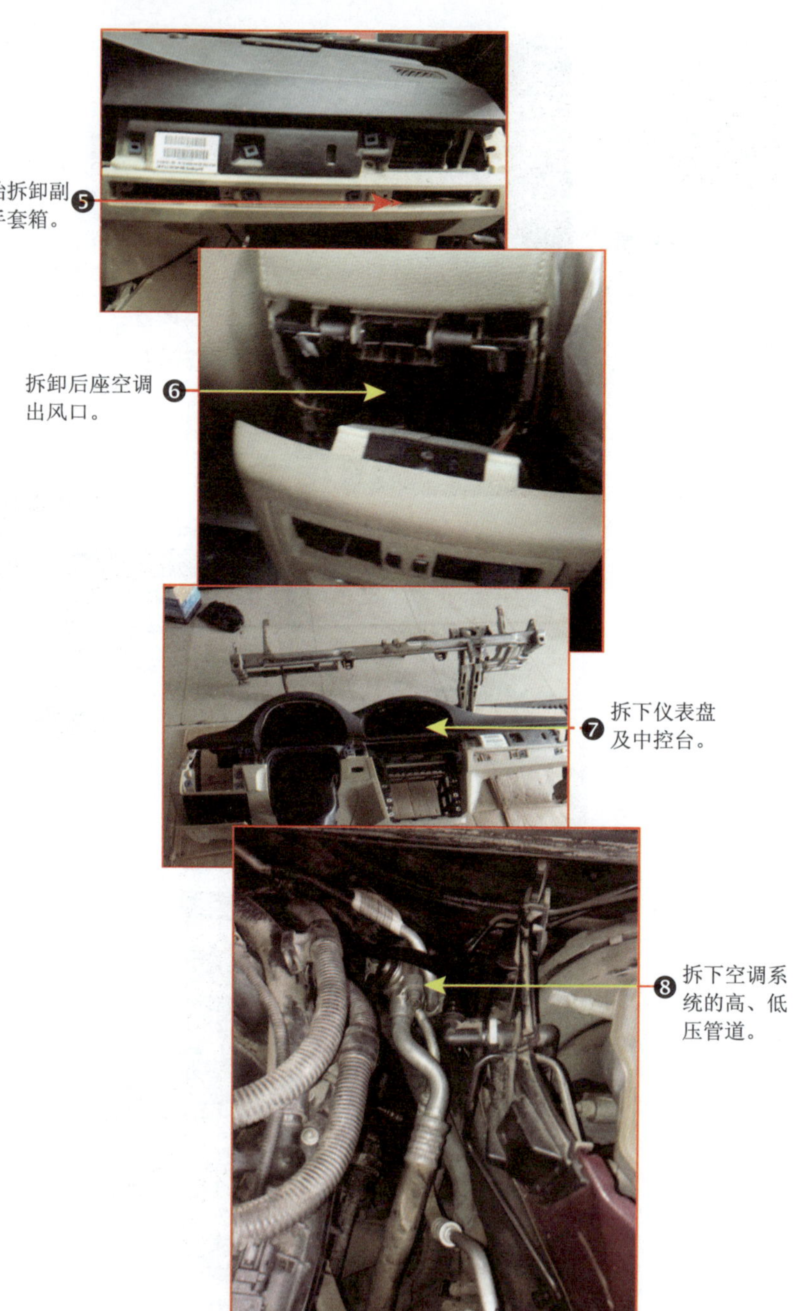

图8-21 宝马320汽车空调不凉故障维修（续）

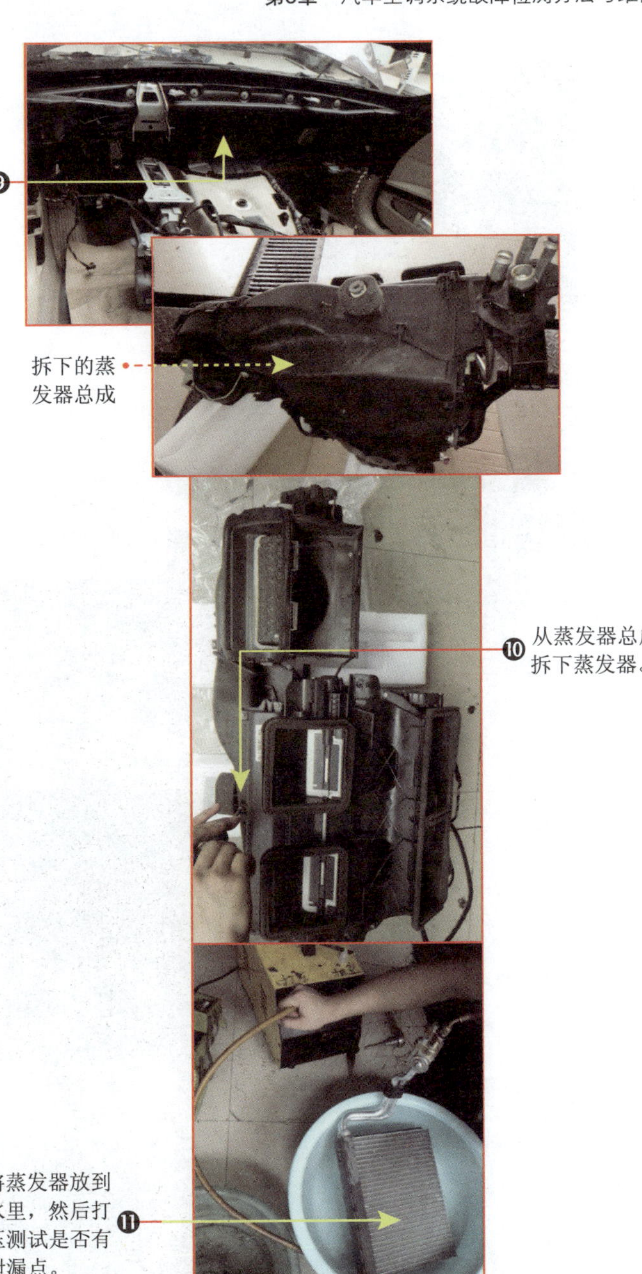

图8-21　宝马320汽车空调不凉故障维修（续）

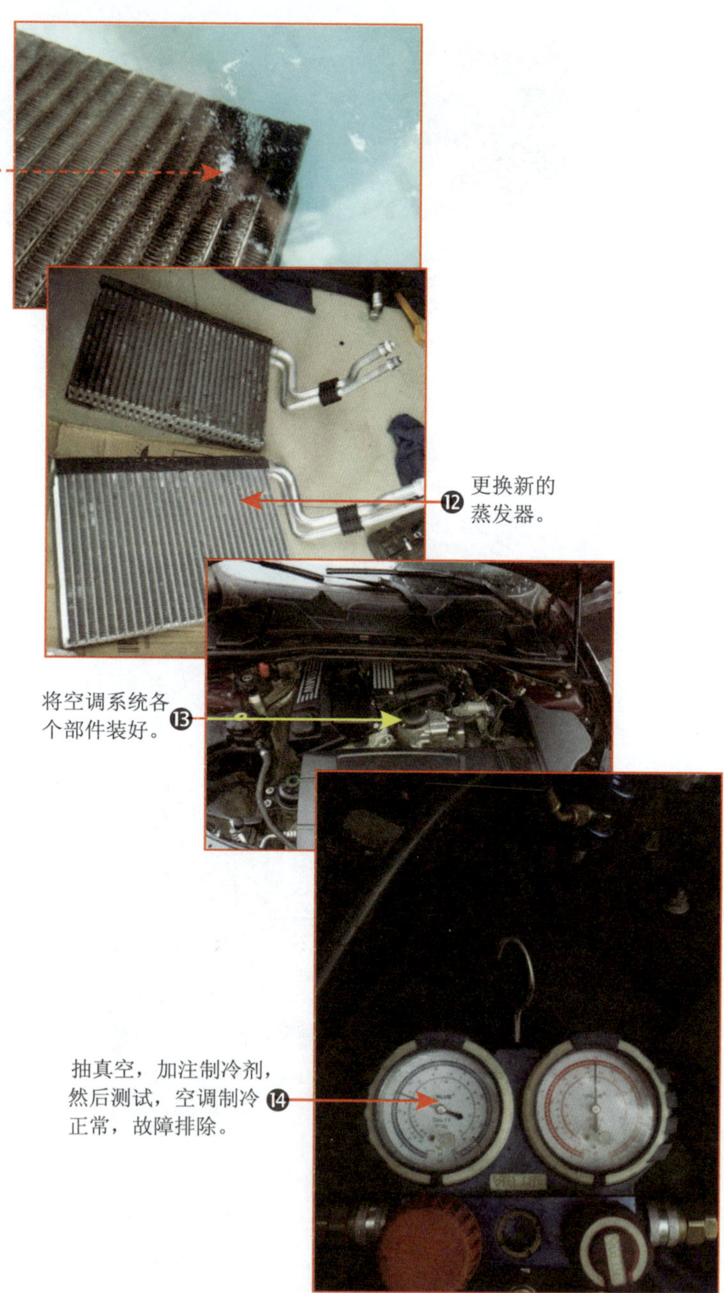

图8-21　宝马320汽车空调不凉故障维修（续）

8.3.2 朗逸汽车空调直吹热风旋钮旋转不灵故障维修实战

一辆朗逸故障车，打开空调后，不吹凉风，一直吹热风，且手动控制的旋钮旋转不灵活，只能转动一半。根据故障现象分析，怀疑是空调控制开关的支架有问题。此故障维修方法如图8-22所示。

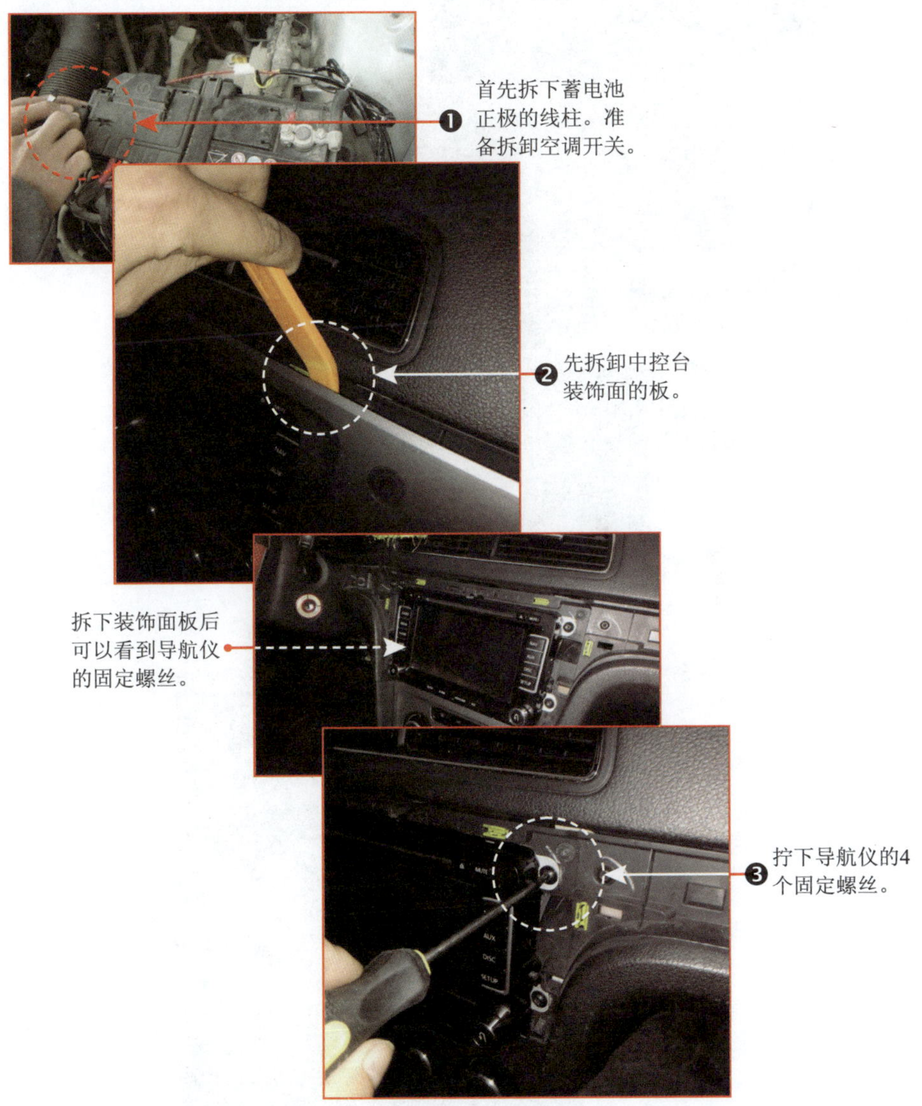

图8-22　朗逸汽车空调直吹热风旋钮旋转不灵故障维修

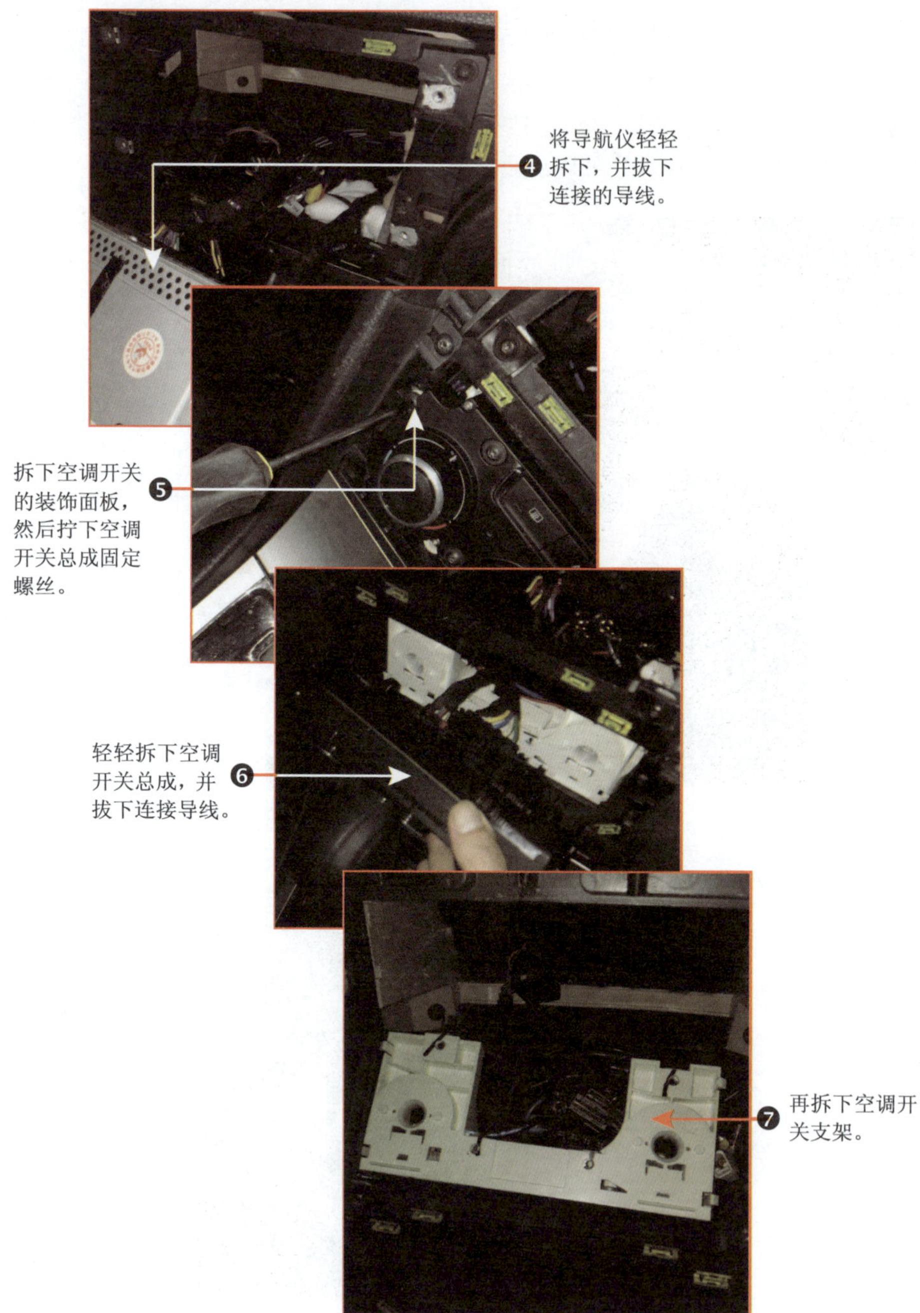

图8-22　朗逸汽车空调直吹热风旋钮旋转不灵故障维修（续）

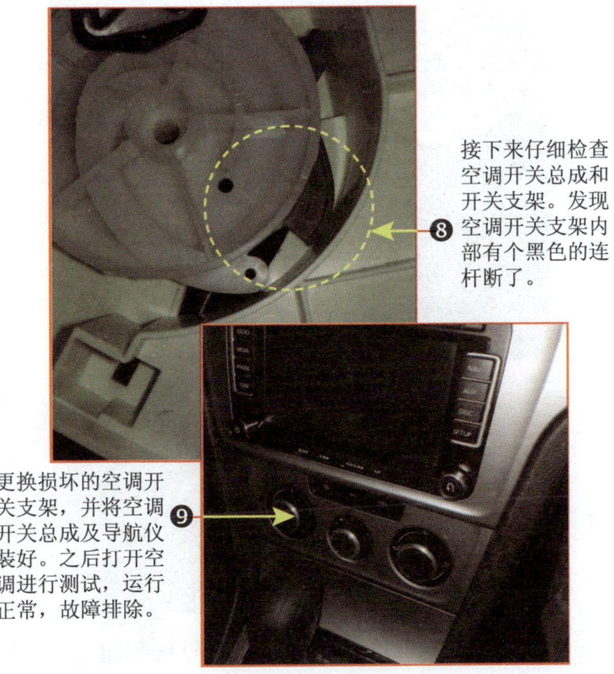

图8-22 朗逸汽车空调直吹热风旋钮旋转不灵故障维修（续）

8.3.3 奥迪S5汽车空调异味故障维修实战

一辆奥迪S5故障车，打开空调后，有很浓的臭味发出。根据故障现象分析，此故障可能是空调滤芯、空调通风管道或蒸发器脏污等问题引起的。首先更换空调滤芯并清洗空调，但故障未排除，因此怀疑空调通风管道或蒸发器脏污。此故障维修方法如图8-23所示。

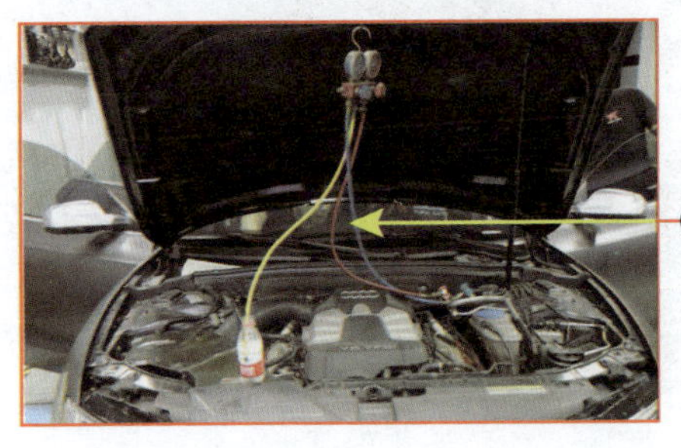

图8-23 奥迪S5汽车空调异味故障维修

❷ 拆下仪表盘及中控台。

拆下蒸发器总成。❸

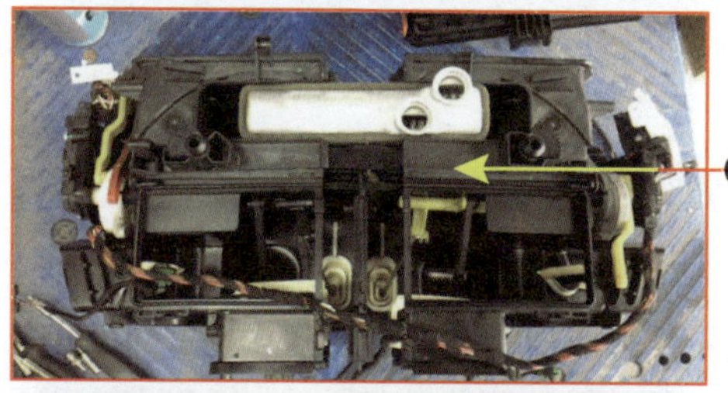

❹ 拆下的蒸发器总成，发现有股臭味从蒸发器传出。

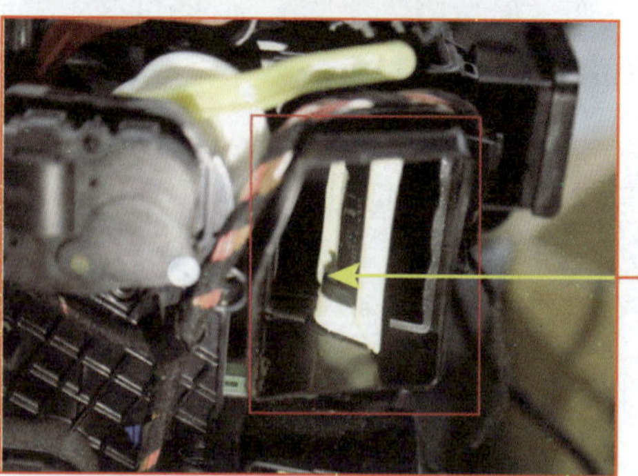

❺ 仔细检查蒸发器，发现出风口有很多黏黏的液体发出臭味。将其清理干净。

图8-23 奥迪S5汽车空调异味故障维修（续）

❻ 再检查其他部件，发现鼓风机连接的风道也有很多黏液，将其清洗干净。

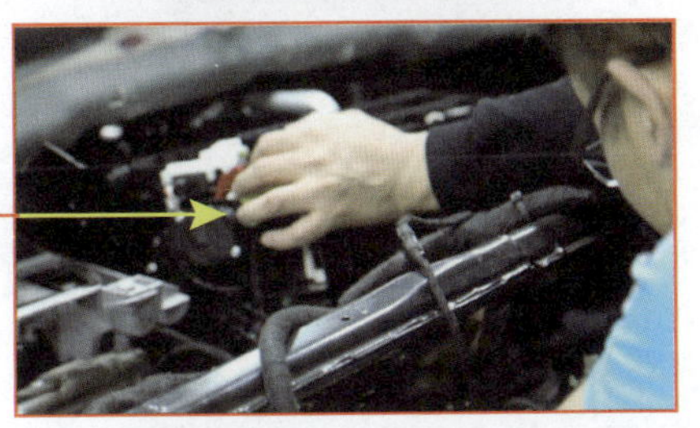

❼ 全部清理完后，将空调系统的各个部件安装好。

❽ 通电，打开空调多方位测试，吹出的风很干净，没有异味。

❾ 将中控台等部件装好，然后对空调抽真空，加注制冷剂，之后再打开空调测试，制冷正常，异味消除，故障排除。

图8-23 奥迪S5汽车空调异味故障维修（续）

第9章

汽车仪表系统故障检测方法与维修实战

汽车仪表对确保汽车行驶安全、及时发现并排除故障等起着至关重要的作用。本章将从电流表、机油压力表、燃油表、冷却液温度（水温）表的结构、电路原理及使用过程中出现的故障进行归纳总结；同时在章尾给出了几种品牌车型和检测实践。

9.1 看图识汽车仪表系统

虽然同为仪表盘上的仪表，结构上有所不同。像燃油量表、水温表、机油压力表等，是由指示表和传感器两部分组成的，而车速表、发动机转速表、里程表等，则是由指示表、电子电路、传感器，有的还是经过ECU等组件组成的。如图9-1所示。

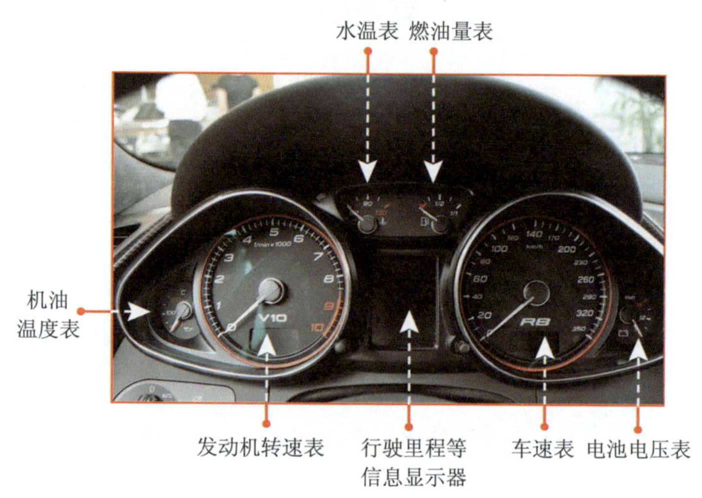

图9-1　汽车仪表

在组合仪表盘上，除了指针式仪表外，还经常布置一些信号指示灯式，这些指示灯只表示两个状态，即亮或灭。通常指示灯亮起表示所代表的车况出现了问题，如图9-2所示。

车门开启指示灯　　手刹车与制动系统警告灯

燃油量警告灯　　机油警告灯　　发动机故障警告灯

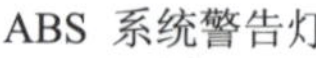

充电指示灯

安全气囊警告灯　　座椅安全带提示灯　　变速箱警告灯

图9-2　组合仪表盘上的指示灯

9.2 汽车仪表系统故障检测方法

汽车组合仪表不是一个独立的个体，其上的指示灯通过功能开关进行控制，各种仪表通过传感器进行控制。所以与之相连的其他部件出现问题，会最早、最直接地从组合仪表中反映出来，但并不一定代表组合仪表本身有问题。因此要想排除汽车仪表系统的故障，不但需要掌握其结构和工作原理，还需要掌握其检测维修方法。

9.2.1 汽车仪表系统的结构与工作原理

1. 水温表工作原理

水温表是用来指示发动机内部冷却水温度的。它由装在气缸盖水套中的温度传感器与组合仪表内部的水温表相连。水温表整个系统包括水温表、线束总成、水温传感器等。水温表工作原理如图9-3所示。

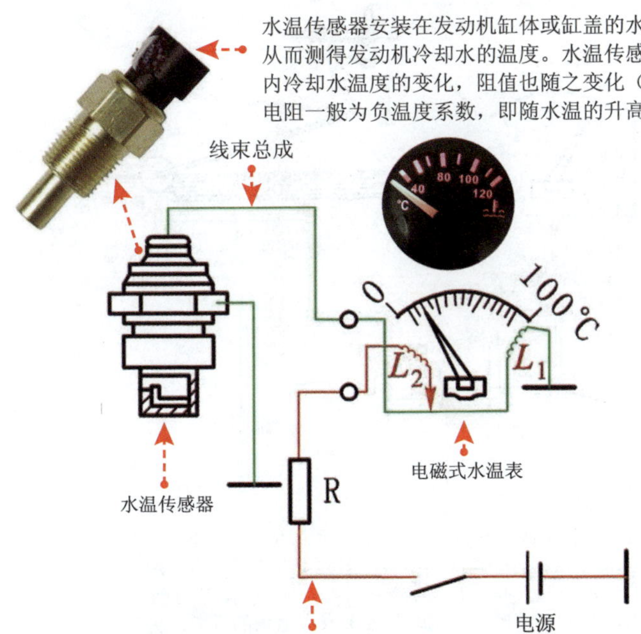

图9-3 水温表工作原理

2. 燃油量表工作原理

燃油表用于指示油箱内燃油液面的高低，即剩余油量的多少。燃油表系统由燃油仪表、线束总成、燃油传感器、油箱四部分组成。如图9-4所示。

电磁式燃油表内装有左、右两个线圈，转子与指针相连，并位于两个线圈之间，油面传感器也采用可变电阻式传感器。燃油传感器安装在油箱内，随油箱内燃油液位的变化，燃油传感器浮球高度随之变化，燃油传感器输出的电阻值也发生变化，变化的电阻值传给仪表，使仪表指针位置发生变化。

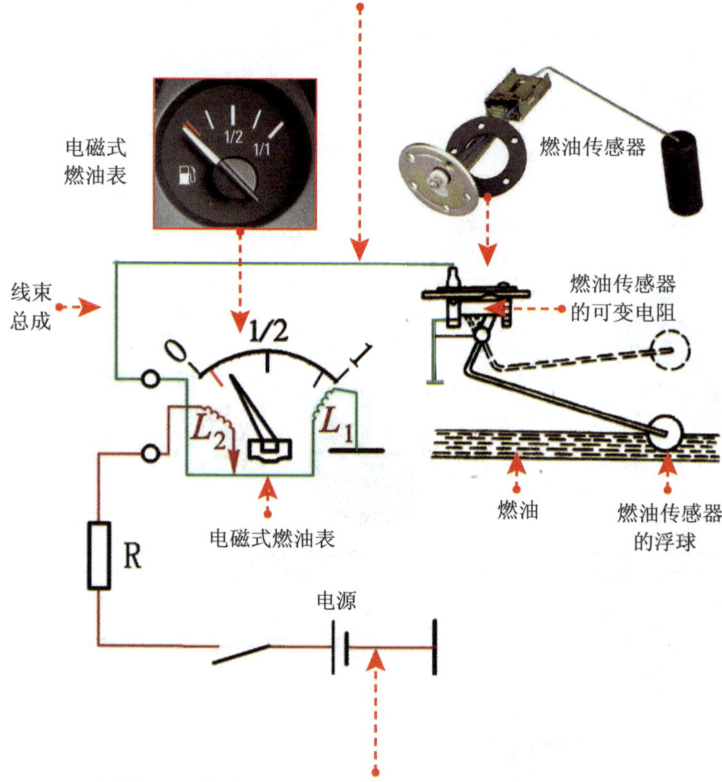

当接通点火开关时，电源的电流经左线圈 L_2 后分为两条支路，一路经右线圈 L_1 后搭铁，另一路经油面传感器的可变电阻搭铁。两个线圈中均有电流通过，并在两个线圈的周围产生磁场，转子连同指针在两个线圈磁场的作用下偏转，处于合成磁场的方向，指针指向燃油表的某一刻度。油箱中油面高时，油面传感器的电阻大，流过左线圈 L_2 的电流小，产生的磁场弱，在合成磁场的作用下指针指向油面高的刻度。

图9-4　燃油量表工作原理

3. 车速里程表工作原理

车速表指示汽车行驶速度，车速表系统主要由车速传感器、线束总成、汽车控制器ECU、步进电机、车速仪表等组成。如图9-5所示。

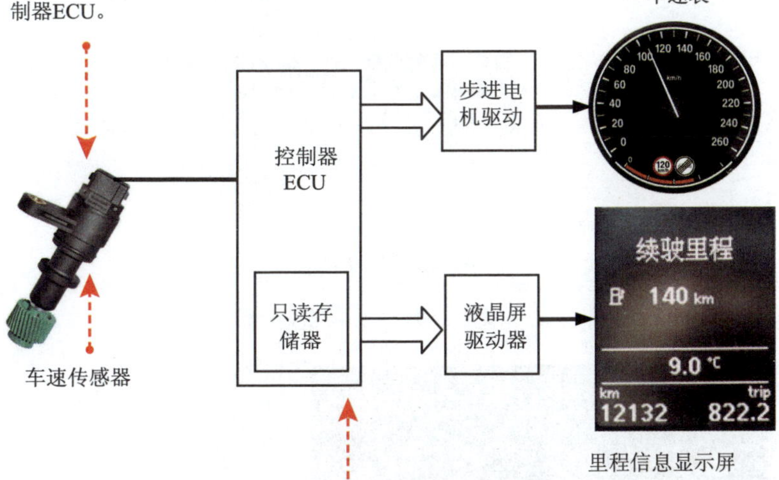

图9-5 车速表工作原理

4. 发动机转速表工作原理

发动机转速表用来指示汽车发动机的旋转速度，转速表系统主要由转速传感器、线束总成、汽车控制器ECU、步进电机、转速仪表等组成。如图9-6所示。

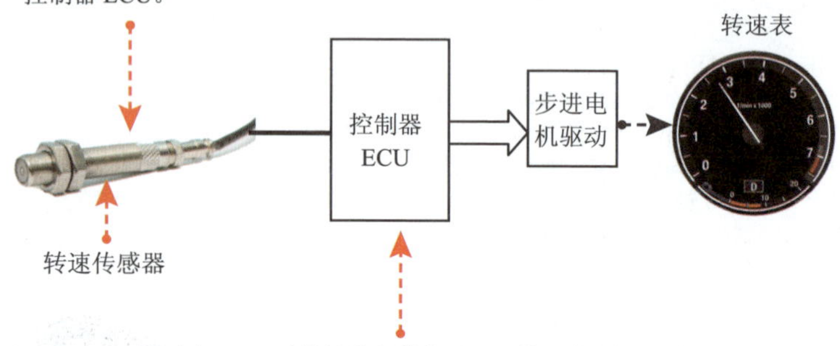

图9-6　发动机转速表工作原理

9.2.2　汽车仪表系统主要部件的拆装技巧

汽车仪表系统拆卸方法如图9-7所示（以凯越汽车为例）。

图9-7　仪表系统拆卸方法

图9–7　仪表系统拆卸方法（续）

9.2.3　汽车仪表系统主要部件故障检测方法

1. 水温表故障检测方法

水温表常见故障主要有表指针不动、指针指向不准等。造成水温表故障的原因主要有水温表电源线断路、水温表故障、水温传感器故障、水温表到水温传感器的导线断路或搭铁等。

水温表故障检测方法如图9-8所示。

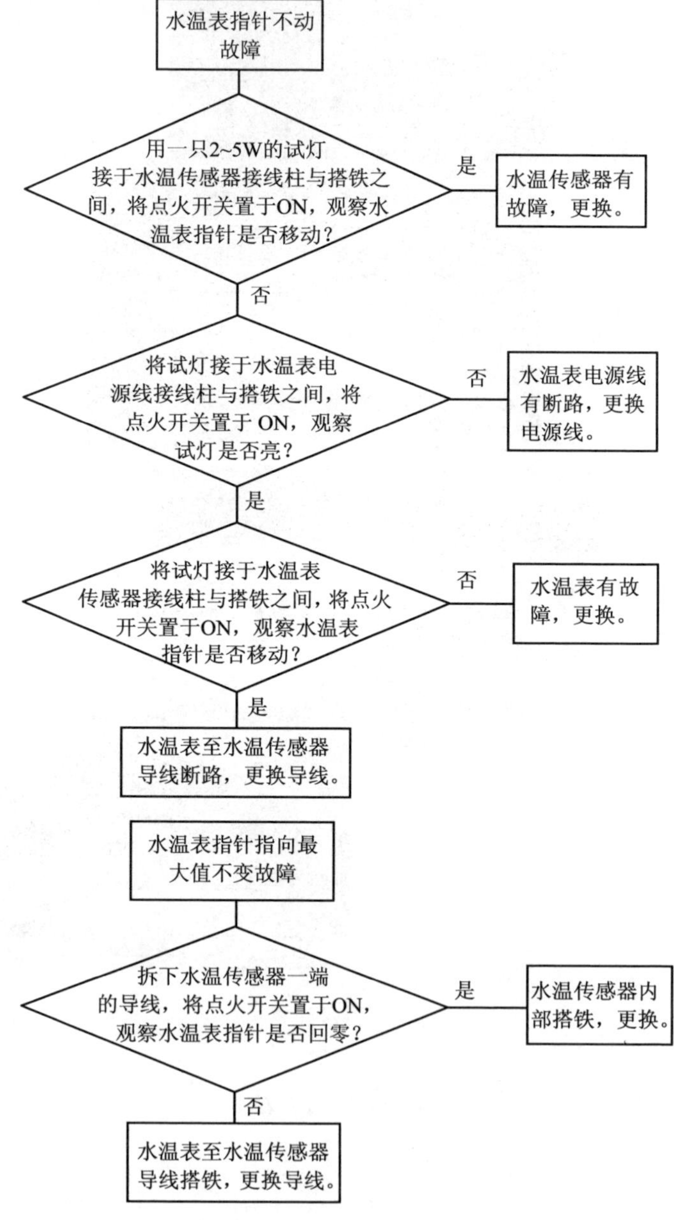

图9-8　水温表故障检测方法

2. 燃油表故障检测方法

燃油表常见故障主要有油表指针不准、表指针不动等。造成水温表故障的原因主要有：燃油传感器有故障（内部搭铁、浮子损坏等）、燃油表至燃油传感器之间导线断路、燃油表至燃油传感器之间导线搭铁、燃油表电源线断路、燃油表损坏等。

燃油表故障检测方法如图9-9所示。

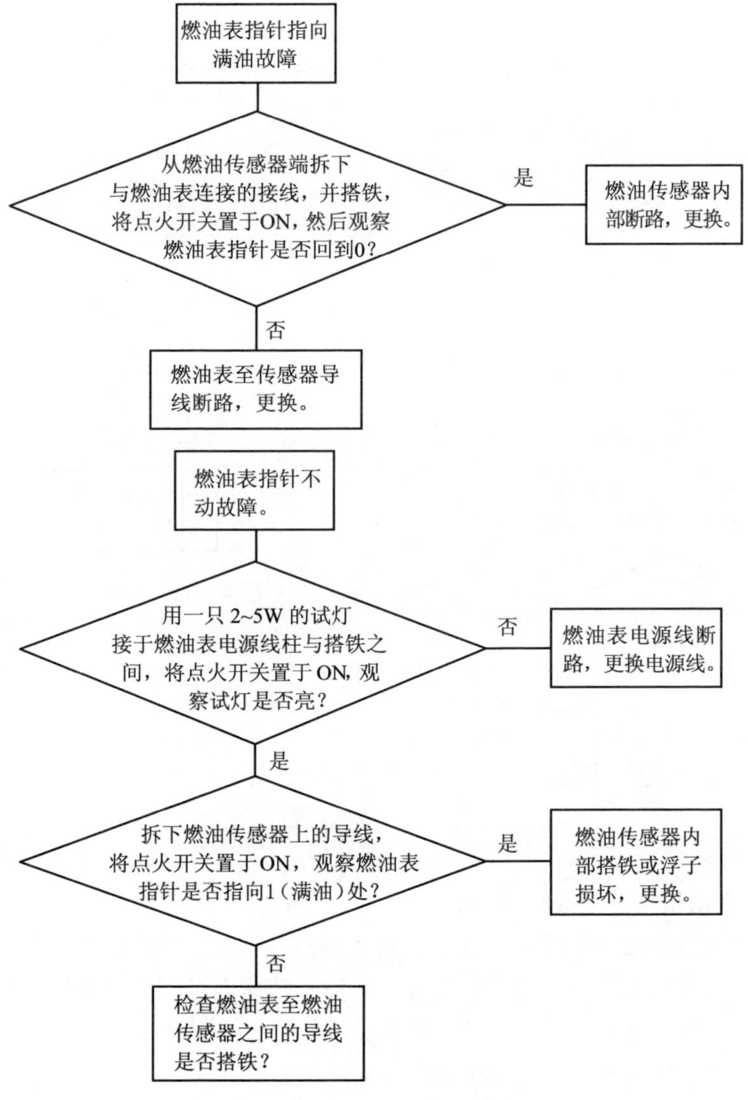

图9-9　燃油表故障检测方法

3. 车速表故障检测方法

车速表常见故障主要有：车速表指针不动、车速表不准等。造成车速表故障的原因主要有：车速传感器有故障、车速表至ECU之间导线断路、车速传感器至ECU之间的导线断路或搭铁、车速表总成损坏等。

车速表故障检测方法如图9-10所示。

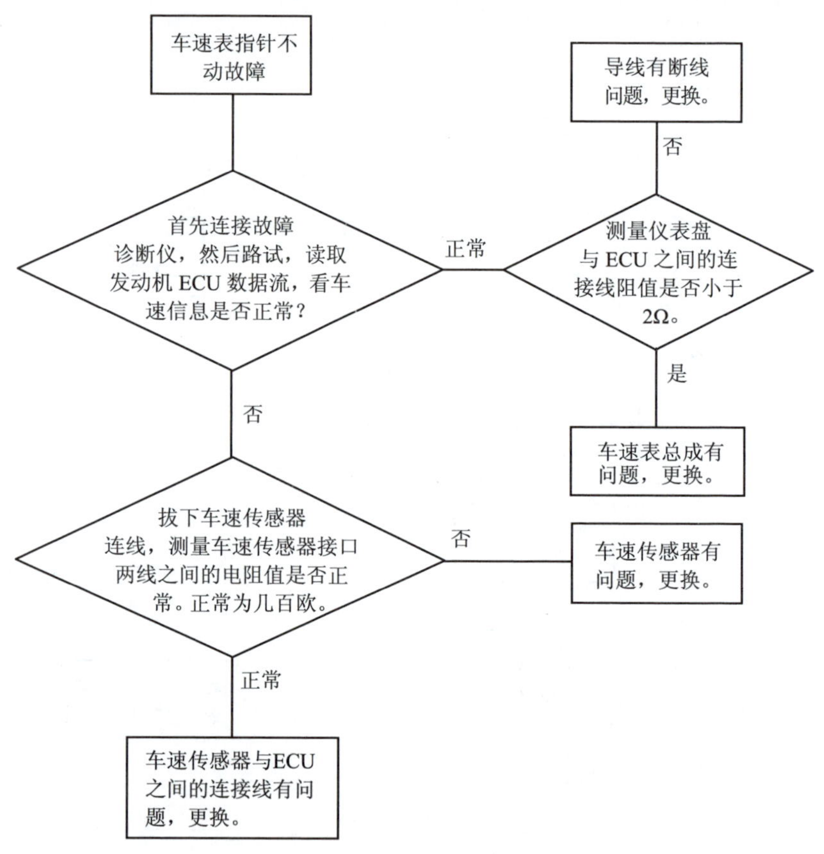

图9–10 车速表故障检测方法

4. 发动机转速表故障检测方法

发动机转速表常见故障主要有：转速表指针不动、转速表不准等。造成转速表故障的原因主要有：转速传感器有故障、转速表至ECU之间导线断路、转速传感器至ECU之间的导线断路或搭铁、转速表总成损坏等。

转速表故障检测方法如图9-11所示。

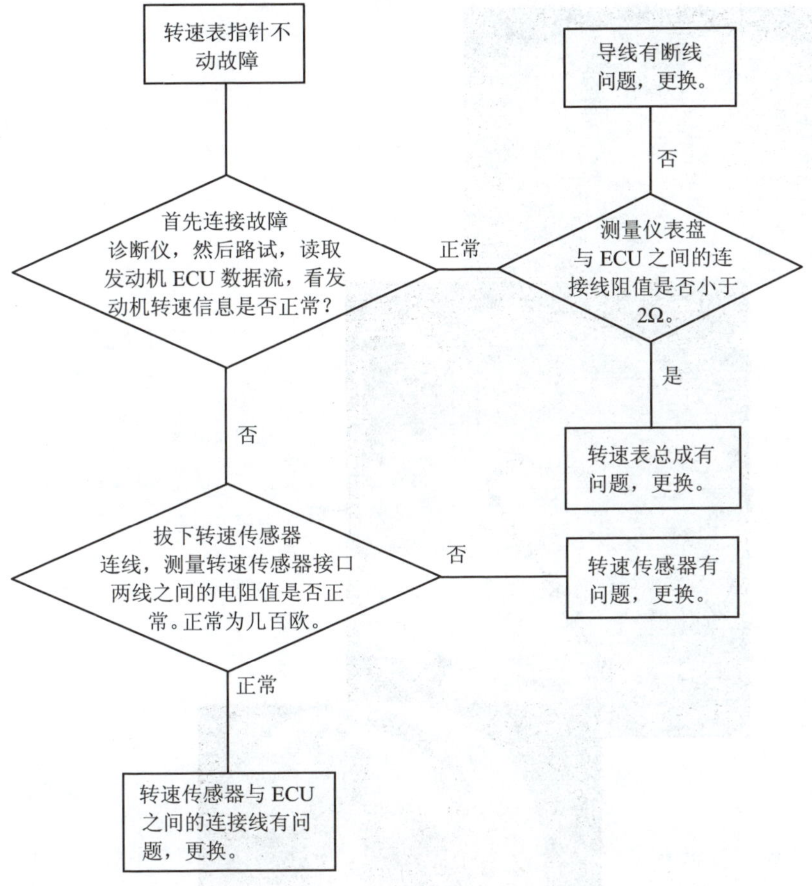

图9-11 转速表故障检测方法

9.3 汽车仪表系统检测维修实战

9.3.1 宝来汽车燃油表不显示油量故障维修实战

一辆宝来故障车，近一月来燃油表开始有时不显示油量，到后来干脆就没有显示。根据故障现象分析，故障应该是燃油传感器问题，或连接导线问题，或燃油表问题，需要逐一测量检测。

此故障的维修方法如图9-12所示。

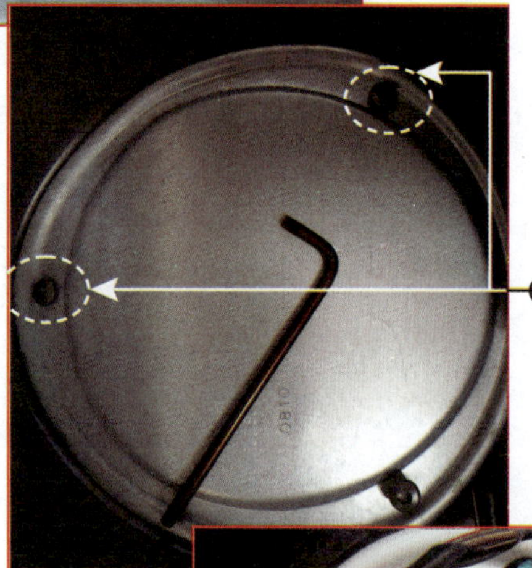

❸ 仔细检查下燃油传感器的导线，导线接口正常，接着拔下导线接口。

图9–12　宝来汽车燃油表不显示油量故障维修

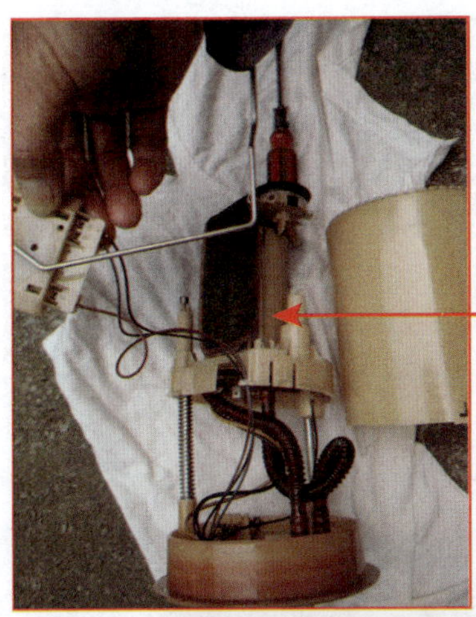

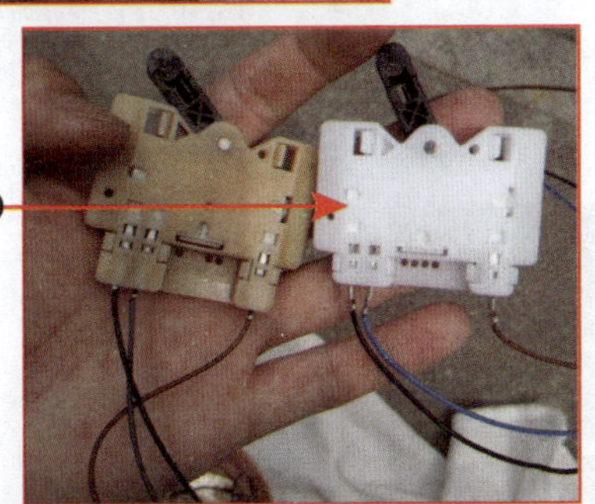

图9-12　宝来汽车燃油表不显示油量故障维修（续）

9.3.2 途观汽车油表指针不动故障维修实战

一辆途观故障车，最近几日发现油表指针不动，加满油后，油表指针也不动，一直指在中间位置。根据故障现象分析，故障可能是燃油传感器故障、导线问题或油表问题引起的，先从燃油传感器开始检查。此故障维修方法如图9-13所示。

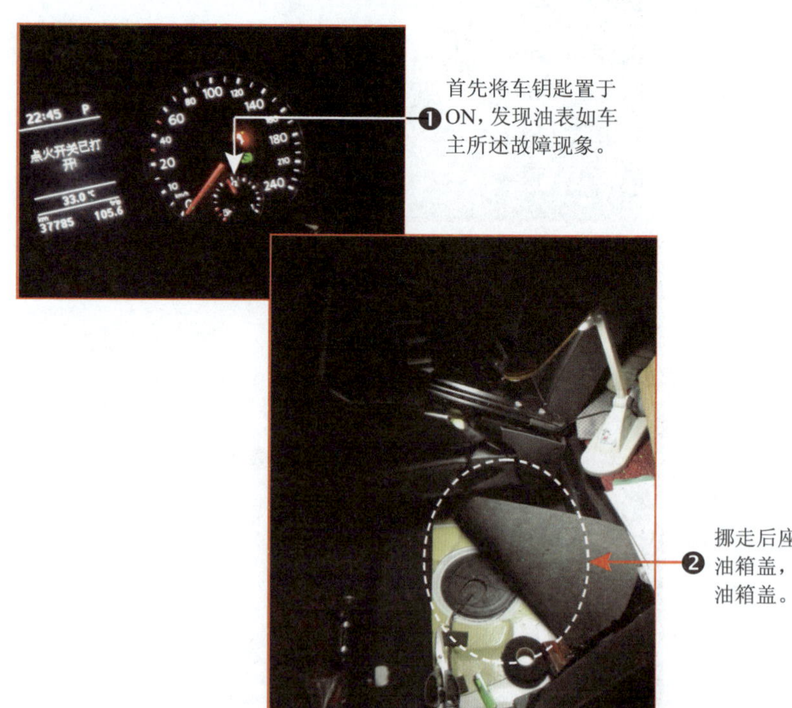

图9–13 途观汽车油表指针不动故障维修

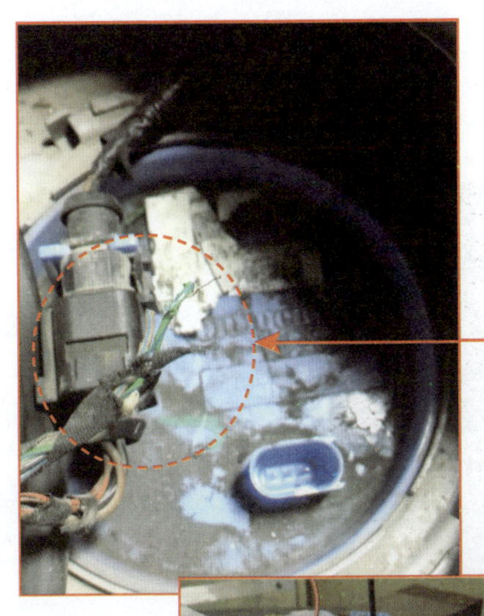

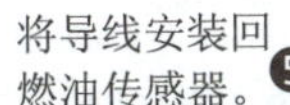

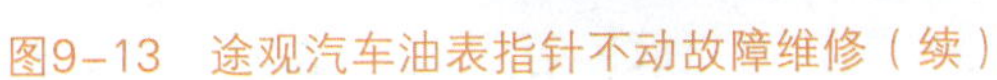
图9-13　途观汽车油表指针不动故障维修（续）

图9-13 途观汽车油表指针不动故障维修（续）

9.3.3 比亚迪F3汽车车速表失灵故障维修实战

一台比亚迪F3故障车，之前偶尔车速表失灵，发动机转速表正常。最近车速表频繁失灵。根据故障现象分析，此故障可能是车速传感器有问题，或连接导线接触不良或损坏，或转速表故障等引起。此故障维修方法如图9-14所示。

❶ 此种故障由于车速传感器的故障率较高，因此先检查传感器。首先拆下发动机装饰盖。

❷ 车速传感器在变速器上，要先拆掉遮挡传感器的部件。接着拆下空滤和进气管道。

车速传感器导线接口上有个弹簧，拆卸时先按住弹簧，再往出拔，否则拔不出。

❸ 拆下车速传感器的连接导线，并检查导线，未发现断线等损坏问题。

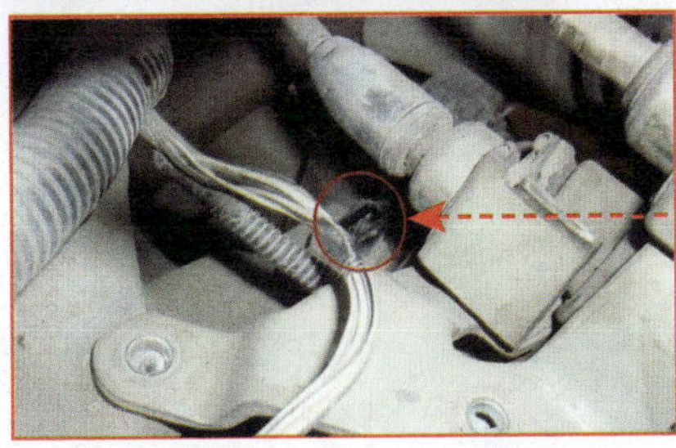

拆下导线后，可以看到车速传感器。

图9-14　比亚迪F3汽车车速表失灵故障维修

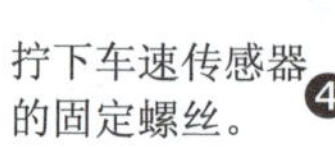

❹ 拧下车速传感器的固定螺丝。

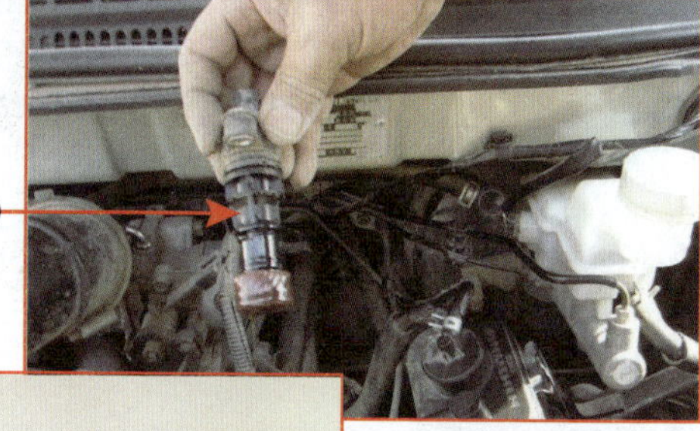

❺ 轻轻将车速传感器取出。

❻ 用万用表电阻挡测量车速传感器接口信号引脚和接地引脚的阻值。发现阻值为0，正常应为几百欧姆。说明传感器损坏了。

❼ 更换新的车速传感器。（购买时注意根据发动机选择齿数匹配的传感器）

❽ 开始安装新的车速传感器，拧好固定螺丝。

图9-14　比亚迪F3汽车车速表失灵故障维修（续）

❾ 将车速传感器的导线装好。

❿ 将空滤和进气管道安装好。

⓫ 安装好后，发动汽车进行测试，车速表运行正常，故障排除。

⓬ 最后将发动机装饰盖安装好，完成维修。

图9–14　比亚迪F3汽车车速表失灵故障维修（续）

第 10 章

汽车刮水洗涤系统故障检测方法与维修实战

在汽车上，除了前面讲述必要的发动机电控系统和各种起动、照明、发电系统外，还有一些辅助电器系统，也发挥着重要的作用。其中，经常用到的刮水器和喷水洗涤器就是其中之一。

汽车的刮水器和喷水洗涤器是保障汽车安全行驶的两个重要系统。它能够在雪天或雨天时将车窗上的雨滴和雪花消除，将在泥泞的道路上行驶时飞溅到前风窗上的泥水刮净，保证司机的视线不受干扰，确保车辆行驶的安全。接下来本节将详解汽车刮水器系统和洗涤器系统的结构原理、检修方法以及维修实践。

10.1 看图识汽车刮水器和洗涤器系统

汽车刮水器和洗涤器系统主要由电动机、减速齿轮、连杆传动机构、刮水臂、刮水片、刮水器洗涤器开关、水壶、水泵、喷水嘴、BCM车身控制器等部件组成。如图10-1所示。

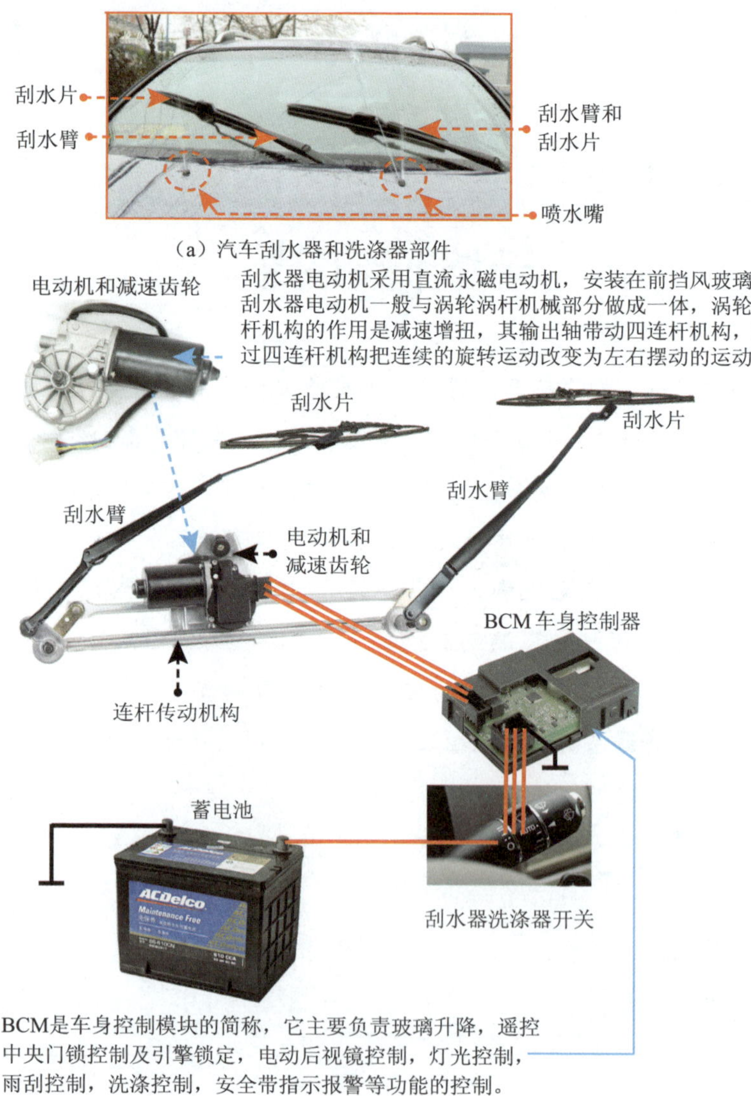

图10-1　汽车刮水器和洗涤器系统

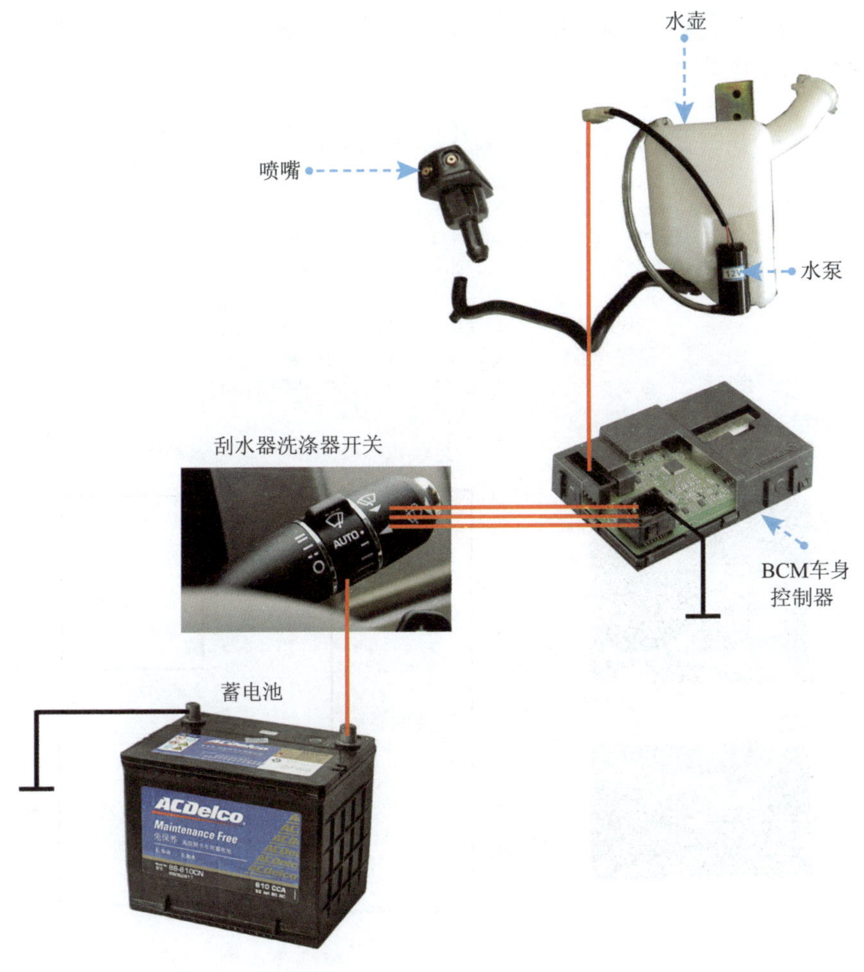

（c）汽车洗涤器系统

图10-1　汽车刮水器和洗涤器系统（续）

10.2 汽车刮水器和洗涤器系统故障检测

10.2.1 汽车刮水洗涤系统的工作原理

汽车刮水洗涤系统电路主要由点火开关、刮水器洗涤器控制开关、BCM

车身控制器、刮水器执行机构、洗涤器执行机构等模块组成，其原理框图和工作原理如图10-2所示。

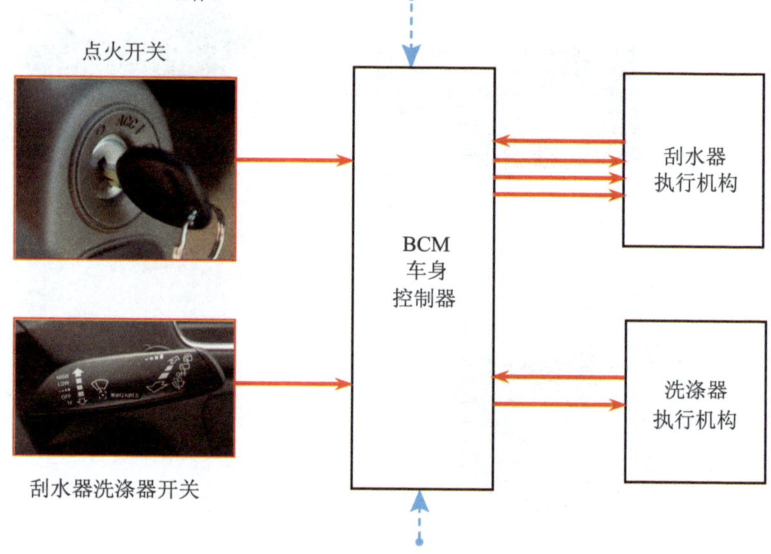

图10-2 汽车刮水器和洗涤器系统工作原理

接下来根据吉利汽车的电路图详解汽车刮水器系统和洗涤器系统的工作原理，分别如图10-3和图10-4所示。

为了不使前刮水片停在前风窗玻璃的中间位置而影响驾驶员的视线，无论前刮水器工作到什么位置，我们断开刮水器开关后，前刮水器应持续工作到它的起始位置才能停下来，这就叫刮水器的回位控制。为了实现回位控制，在刮水电动机模块中内置了一个回位位置传感器，刮水电动机模块根据回位位置传感器的信号，可实现对刮水器的回位控制。

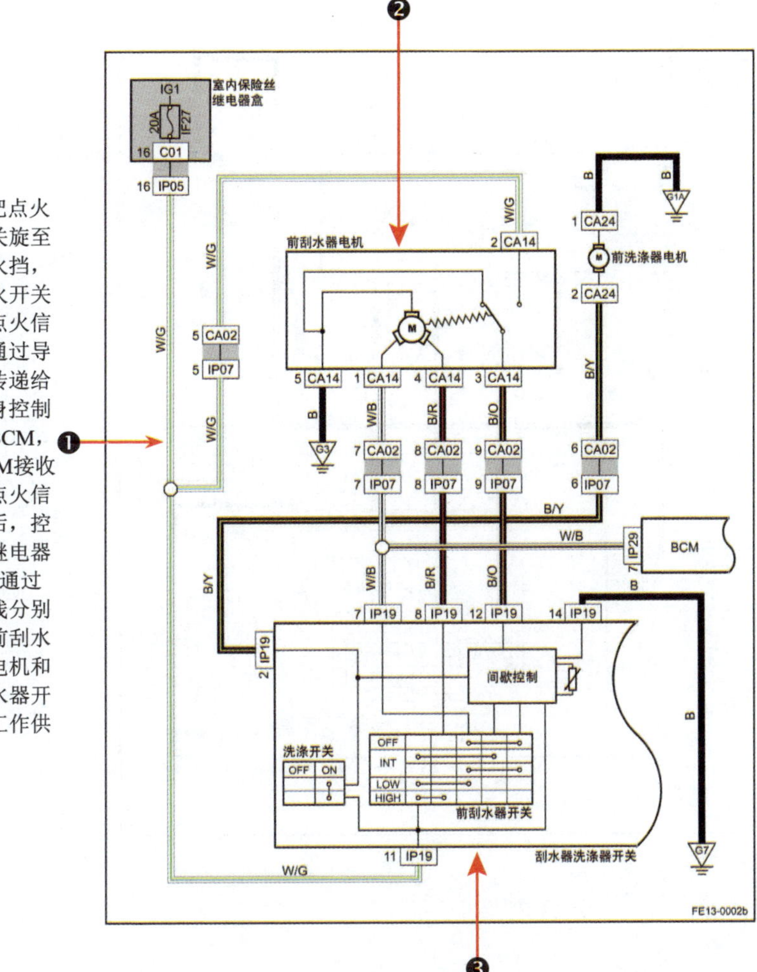

❶ 当把点火开关旋至点火挡，点火开关将点火信号通过导线传递给车身控制器BCM，BCM接收到点火信号后，控制继电器IG1通过导线分别为前刮水器电机和刮水器开关工作供电。

❸ 拨动刮水器开关后，刮水器开关通过内部的触点，将请求控制前刮水器的信号（点动刮、或间歇刮、或低速刮、或高速刮等信号）传递给车身控制器 BCM。然后 BCM 发出前刮水器的控制指令给前刮水器电动机模块。接着前刮水器电动机开始转动，驱动连杆传动机构运动，带动刮水片来回扫动，清除前挡风玻璃上的雨水。

图10-3　汽车刮水系统工作原理

将点火开关旋至点火挡，点火开关将点火信号通过导线传递给车身控制器BCM，BCM接收到点火信号后，控制继电器IG1通过导线为洗涤器开关工作供电。

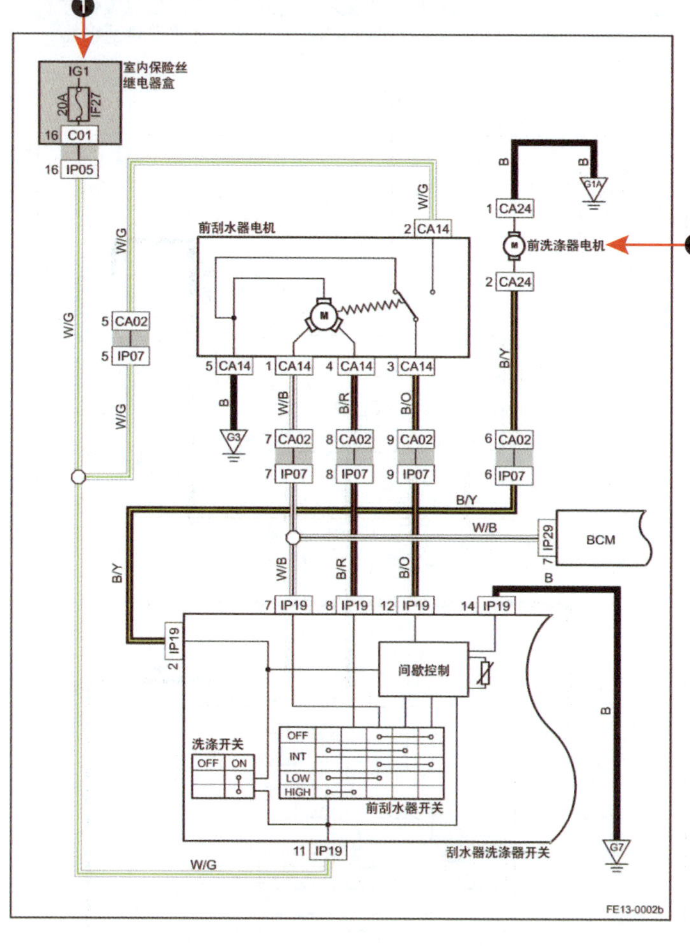

当拨动洗涤器开关后，洗涤器开关将洗涤信号传递给BCM，BCM发出洗涤驱动信号给水泵，水泵开始工作，抽出水壶中的水，通过喷嘴喷出；与此同时BCM还发出前控制指令给前刮水器电动机模块，接着前刮水器电动机开始驱动刮水器机构工作，刮水片来回刮扫3次。

图10-4 汽车洗涤系统工作原理

10.2.2 汽车清洗器系统故障检测方法

汽车清洗器系统故障主要有：刮不干净、刮水器工作不正常（如只在低速下工作）、刮水器异响、刮水器不工作、喷嘴不喷水等。

1. 刮水器刮不干净故障检测方法

刮水器刮不干净故障检测方法如图10-5所示。

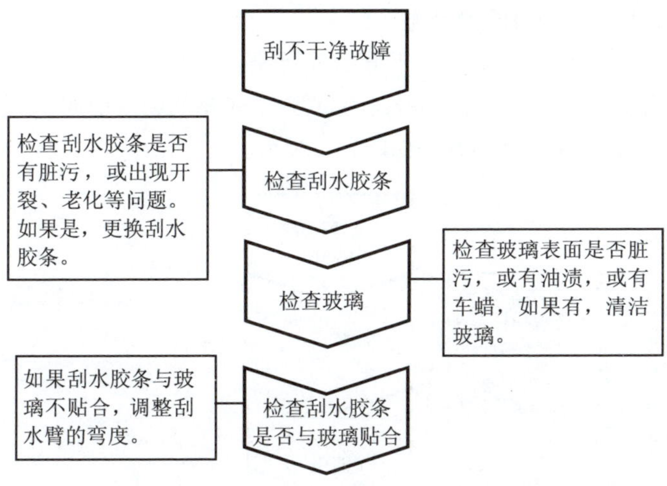

图10-5　刮水器刮不干净故障检测方法

2. 刮水时有异响故障检测方法

刮水时有异响故障检测方法如图10-6所示。

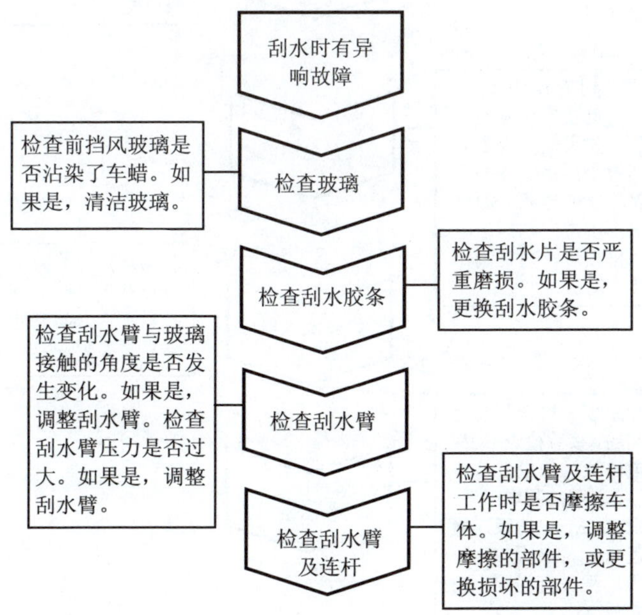

图10-6　刮水时有异响故障检测方法

3. 刮水器不工作故障检测方法

刮水器不工作故障通常是由于电动机问题、供电保险丝损坏、导线接触不良、刮水器开关故障、刮水器连杆组件问题、BCM问题等引起。

刮水器不工作故障检测方法如图10-7所示。

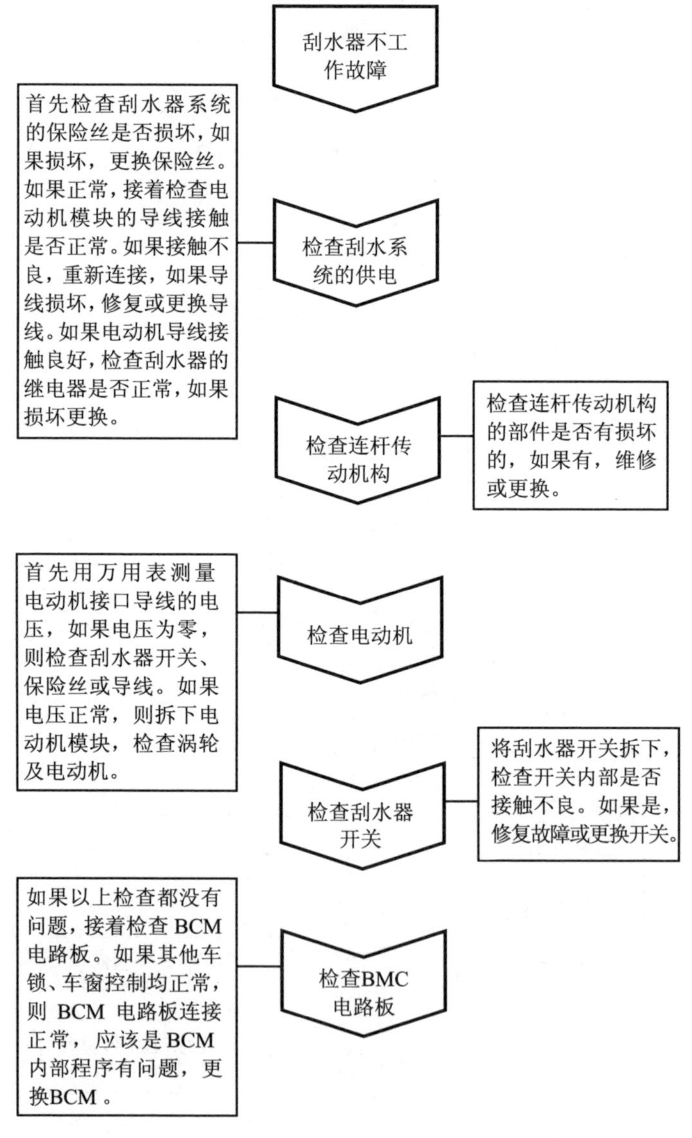

图10-7 刮水器不工作故障检测方法

4. 刮水器只在低速下工作故障检测方法

刮水器只在低速下工作故障一般是由于电动机问题、刮水器开关问题、继电器问题、线路问题、BCM控制模块问题等引起。

刮水器只在低速下工作故障检测方法如图10-8所示。

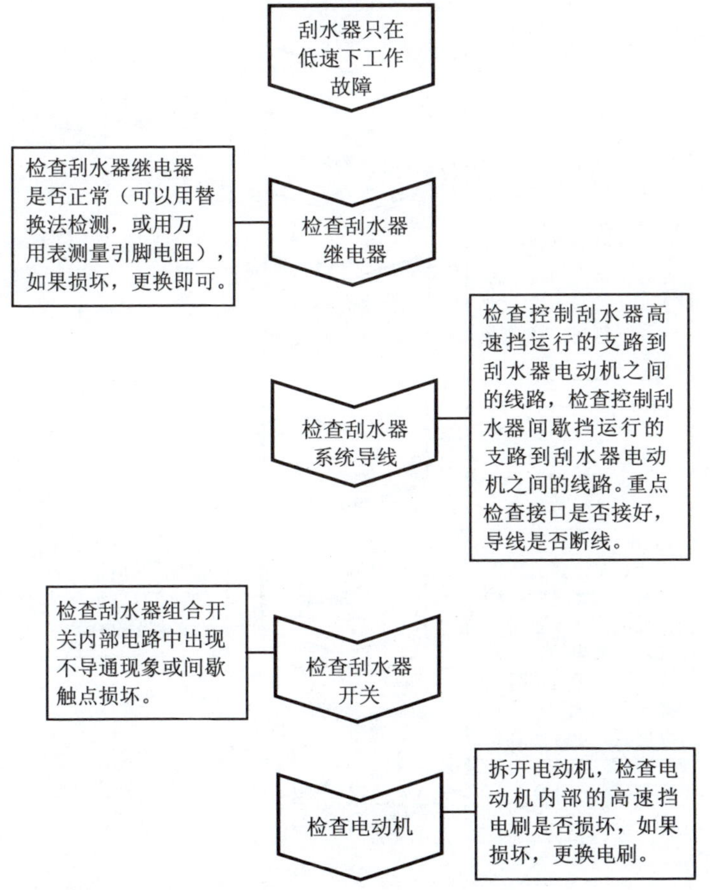

图10-8　刮水器只在低速下工作故障检测方法

5. 喷嘴不喷水故障检测方法

喷嘴不喷水故障一般是由于：缺少清洁液、喷嘴被堵、水管脱落或损坏、水泵损坏、保险丝损坏、洗涤器开关损坏等引起。

喷嘴不喷水故障检测方法如图10-9所示。

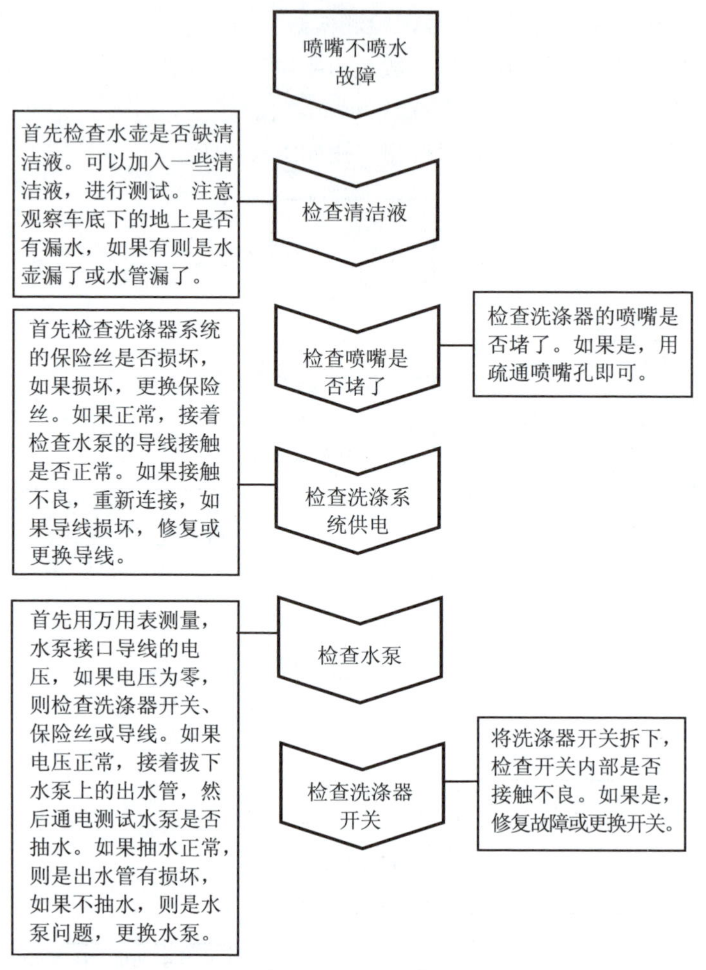

图10-9 喷嘴不喷水故障检测方法

10.3 汽车刮水洗涤系统检测维修实战

10.3.1 帝豪汽车后玻璃洗涤器不喷水故障维修实战

一辆帝豪故障车，前玻璃洗涤器喷水正常，但后玻璃洗涤器不喷水。根据故障现象分析，前面喷水正常，说明水壶正常。重点检查后洗涤系统的喷水嘴、管路、水泵、保险丝等部件是否有问题。

此故障的检测方法如图10-10所示。

图10–10　帝豪汽车后洗涤系统不喷水故障维修

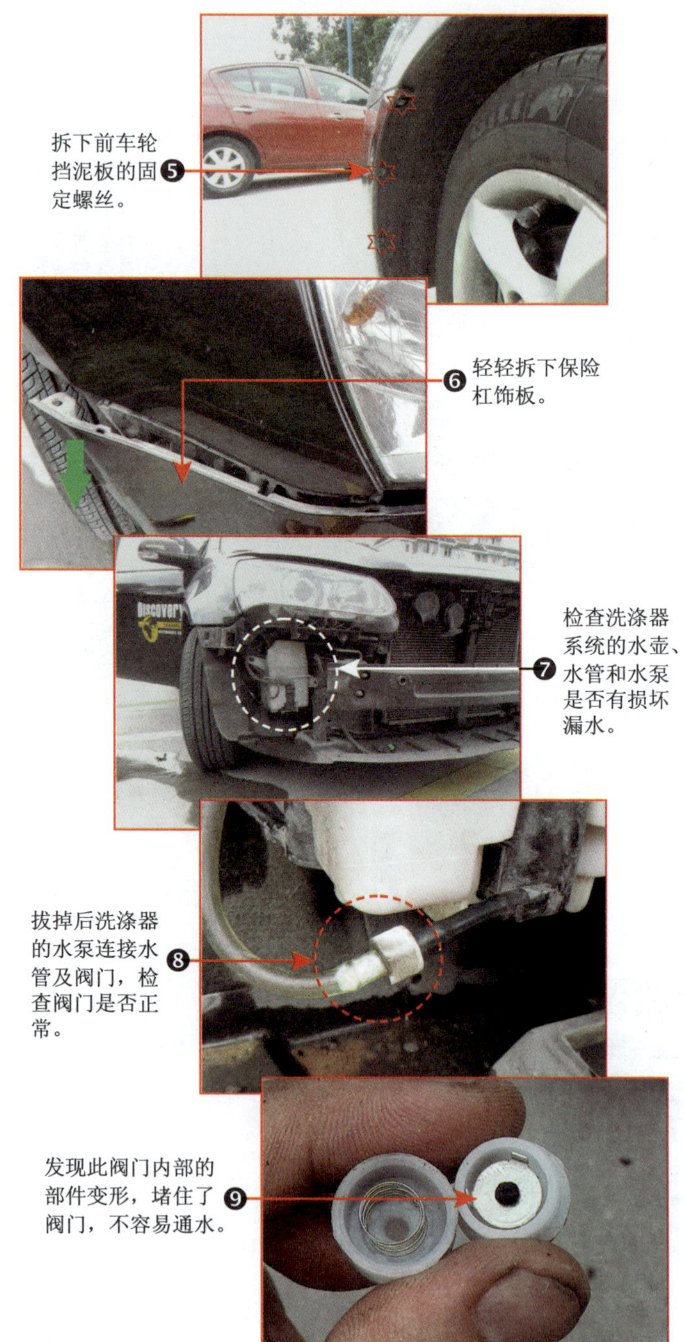

图10-10　帝豪汽车后洗涤系统不喷水故障维修（续）

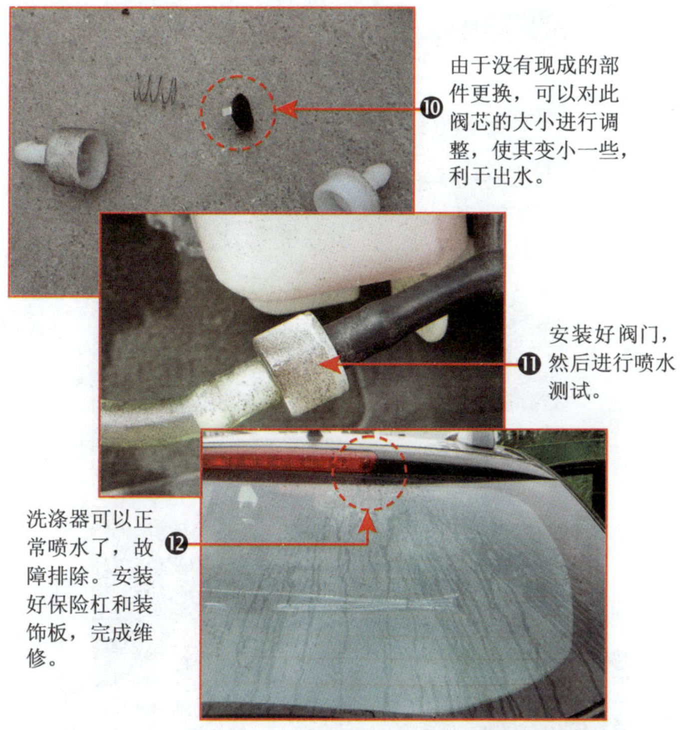

图10-11　帝豪汽车后洗涤系统不喷水故障维修（续）

10.3.2　高尔夫6汽车后玻璃洗涤器不喷水故障维修实战

一辆高尔夫6故障车，前玻璃洗涤器喷水正常，但后玻璃洗涤器不喷水。根据故障现象分析，前面喷水正常，说明水壶正常。重点检查后玻璃洗涤系统的喷水嘴、管路、水泵、保险丝等问题。

此故障的检测方法如图10-11所示。

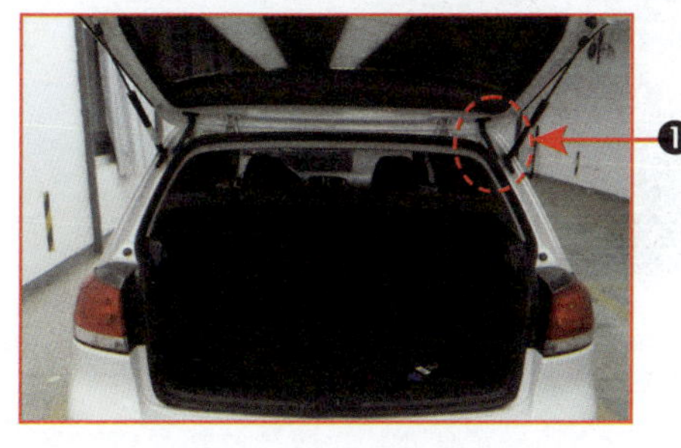

图10-11　高尔夫6汽车后玻璃洗涤器不喷水故障维修

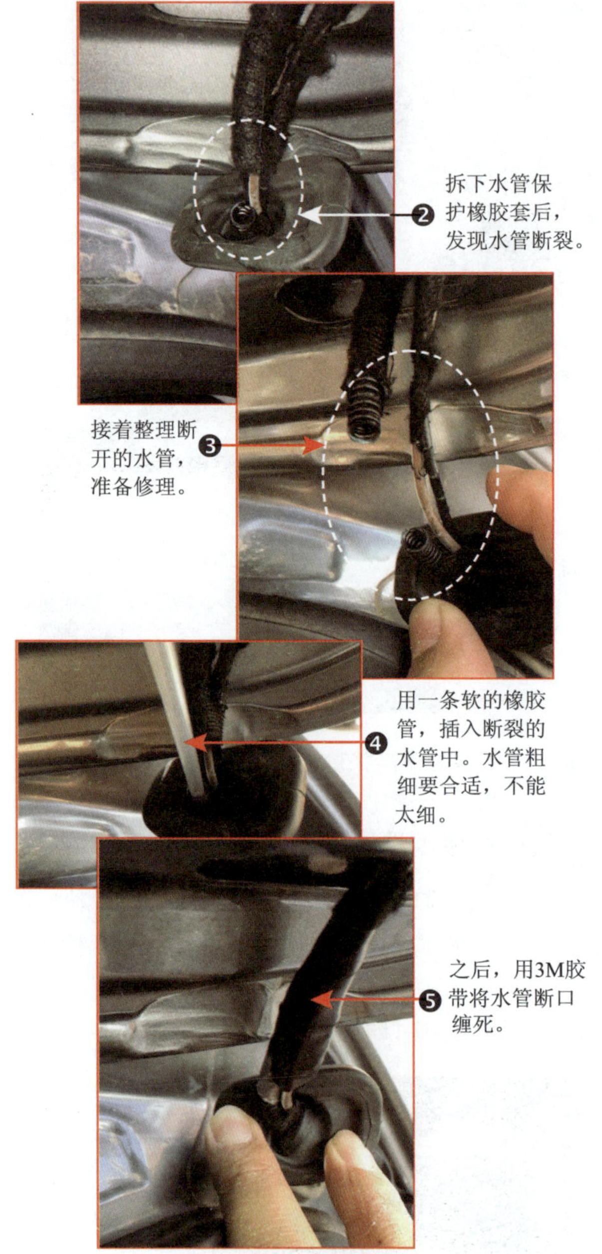

图10-11　高尔夫6汽车后玻璃洗涤器不喷水故障维修（续）

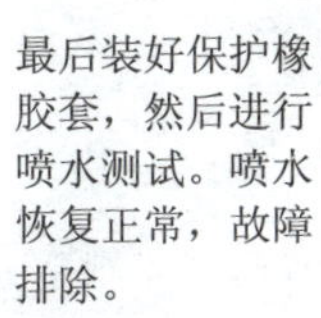

图10-11 高尔夫6汽车后玻璃洗涤器不喷水故障维修（续）

10.3.3 凯越汽车刮水器慢速挡运行正常快速挡不动故障维修实战

一台凯越故障车，当刮水器开关拨至慢速挡时，刮水器运转正常，但拨至快速挡时，刮水器不动。根据故障现象分析，此故障可能是电动机问题、刮水器开关问题、继电器问题、BCM控制模块问题等引起。根据维修经验，一般电动机和刮水器开关发生故障的情况较多。此故障的维修方法如图10-12所示。

图10-12 凯越汽车刮水器慢速挡运行正常快速挡不动故障维修

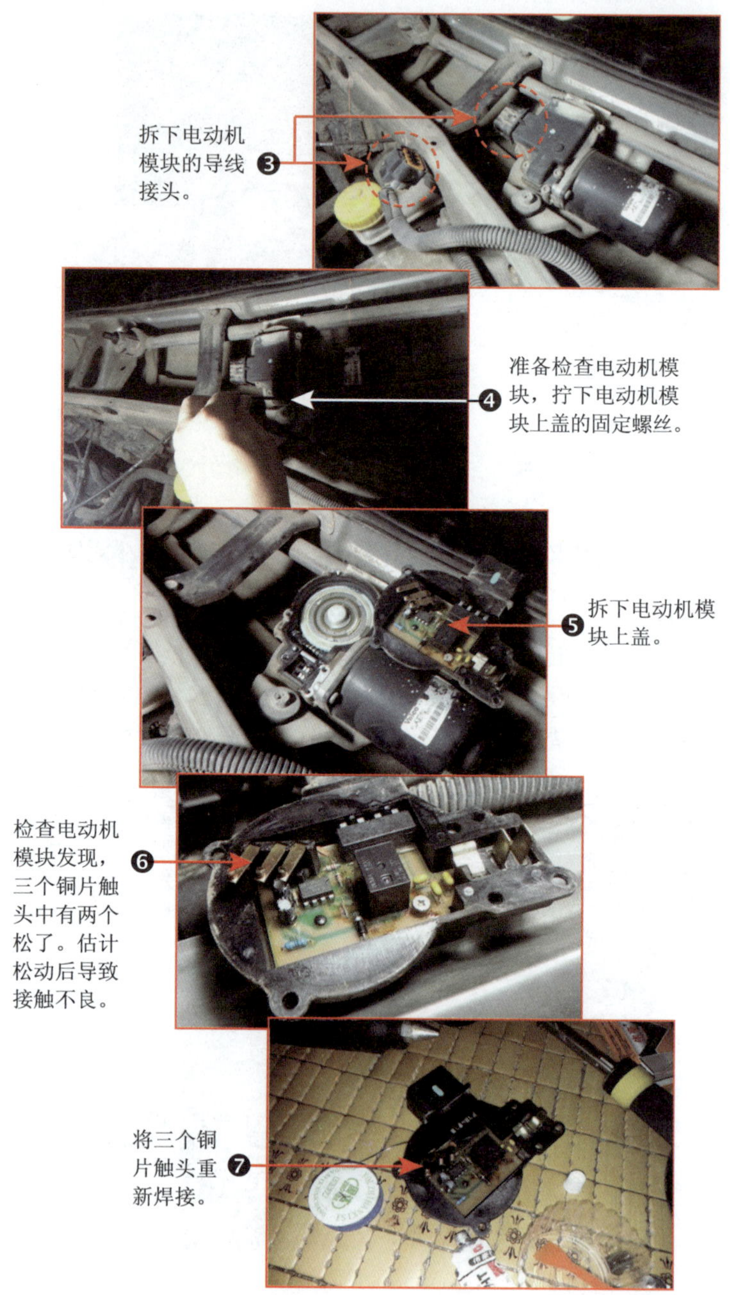

图10–12　凯越汽车刮水器慢速挡运行正常快速挡不动故障维修（续）

图10–12　凯越汽车刮水器慢速挡运行正常快速挡不动故障维修（续）

第 11 章

汽车电动车窗系统故障检测方法与维修实战

为了使驾驶员集中精力开车，方便驾驶员及乘客的操作，许多轿车采用了电动车窗。驾驶员和乘客只需操纵车窗升降开关，就可以使汽车门窗玻璃自动上升或者下降。接下来本章将详解汽车电动车窗系统的结构原理、检修方法以及维修实践。

11.1 看图识汽车电动车窗系统

汽车电动车窗系统主要由车窗，升降器总成（包括涡轮机构及电动机、升降导轨、绳索）、继电器、控制开关、BCM控制器等装置组成。一般的电动车窗系统都装有两套控制开关。一套在左前车门驾驶员侧车门扶手上，为主开关，由驾驶员控制每个车窗的升降。另一套分别装在每一个乘客车门上，为分开关，可由乘客进行操纵。一般在主开关上还装有断路开关；如果它断开，分开关就不起作用。如图11-1所示。

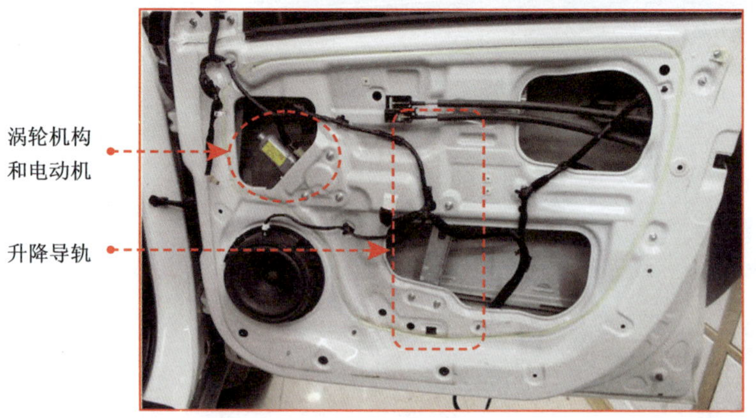

图11-1 汽车电动车窗系统

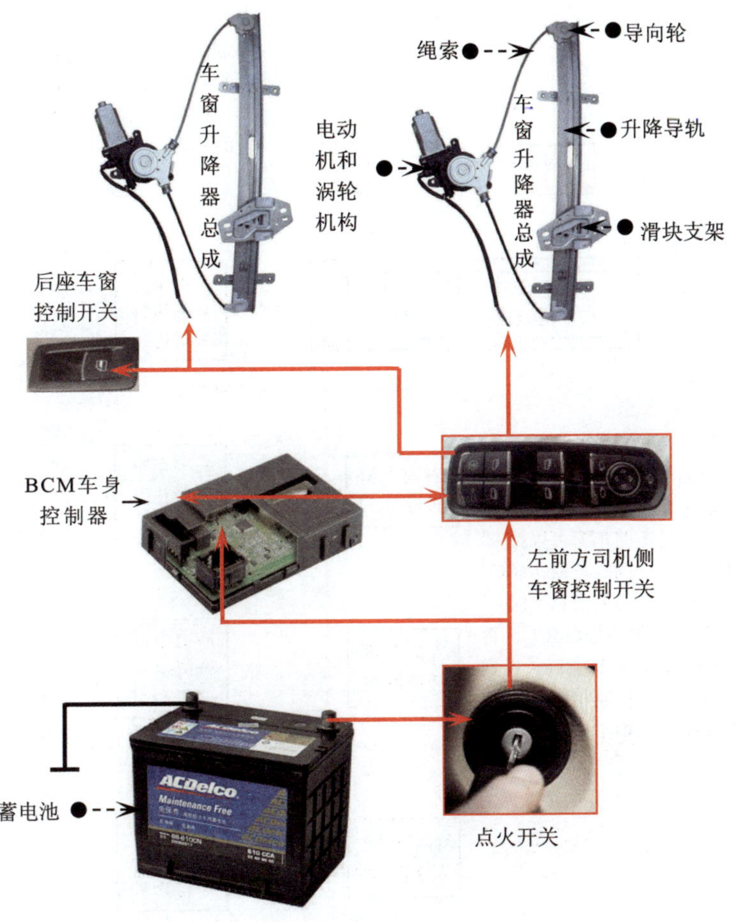

图11-1　汽车电动车窗系统（续）

11.2 汽车电动车窗系统故障检测

11.2.1 汽车电动车窗系统的工作原理

汽车电动车窗系统主要包括控制部分和执行机构。

1. 控制部分工作原理

汽车电动车窗系统控制部分主要由BCM车身控制器、控制开关、传感器等组成，如图11-2所示。

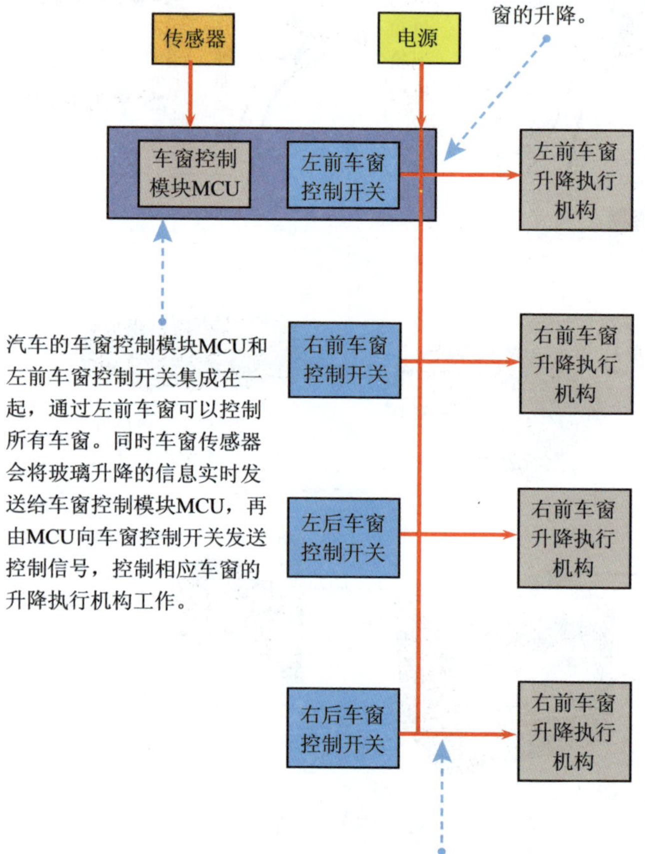

图11-2　车窗控制部分工作原理

2. 执行机构工作原理

目前常用的车窗执行机构主要分为软轴式升降器和X臂式升降器。软轴式升降器工作原理如图11-3所示。

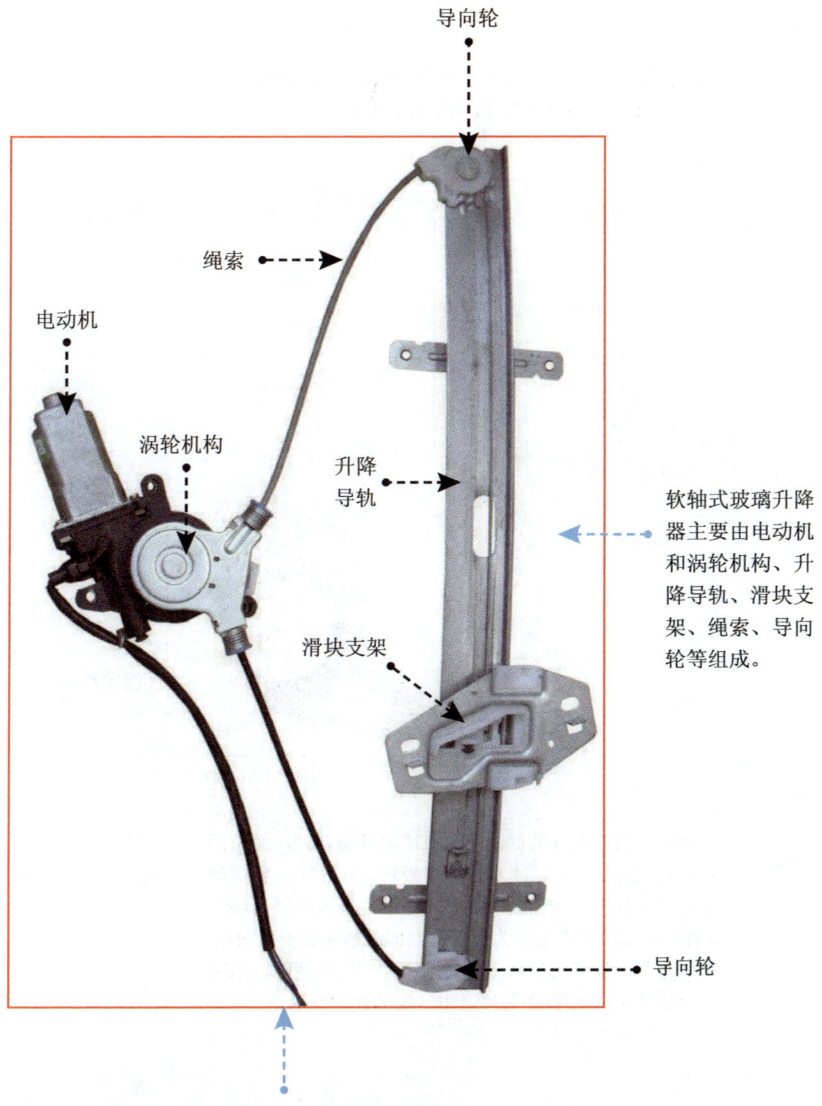

软轴式玻璃升降器主要由电动机和涡轮机构、升降导轨、滑块支架、绳索、导向轮等组成。

电动玻璃升降器的核心元件是电动机和涡轮机构，当控制开关控制电动机转动时，电动机的转速经安装在电动机主轴上涡轮机构减速后，带动绳索运动，使滑块支架

图11-3　软轴式升降器工作原理

X臂式升降器工作原理如图11-4所示。

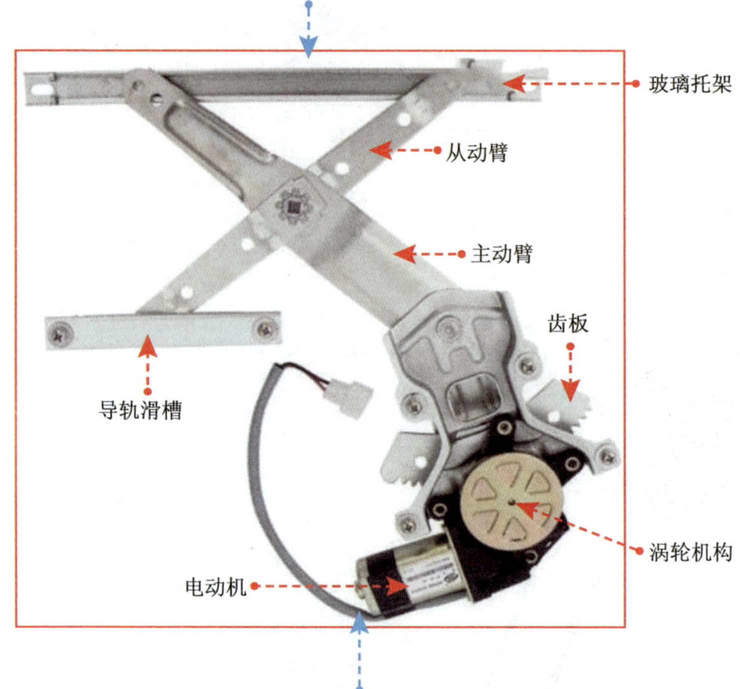

图11-4　X臂式升降器工作原理

11.2.2　汽车电动车窗系统故障检测方法

汽车电动车窗故障主要包括：升降车窗玻璃时有异响、部分车窗玻璃升降失灵、全部车窗玻璃升降失灵等。

1. 升降车窗玻璃时有异响故障检测方法

升降车窗玻璃时有异响故障检测方法如图11-5所示。

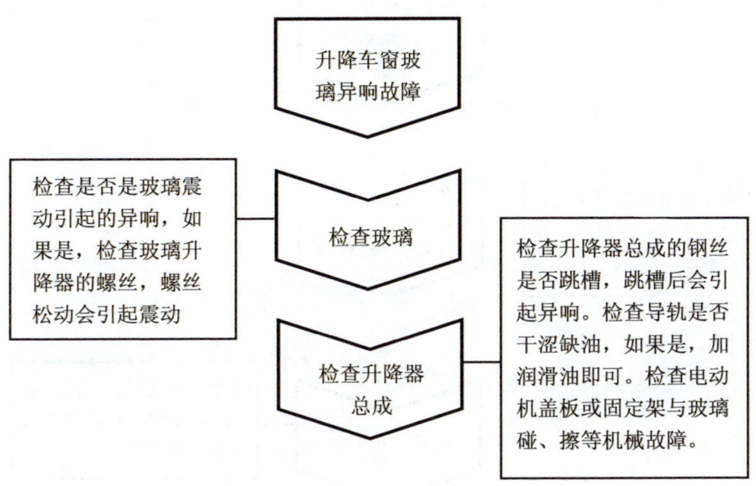

图11-5　升降车窗玻璃时有异响故障维修方法

2. 部分车窗玻璃升降失灵故障检测方法

部分车窗玻璃升降失灵故障检测方法如图11-6所示。

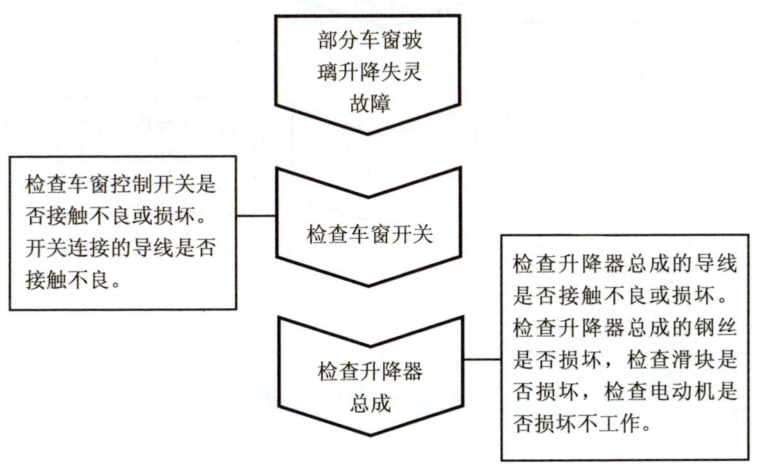

图11-6　部分车窗玻璃升降失灵故障检测方法

3. 全部车窗升降失灵故障检测方法

全部车窗升降失灵故障检测方法如图11-7所示。

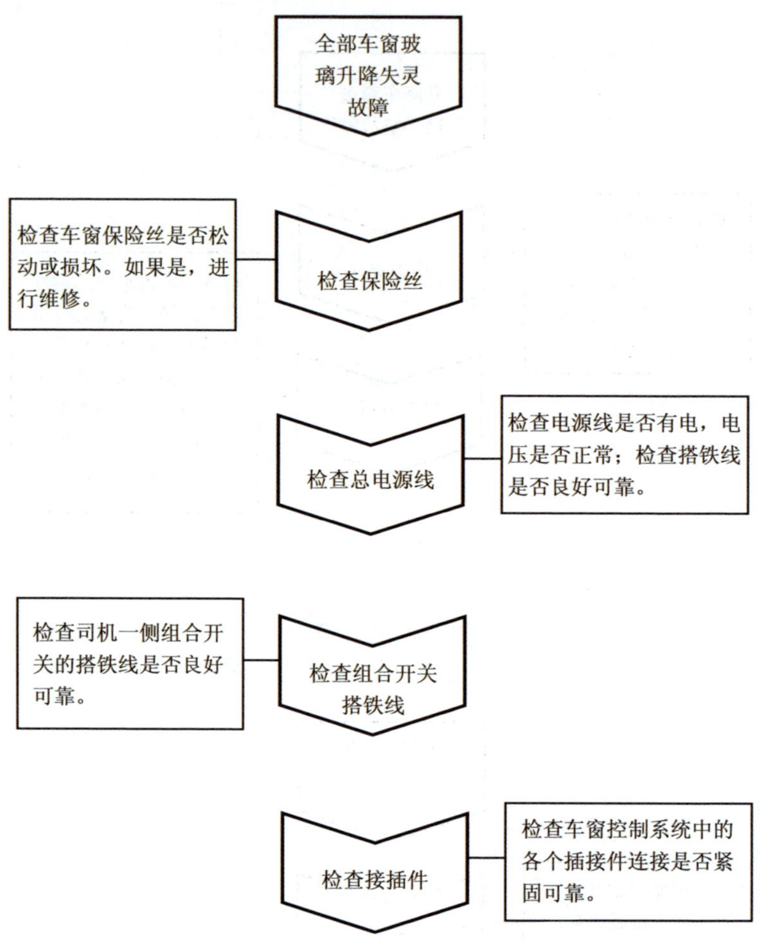

图11-7　全部车窗升降失灵故障检测方法

11.3 汽车电动车窗系统检测维修实战

11.3.1　马自达3汽车升降玻璃异响故障维修实战

一辆马自达3故障车，升降左前门玻璃时有异响。根据故障现象分析，此故障可能是电动机故障、升降器导轨缺油、车门有异物等引起的。此故障维修方法如图11-8所示。

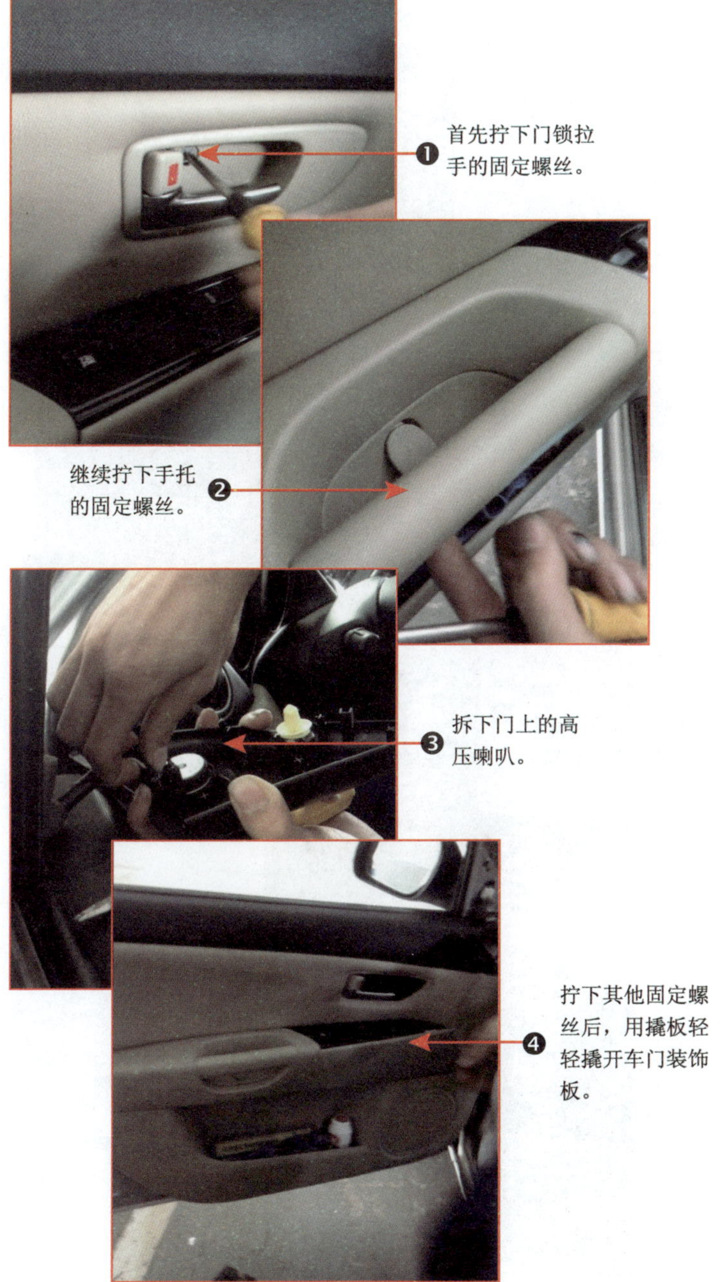

图11-8　马自达3汽车升降玻璃异响故障维修

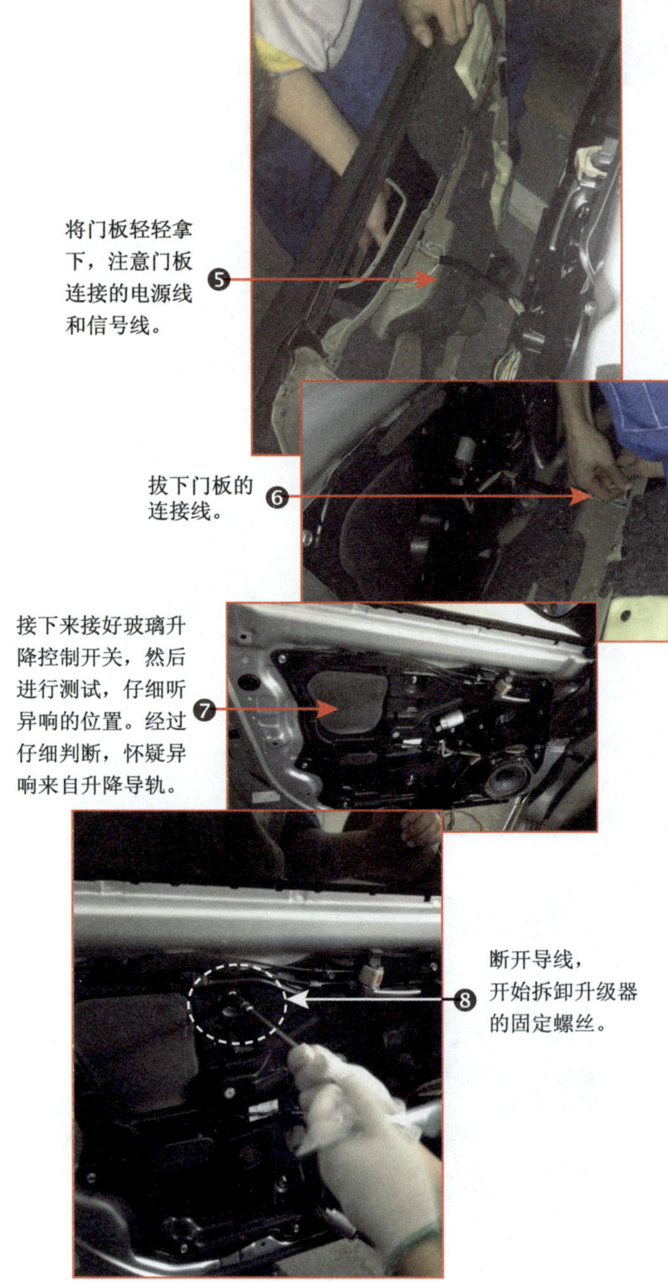

图11-8　马自达3汽车升降玻璃异响故障维修（续）

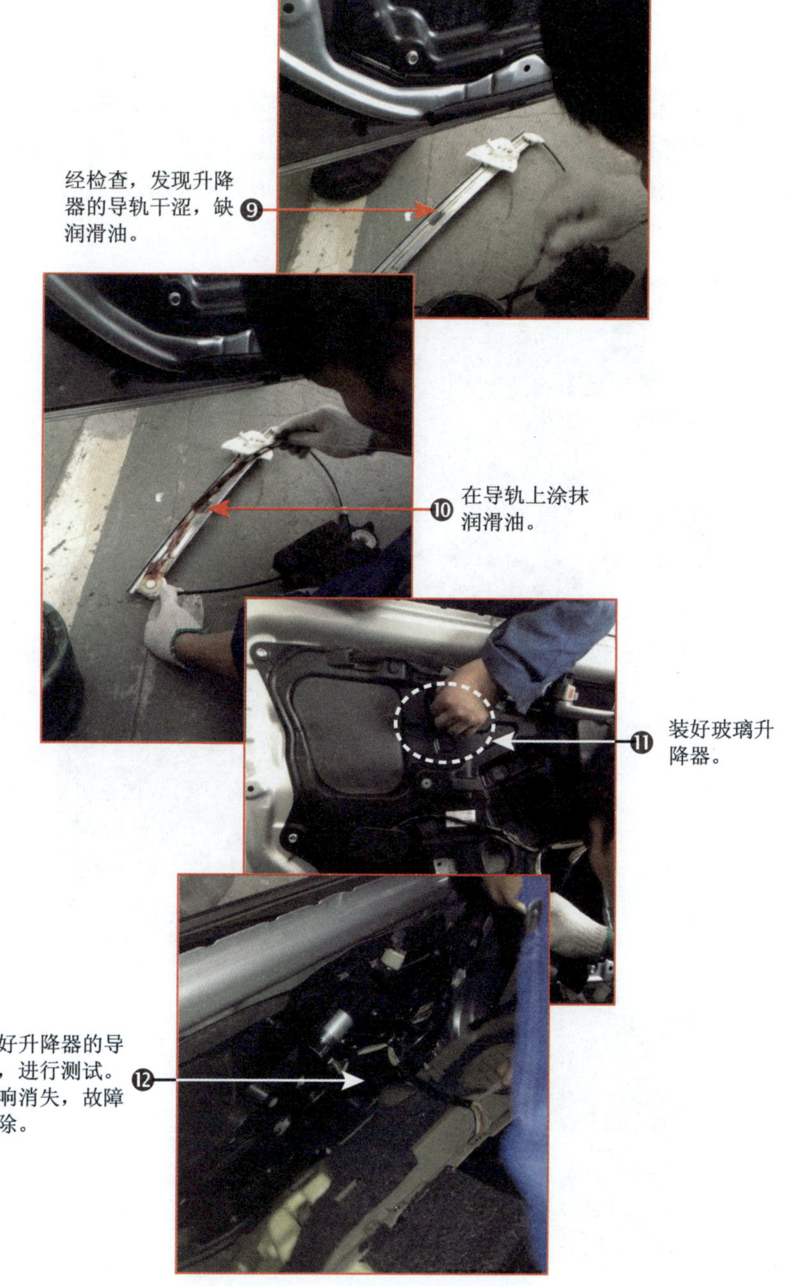

图11-8　马自达3汽车升降玻璃异响故障维修（续）

11.3.2 世嘉汽车玻璃升降失灵故障维修实战

一辆世嘉故障车，前几天发现左前玻璃升降失灵，玻璃降下后无法升起。根据故障现象分析，此故障可能是玻璃升降器总成（电动机、钢丝、滑块等）、玻璃升降控制开关总成等有问题引起的。由于左前的玻璃升降控制开关还可以控制其他窗户玻璃的升降，因此怀疑是玻璃升降器总成有问题。此故障维修方法如图11-9所示。

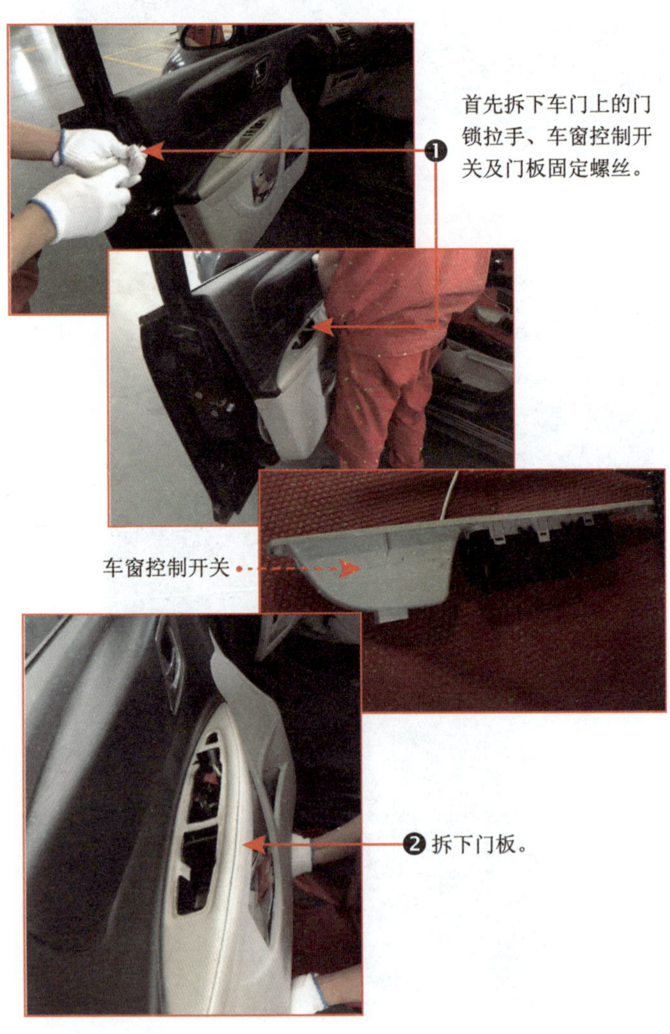

图11-9 世嘉汽车玻璃升降失灵故障维修

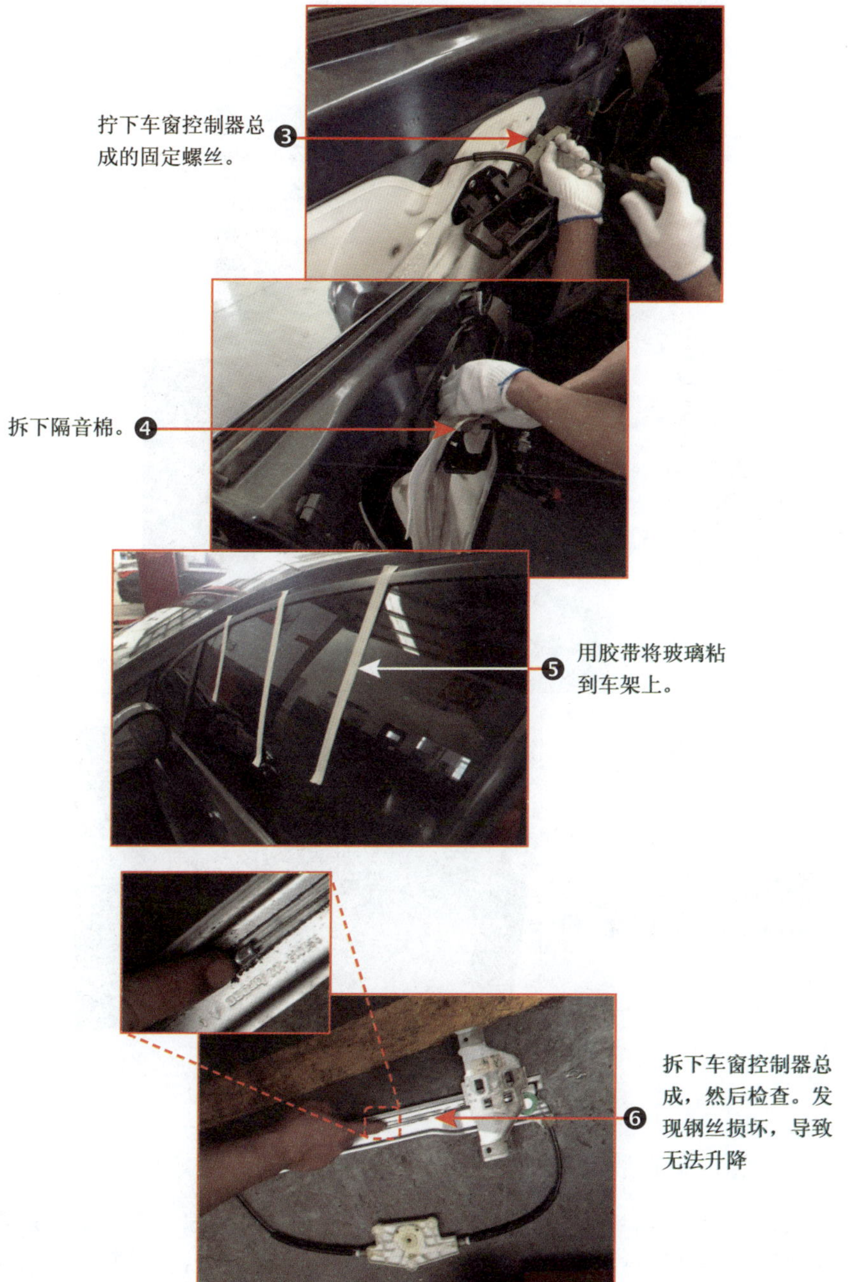

图11-9. 世嘉汽车玻璃升降失灵故障维修（续）

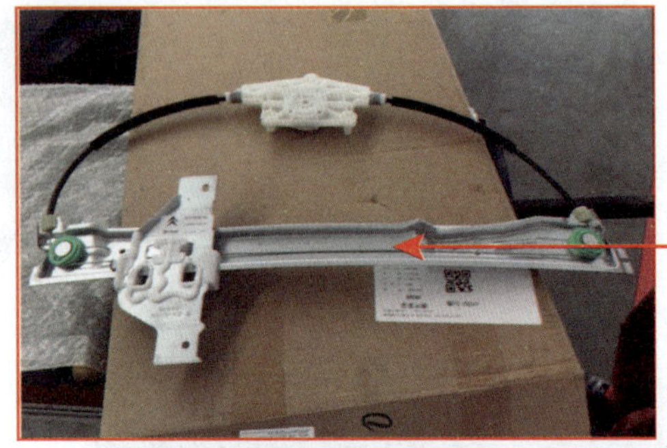

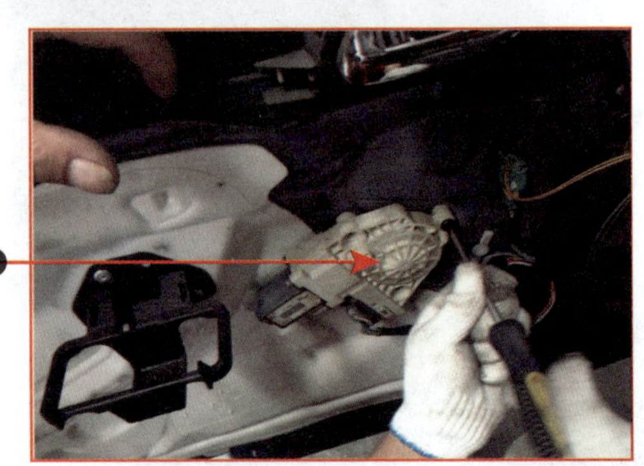

图11-9　世嘉汽车玻璃升降失灵故障维修（续）

11.3.3　景逸汽车右后窗玻璃升降失灵故障维修实战

一辆景逸故障车，右后窗玻璃升降失灵。根据故障现象分析，由于只有右后车窗玻璃无法升降且司机侧车窗控制开关也无法控制右后玻璃升降，因此怀疑故障与后车窗玻璃升降器总成有关系。

此故障维修方法如图11-10所示。

图11-10 景逸汽车右后窗玻璃升降失灵故障维修

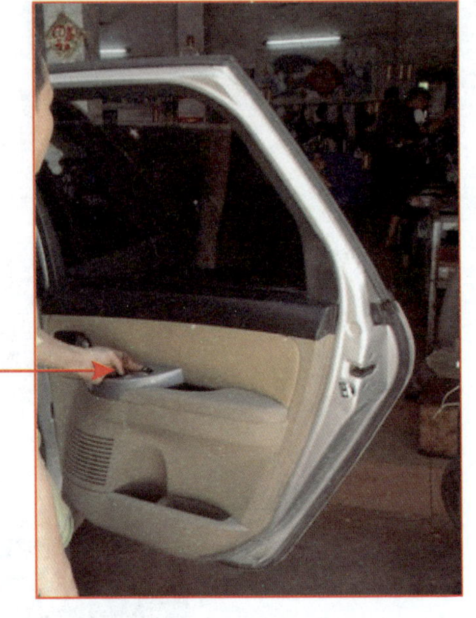

图11-10 景逸汽车右后窗玻璃升降失灵故障维修（续）

11.3.4 思域汽车主控制开关无法控制副驾驶玻璃故障维修实战

一辆思域故障车，司机一侧车窗控制开关无法控制副驾驶侧玻璃升降，但副驾驶侧的开关可以控制副驾驶侧玻璃升降。根据故障现象分析，由于四个车窗玻璃都可以正常升降，说明四个车窗玻璃升降器总成均正常，供电也正常。故障应该是司机侧车窗控制开关问题引起的。

此故障维修方法如图11-11所示。

图11-11 思域汽车主控制开关无法控制副驾驶玻璃故障维修

❷ 拆开车窗控制开关总成。

车窗控制开关总线。

❸ 拆开电路板上副驾驶对应的开关。

❹ 检查开关，发现内部的铜片氧化严重，导致接触不良，致使开关失效，用砂纸擦掉氧化层，然后抹上凡士林。

❺ 将车窗控制总成装好，然后进行测试，车窗升降正常，故障排除。

图11-11　思域汽车主控制开关无法控制副驾驶玻璃故障维修（续）

第 12 章

汽车中控门锁系统故障检测方法与维修实战

汽车中控门锁系统也是汽车的一个重要电控系统。为了汽车使用方便和保障安全，汽车中控门锁对 4 个车门的锁闭和开启实行集中控制。接下来本章将详解汽车中控门锁系统的结构原理、检修方法和维修实践。

12.1 看图识汽车中控门锁系统

汽车中控门锁系统主要是用电动机带动齿轮转动来开关车门。汽车中控门锁系统主要由门锁开关、门锁执行机构、门锁控制器等组成，如图12-1所示。

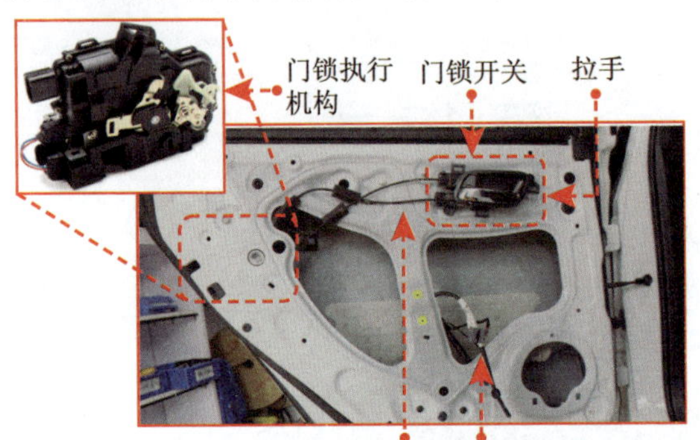

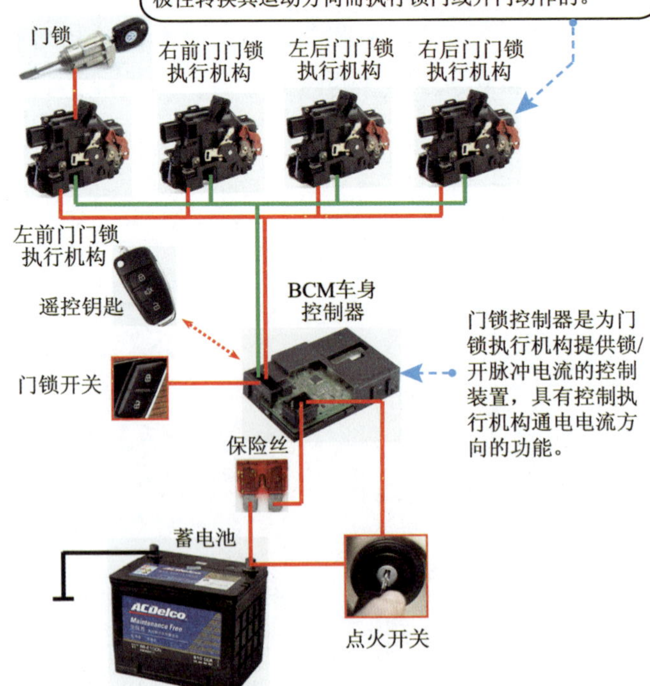

图12-1　汽车中控门锁系统

12.2 汽车中控门锁系统故障检测

12.2.1 汽车中控门锁系统的工作原理

汽车中控锁系统电路工作原理如图12-2所示（以吉利汽车为例）。

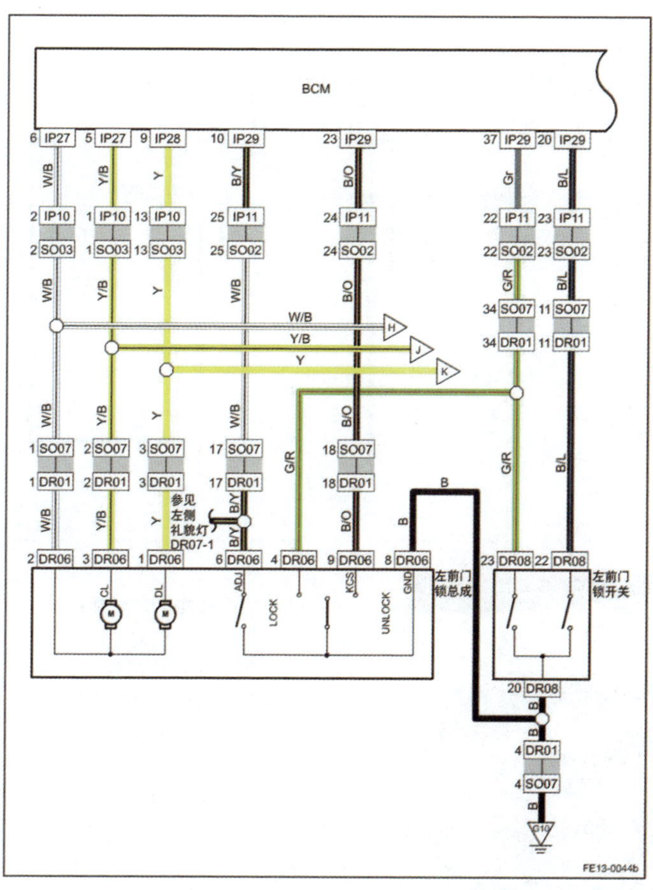

（1）用门锁开关锁门：当左前门侧门锁开关推向锁门侧时，门锁开关通过IP29端口向BCM车身控制器发送锁门信号，BCM控制内部的继电器接通，通过IP27端口向门锁电动机供电，电动机开始转动，锁上全部车门。

（2）用门锁开关开门：当左前门侧门锁开关推向锁门侧时，门锁开关通过IP29端口向BCM车身控制器发送开门信号，BCM控制内部的继电器接通，通过IP28端口向门锁电动机供电，电动机开始转动，打开全部车门。

图12-2　汽车中控锁系统电路工作原理

（3）遥控车门系统工作原理：从发射器发出的红外线信号或电磁波信号，被接收并输送到门锁遥控控制组件中。门锁遥控组件对接收器接收到的信号进行比较、判别，若为正确代码，则通过其内部的输出电路将开门或锁门信号交替输入自动车门锁控制组件中，通过门锁马达或电磁铁来完成车门的打开或锁止动作。若连续输入经过门锁遥控控制组件判别为不正确代码，门锁遥控控制组件会通过其内的限时锁定电路在一定时间内停止输入。

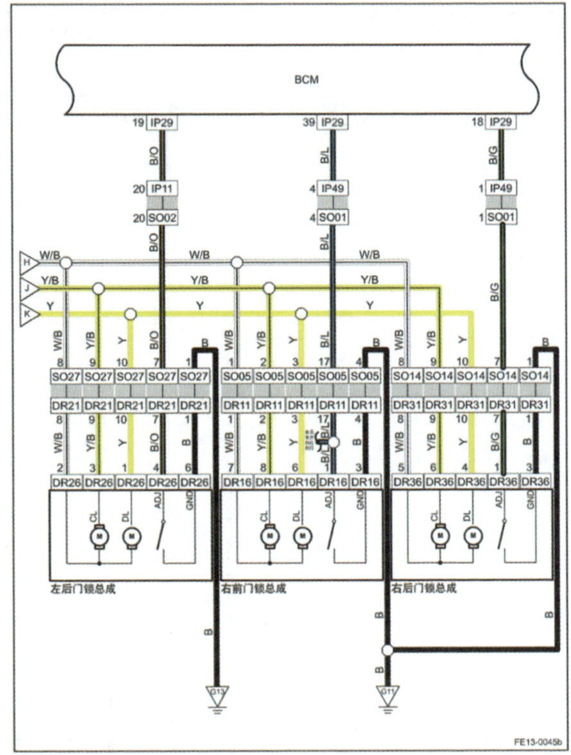

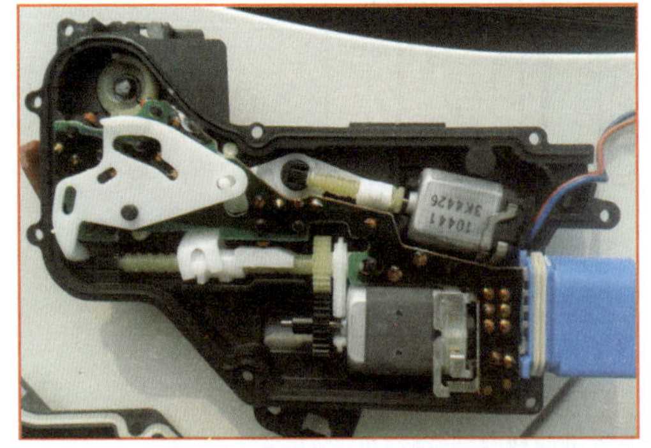

（4）门锁执行机构工作原理：当门锁开关置于锁止位置时，门锁继电器线圈通电，触点闭合，门锁电动机通电旋转，带动齿轮驱动锁体总成，锁上车门。当门锁开关置于开启位置时，开启继电器线圈通电，触点闭合，门锁电动机通电，带动齿轮驱动锁体总成打开车门。

图12-2　汽车中控锁系统电路工作原理（续）

12.2.2　汽车中控门锁系统故障检测方法

汽车中控门锁失灵故障主要是由于电源保险丝熔断、门锁控制继电器有故障、左前门锁和防盗开关有故障、线路故障或系统通过开关后搭铁不良、

BCM控制模块问题、门锁电动机故障（如果是某一个门锁有故障，重点检查电动机）等引起的，如图12-3所示。

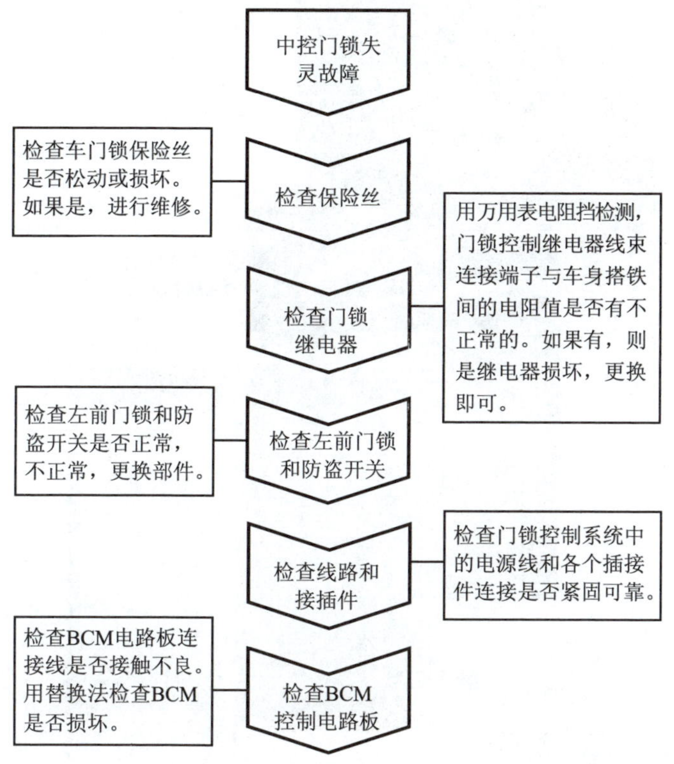

图12-3　汽车中控门锁失灵故障维修方法

12.3 汽车中控门锁系统检测维修实战

12.3.1 马自达5汽车不能遥控锁门和开门故障维修实战

一辆马自达5故障车，最近经常不能遥控锁门和开门，但有时又可以锁上，时好时坏。根据故障现象分析，估计是门锁的控制总成问题引起的，其中控制总成中的电动机故障率较高，应重点检查。

此故障维修方法如图12-4所示。

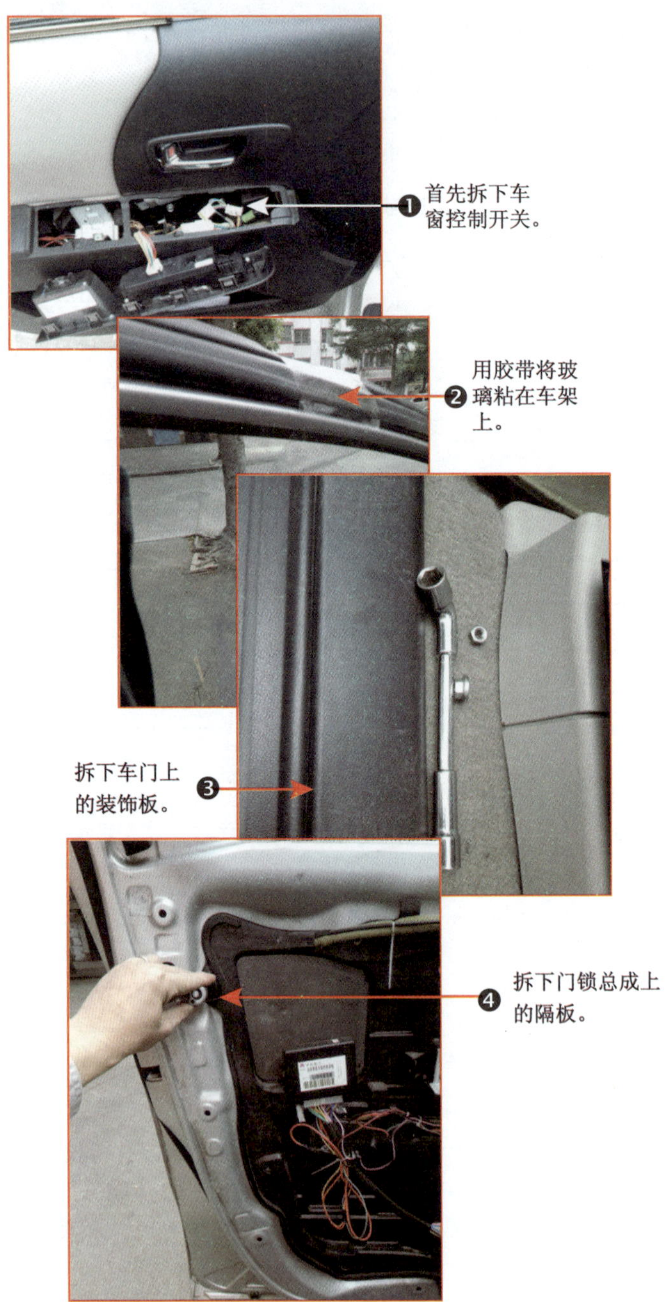

图12-4 马自达5汽车不能遥控锁门和开门故障维修

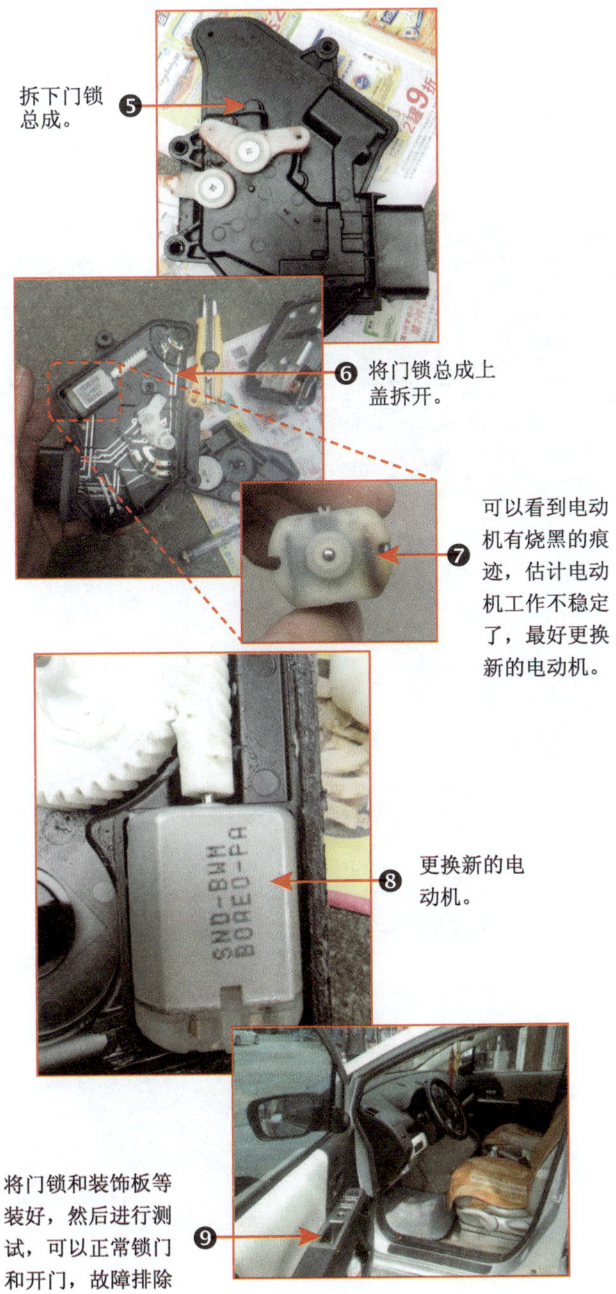

图12-4　马自达5汽车不能遥控锁门和开门故障维修（续）

12.3.2 北斗星汽车副驾驶门锁无法打开故障维修实战

一辆北斗星故障车，副驾驶侧的门锁无法打开。根据故障现象分析，由于其他门都可以正常开/锁门，只有这一个门无法打开，故障可能与此门内的门锁总成有关。此故障维修方法如图12-5所示。

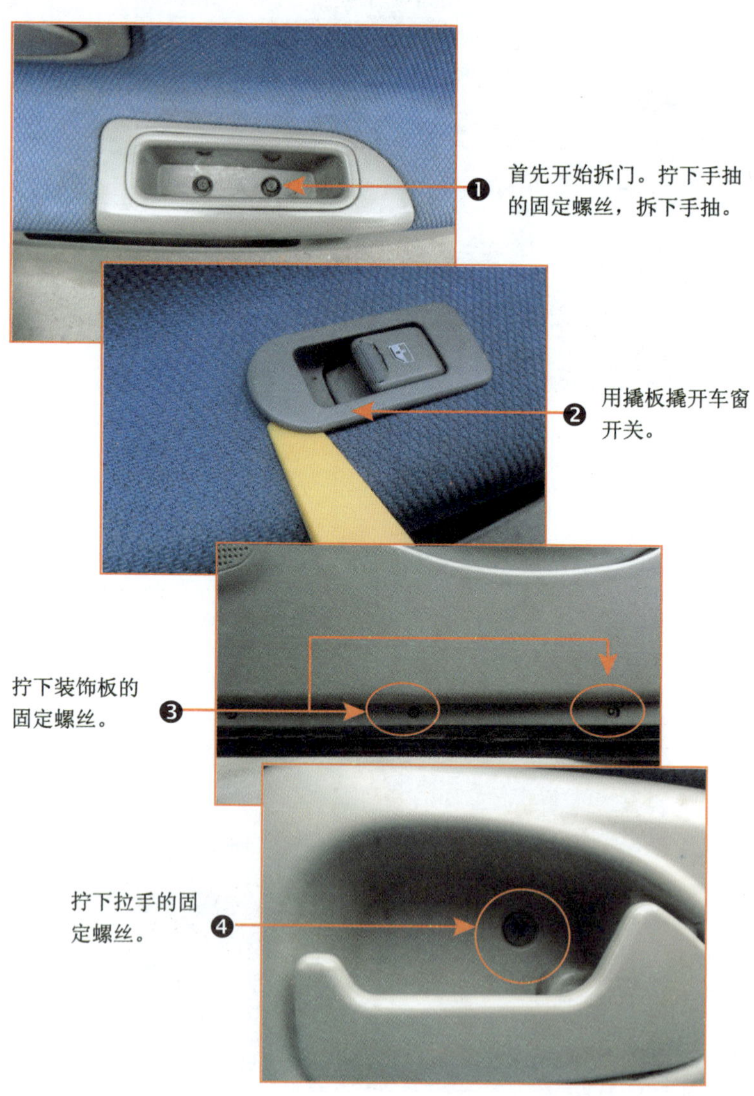

图12-5 北斗星汽车副驾驶门锁无法打开故障维修

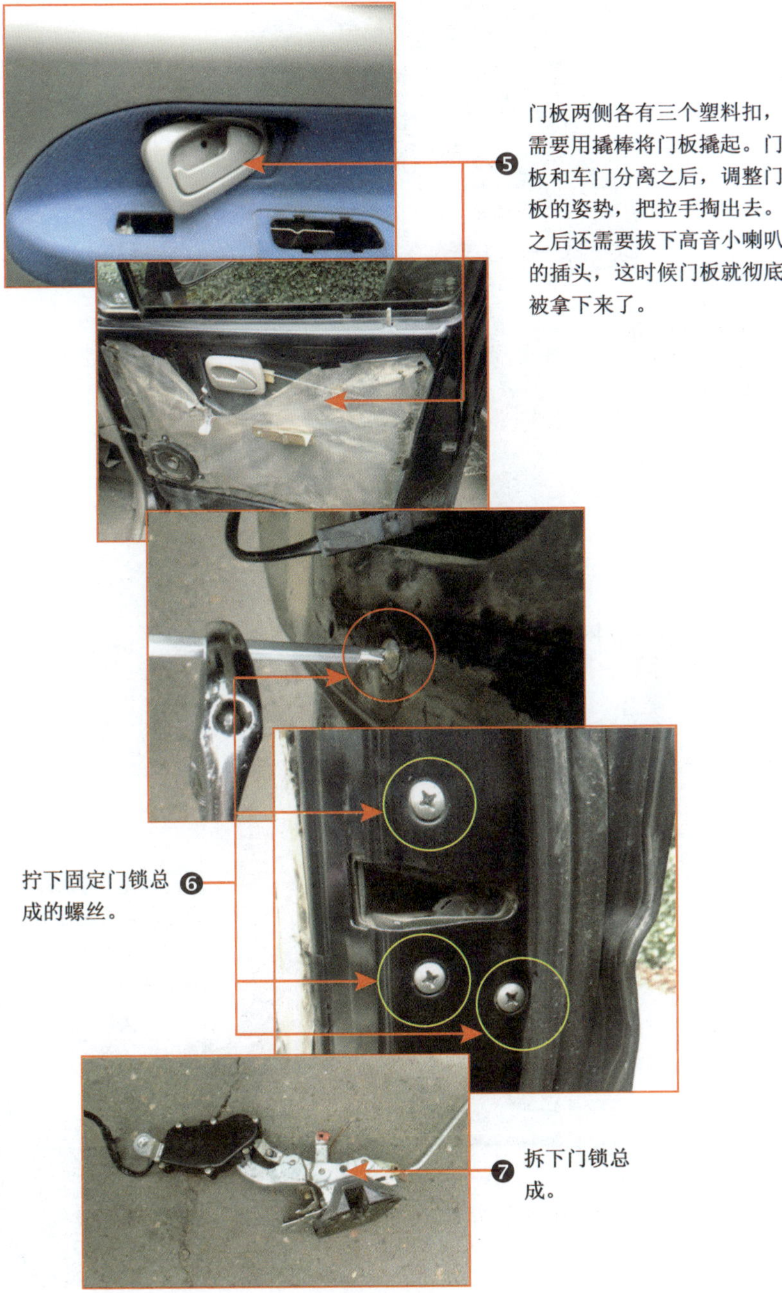

图12-5　北斗星汽车副驾驶门锁无法打开故障维修（续）

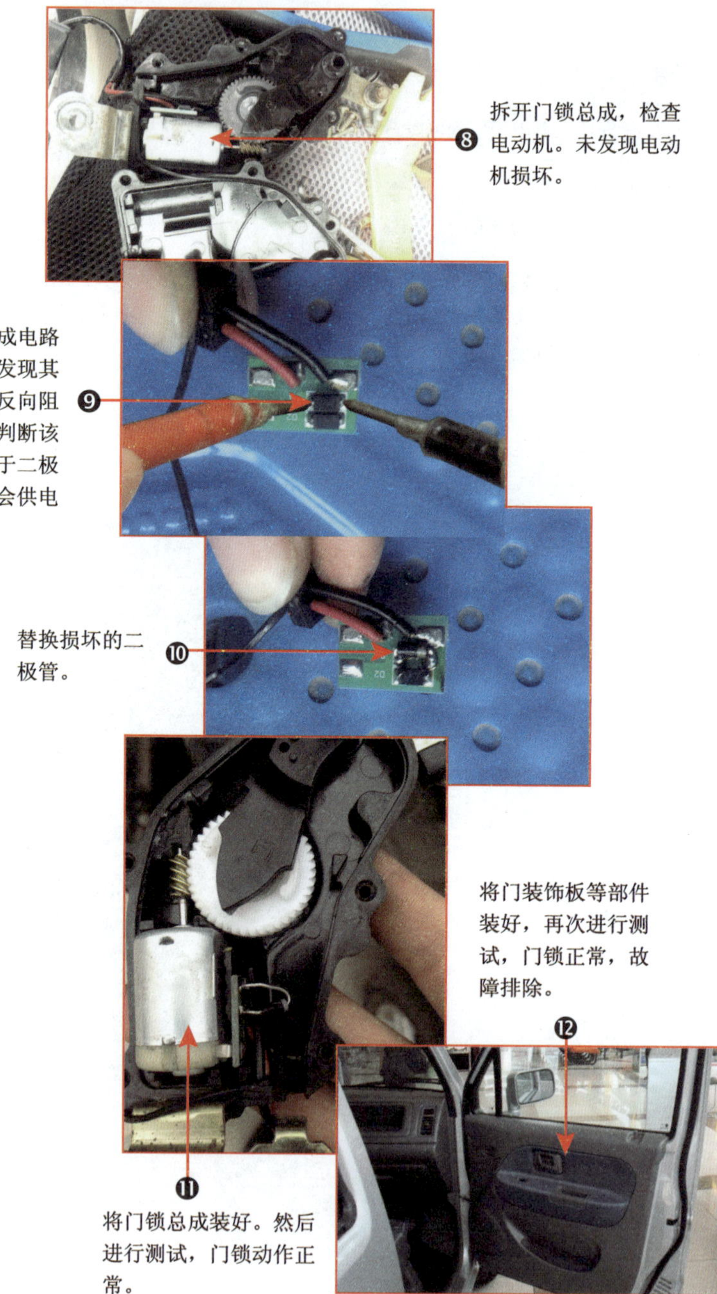

图12-5 北斗星汽车副驾驶门锁无法打开故障维修（续）

附　录

汽车电路图中常用英文缩写

目前大多数汽车的电路图中的元器件或功能通常用英文缩写来标注，为了方便大家今后读识汽车电路图，下面列出常用的英文缩写及其中、英文含义供大家参考。

除了文字符号外，汽车电路图中有时还用英文缩写来标注某个功能或元件，如下表所示。

汽车电路图中常用的英文缩写及其中英文含义

英文缩写	英文含义	中文含义
A	Ampers（s）	安培
AAC	Auxiliary Air Control (Valve)	辅助空气控制（阀），二次空气怠速控制（阀）
ABS	Antilock Brake System	防抱死制动系统
A/C	Air Conditioning	空调
AC	Altemating Current	交流电
ACC	Accessory	辅助设备
ACC	Activated Carbon Canister	活性炭罐
ACL	Air Cleaner	空气滤清器
A/D	Analog to Digital	模数转换
ADL	Automatic Door Lock	自动门锁
AIR	Secondary Air Injection	二次空气喷射
ALC	Automatic Level Control，Automatic Lamp Control	自动高度控制、自动液面控制、自动灯控制
ALT	Alternator	交流发电机
AM1/AM2	Air Management 1/2	空气控制管理1/2
AM/FM	Amplitude Modulation/Frequency Modulation	调幅/调频
Ant	Antenna	天线
APCM	Accessory Power Control Module	辅助设备动力控制模块
APP	Accelerator Pedal Position	加速踏板位置
ASCD	Auto Speed control Device	自动速度调节装置
ASR	Acceleration Slip Regulation	驱动防滑调节系统、加速打滑调节
AST	Automatic starter	自动起动器
A/T	Automatic Transmission/Transaxle	自动变速器/自动变速桥
ATC	Automatic Temperature Control	自动温度控制
ATF	Automatic Transmission Fluid	自动变速器油

续表

英文缩写	英文含义	中文含义
ATSLC	Automatic Transmission Shift Lock Control	自动变速器换档锁控制
Auto	Automatic	自动
B+	Battery Positive Voltage	蓄电池正极电压
BATT	Battery	蓄电池
BCM	Body Control Module	车身控制模块
BLK	Black	黑色
BLU	Blue	蓝色
BOSCH	BOSCH	波许（公司）
BPCM	Battery Pack Control Module	蓄电池部件控制模块
BPP	Brake Pedal Position	制动踏板位置
BRAKE	Brake	制动
BRN	Brown	褐色
BTDC	Before Top Dead Center	上止点前
BTM	Battery Thermal Module	蓄电池接柱组件
BTSI	Brake Transmission Shift lnterlock	制动-变速器换档联锁装置
Bulb	Bulb	灯泡
BUS	Bus	（电线的）母线，通信线
℃	Degrees Celsius	摄氏度
Cam	Camshaft	凸轮轴
CAN	Computer Area net	电脑控制区域网
CAN	Controller Area network	控制器区域网络
CCM	Chassis Control Module	底盘控制模块
CCOT	Cycling Clutch Orifice Tube	循环离合器节流扎管
CCP	Climate Control Panel	气候控制面板
CD	Compact Disc	高密度盘，光盘
CEX	Cabin EXchanger	客舱热交换器
CHG	Charge	充电
CHMSL	Center High Mounted Stop Light	中央高位制动灯

续表

英文缩写	英文含义	中文含义
CKP	Crankshaft Position	曲轴位置
CKT	Circuit	线路
C/Ltr	Cigar Lighter	点烟器
CL	Closed Loop	闭环
CLS	Coolant Level Switch	冷却液位开关
CLU	Clutch	离合器
CMC	Compressor Motor Controller	压缩机电动机控制器
CMP	Camshaft Position	凸轮轴位置
CO	Carbon Monoxide	一氧化碳
CO2	Carbon Dioxide	二氧化碳
COMM	Communication	通信
Conn	Connector	连接器
	Concert	调谐
CPU	Central Processing Unit	中央处理系统（装置）
CS	Charging System	充电系统
CTP	Closed Throttle Position	节气门关闭位置
CYP	Cylinder Position	缸位
DAB	Delayed Accessory Bus	辅助设备延时系统
DC	Direct Current，Duty Cycle	直流电，频宽比
DCM	Door Control Module	车门控制模块
DEF	Defrost	除雾
DI	Distributor Ignition	分电器点火
DIC	Driver Information Center	驾驶员信息中心
DIM	Dash Integration Module	控制板集成组件
DK	Dark	黑色
DL	Data Line	数据传输线
DLC	Data Link Connector	数据传输装置连接器
DMM	Digital Multi-meter	数字万用表
DMSDS	Drive Motor Speed and Direction Sensor	驱动电动机速度和方向传感器

续表

英文缩写	英文含义	中文含义
DMU	Drive Motor Unit	驱动电动机
DOHC	Dual Overhead Camshafts	双顶置凸轮轴
DOME	Dome	顶灯
DP	Diffusion Pump	扩散泵
DR，Drv	Driver	驾驶员
DRL	Daytime Running Lamps	白天行车信号灯
DTC	Diagnostic Trouble Code	故障代码
EBCM	Electronic Brake Control Module	电控制动控制模块
EBTCM	Electronic Brake and Traction Control Module	电控制动和牵引力控制模块
EC	Electrical Center，Engine Control	电子中心、发动机控制
ECC	Electronic Climate Control	电控气候控制
ECCS	Electronic Center Control System	电子中央控制系统
ECI	Extended Compressor at Idle	怠速额外压缩机
ECL	Engine Coolant Level	发动机冷却液液面
ECM	Engine Control Module，Electronic Control Module	发动机控制模块、电控模块
ECO/ SPORT	Economy /Sport	经济/运动模式
ECS	Emission Control System	排放净化控制系统
ECT	Engine Coolant Temperature	发动机冷却液温度
ECU	Electronic Control Unit	电子控制单元（也称为计算机）
EDS	Electronic Differential Lock	电子差速锁定装置
EDS	Electronic (anti-slip) Differential System	电子防滑差速锁定系统
EEPROM	Electrically Erasable Programmable Read Only Memory	电可擦可编程只读存储器
EFI	Electronic Fuel Injection	电子控制燃油喷射装置
E-Gas	Electronic Gasoline	电子油门
EGR	Exhaust Gas Recirculation	废气再循环、废气回流量
EGR TVV	Exhaust Gas Recirculation Thermal Vacuum Valve	废气再循环水温感知器真空控制阀

续表

英文缩写	英文含义	中文含义
EI	Electronic Ignition	电子点火
ELC	Electronic Level Control	电控水平控制
ELD	Electrical Load Detector	电流负载检测器
EMF	Electromotive Force	电动势
Eng	Engine	发动机
EOP	Engine Oil Pressure	发动机机油压力
EOT	Engine Oil Temperature	发动机机油温度
EPS	Electronic power steering	电动助力转向
EPROM	Erasable Programmable Read Only Memory	可擦写程序只读存储器
ESC	Electronic Suspension Control	电子悬架控制
ESP	Electronic Stabilization Procedure	电子稳定化程序系统
ETR	Electronically Tuned Receiver	电子调谐接收器
EVAP	Evaporative Emission	燃油蒸气排出物，燃油蒸发污染
Exh	Exhaust	排气
°F	Degrees Fahrenheit	华氏度
FC	Fan Control	风扇控制
FI	Fuel Injection	燃油喷射
FICD	Fast Idle Control Device	（汽车空调压缩工作时）快怠速控制装置
FL	Fusible Links	熔断器
FP	Fuel Pump	燃油泵
FT	Fuel Trim	燃油微调、燃油导轨
FWD	Front Wheel Drive	前轮驱动
gas	Gasoline	汽油
Gen	Generator	发电机、发生器
GM	General Motors	通用公司
GM SPO	General Motors Service Parts Operations	通用公司车辆维修工序
Gnd	Ground	搭铁、接地
GRA	General Rate Application	车速控制装置

续表

英文缩写	英文含义	中文含义
GRN	Green	绿色
GRY	Gray	灰色
H2O	Waster	水
Ham	Hamess	线束
HC	Hydrocarbons	碳氧化合物
HEATER	Heater	加热
Hi	High	高
HO2S	Heated Oxygen Sensor	加热型氧传感器
HPVS	Heat Pump Ventilation System	热泵通风系统
Htd	Heated	加热的
HTR	Heater	加热器
HUD	Head-up Display	风窗玻璃映像显示
HVAC	Heater-Ventilation-Air Conditioning	热风空调装置
HVACM	Heater-Vent-Air Conditioning Module	热风空调装置组件
HVM	Heater Vent Module	加热器通风组件
HZ	Hertz	赫兹
IAC	Idie Air Control	怠速空气控制
IAT	Intake Air Temperature	进气温度
IC	Integrated Circuit，Ignition Control	集成电路，点火控制
ICM	Ignition Control Module	点火控制模块
IDI	Integrated Direct Ignition	集成式直接点火
IGBT	Insulated Gate Bi-Polar Transistor	绝缘闸门双级性晶体管
IGN/IG	Ignition	点火
IIA	Integrated Ignition Assembly	（分电器、点火线圈）一体式点火装置
ILC	Idle Load Compensator	怠速负荷补偿器
INJ	Injection	喷射
I/P	Instrument Panel	仪表安装板
IPC	Insstrument Panel Cluster	仪表板元件组
IPM	Instrument Panel Module	仪表板模块

续表

英文缩写	英文含义	中文含义
I/PEC	Instrument Panel Electrical Center	仪表板电子中心
ISC	Idle Speed Control	怠速控制
ISO	Intemational Standards Organization	国际标准协会
ISS	Input speed Shaft，Input Shaft Speed	输入轴速度
kHz	Kilohertz	千赫兹
kPa	Kilopascals	千帕
KS	Knock Sensor	爆震传感器
kV	Kilovolts	千伏
L4	Four Cylinder Engine，In-Line	直列四缸发动机
L6	Six cylinder Engine，In-Line	直列六缸发动机
LCD	Liquid Crystal Display	液晶显示
LDCL	Left Door Closed Locking	左车门关闭锁止
LDCM	Left Door Control Module	左车门控制模块
LED	Light Emitting Diode	发光二极管
LF	Left Front	左前
LH	Left Hand	左侧
LHD	Left Hand Drive	左驾
LO	Low	低
LOCK	Lock	锁
LR	Left Rear	左后
LT	Light	淡色的、明亮的
MAF	Mass Airflow	空气质量流量
MAIN	Main	主要的
Man	Manual	手动
MAP	Manifold Absolute Pressure	进气歧管绝对压力
MAT	Manifold Absolute Temperature	进气歧管绝对温度
max	Maximum	最大值
MFI	Multiport Fuel Injection	多点燃油喷射
MIL	Malfunction Indicator Lamp	故障指示灯

续表

英文缩写	英文含义	中文含义
min	Minimum	最小值
M/T	Manual Transmission/Transaxle	手动变速器/变速驱动桥
MV	Megavolt	兆伏
mV	Millivolt	毫伏
NC	Normally Closed	常闭
NEG	Negative	负极
Neu	Neutra	空挡
N·m	Newton-meter（torque）	牛顿·米（扭矩单位）
NO	Normally Open	常开
NOX	Oxides of Nitrogen	氮氧化物
O2S	Oxygen Sensor	氧传感器
OBD	On-Board Diagnostics	随车诊断系统
OBD II	On-Board Diagnostics II	第二代随车诊断系统
O/D	Overdrive	超速挡
ODO	Odometer	里程
OFF	OFF	关闭
OL	Open Loop	开环
ON	ON	打开
ORN	Orange	橙黄色
PC	Pressure Control	压力控制
PCM	Powertrain Control Module	动力系统控制模块
PCV	Positive Crankcase Ventilation	曲轴箱通风
PGM-FI	Programmed Fuel Injection	编程的燃油喷射
PIM	Power Inverter Module	动力转换模块
P/N	Part Number	元件号码
PNK	Pink	粉红色
PNP	Park/Neutral Position	驻车/空挡位置
PRNDL	Park，Reverse，Neutral，Drive，Low	驻车挡、倒挡、空挡、驱动挡、低速挡
POT	Potentiometer（Variable Resistor）	电位计（可变电阻器）

续表

英文缩写	英文含义	中文含义
PPL	Purple	紫色
PROM	Programmable Read Only Memory	可编程只读存储器
P/S，PS	Rower Steering	动力转向
PTC	Positive Temperature Coefficient Thermistor	正温度系数热敏电阻
PWM	Pulse Width Modulated	脉冲宽度调制
R-12	Refrigerant –12	制冷剂-12
R-134a	Refrigerant-134a	制冷剂-134a
RAP	Retained Accessory Power	维持辅助设备供电
RCDLR	Remote Control Door Lock Receiver	遥控门锁接收器
RDCM	Right Door Control Module	右侧车门控制模块
RECIRC	Recirculation	循环
Ref	Reference	参考
Rev	Reverse	倒挡
RF	Right Front	右前
RH	Right Hand	右侧
RHD	Right Hand Drive	右驾
RKE	Remote Keyless Entry	遥控无钥匙进门
Rly	Relay	继电器
RPM	Revolutions Per Minute（Engine Speed）	每分钟转数（发动机速度）
RR	Right Rear	右后
RUN	run	运行
s	Second（s）	秒
SAE	Society of Automotive Engineers	（美国）汽车工程师学会
SCM	Seat Control Module	座椅控制模块
SDM	Sensing and Diagnostic Module	检测与诊断模块
SFI	Sequential Multiport Fuel Injection	顺序多点燃油喷射
SI	System International（modem version of metric system）	国际单位制

续表

英文缩写	英文含义	中文含义
SIR	Supplemental Inflatable Restraint	充气式乘员保护装置、安全气囊
SOL	Solenoid	电磁线圈、电磁阀
SO2	Sulfur Dioxide	二氧化硫
SRS	Supplemental Restraint System	辅助乘员保护系统
START/ST	start	启动
STP	Switch To Power	停车灯开关（丰田公司用）
SUB	Subordinate	辅助的
Sw	Switch	开关
SWPS	Steering Wheel Position Sensor	转向盘位置传感器
syn	Synchronizer	同步电动机
TAN		
TB	Throttle body	节气门体
TCC	Torque Converter Clutch	液力变矩器
TRAC/TCS	Traction Control System	牵引力控制系统
TDC	Top Dead Center	上止点
TEMP	Temperature	温度
TEC	Transmission Electronic Control Assembly	变速器电子控制总成
TEST	Test	测试
TFT	Transmission Fluid Temperature	变速器油温
TIRE	tire	轮胎
TR	Transmission Range	变速范围
TP	Throttle Position	节气门位置
TRANS	Transmission /Transaxle	变速器/变速驱动桥
TWC	Three Way Converter（Catalytic）	三元催化器
TWC+OC	Three Way+Oxidation Converter（Catalytic）	三元催化氧化器
UAMJB	Underhood Auxiliary Manage Junction Block(Box)	发动机罩内辅助设备接线盒
U/H	Underhood	发动机罩内

续表

英文缩写	英文含义	中文含义
U/HEC	Underhood Electrical Center	发动机罩内电器中心
UNLOCK	Unlock	开锁
UTD	Universal Theft Deterrent	万能防盗系统
V	Volt（s），Voltage	伏特
V6	Six Cylinder Engine，V-Type	V型6缸发动机
V8	Eight Cylinder Engine，V-Type	V型8缸发动机
VATS	Vehicle Anti-Theft System	车辆防盗系统
VCM	Vehicle Control Module	车辆控制模块
VDOT	Variable Displacement Orifice Tube	可变排量的节流孔管
VENT	Ventilator	通风
VFD	Vacuum Fluorescent Display	真空荧光（灯）显示器
VIO	Violet	紫色
VIN	Vehicle Identification Number	车辆识别码
VR	Voltage Regulator	电压调节器
V ref	Voltage Reference	参考电压
VSS	Speed Sensor	车速传感器
VTEC	Variable Timing Electronic System	可变正时电子控制系统
	2-Way	2路
WHT	White	白色
WSS	Wheel Speed Sensor	转速传感器
YEL	Yellow	黄色